SAP®-Praxishandbuch ABAP

Teil 2: Performance, Erweiterungen, Transportwesen

Thomas Stutenbäumer

Bibliografische Information der Deutschen Bibliothek
Die Deutsche Bibliothek verzeichnet diese Publikation in der Deutschen Nationalbibliografie; detaillierte bibliografische Daten sind im Internet über http://dnb.ddb.de abrufbar.

Thomas Stutenbäumer
SAP®-Praxishandbuch ABAP – Teil 2

ISBN: 978-3-9451-7065-6

Lektorat: Anja Achilles

Korrektorat: Christine Weber

Coverdesign: Philip Esch, Martin Munzel

Coverfoto: fotolia #65986517© bluebay2014

Satz & Layout: Johann-Christian Hanke

1. Aufl. 2015, Gleichen

URL: www.espresso-tutorials.de

Feedback:
Wir freuen uns über Fragen und Anmerkungen jeglicher Art. Bitte senden Sie diese an: *info@espresso-tutorials.com.*

Inhaltsverzeichnis

Vorwort

Die Programmiersprache ABAP/ABAP Objects hat sich aufgrund der großen Verbreitung von SAP R/3 annähernd zu einem Standard für Business-Anwendungen entwickelt.

Durch die Deregulierung auf dem Energiesektor hat sich die IT in den Versorgungsunternehmen grundlegend gewandelt. Als IT-Mitarbeiter der Versorgungsindustrie habe ich aufgrund dieser Umwälzungen in den letzten zehn Jahren mit ABAP bzw. ABAP Objects zahlreiche Erfahrungen in der Anwendungsentwicklung sammeln können.

Die Idee zu diesem Buch entstand aus der Bitte, meine gewonnenen Erkenntnisse in Workshops zum praxisorientierten Einsatz dieser Programmiersprache an die ABAP-Entwickler unseres Unternehmens weiterzugeben. Diese wurden von Anfängern, erfahrenen ABAP-Entwicklern wie auch SAP-Beratern besucht, und es zeigte sich, dass selbst für die kundigen Entwickler immer wieder Themen aufkamen, die absolutes Neuland waren.

Im SAP Praxishandbuch ABAP, Teil 1 werden die notwendigen Kenntnisse im Umgang mit dem Data Dictionary und dem ABAP Debugger erläutert. Anhand praxisnaher Anforderungen finden Sie dort Methoden und Verfahren der ABAP-Entwicklung beschrieben, die in der Praxis oft eingesetzt werden.

Dieser zweite Teil setzt sich mit den Themen Performance von Programmen, Anpassungen des SAP-Standards, Berechtigungen, Fehleranalyse und -korrekturen sowie mit dem SAP-Transportwesen und dem SAP Service Marketplace auseinander.

Im **ersten Kapitel** beschreibe ich zusammenfassend die im ersten Teil des Praxishandbuchs verwendete Anforderung aus der Praxis. Es wird aufgezeigt, welche Lösungen dort bereits erarbeitet werden konnten und welche die Anwendung der in diesem Teil dargestellten Methoden und Verfahren voraussetzen.

Das **zweite Kapitel** befasst sich mit dem Einfluss des Entwicklers auf die Performance von Programmen. Schlecht entwickelte Anwendungen erzeugen unnötig lange Programmlaufzeiten. Es gibt Möglichkeiten, mit effizienter Programmierlogik oder mit Hilfsmitteln des Data Dictionaries die Laufzeiten eines Programms enorm zu verkürzen.

SAP ist eine Anwendung, die in vielen großen und mittleren Unternehmen eingesetzt wird. In der Standardausgabe kann sie allerdings nicht die Anforderungen alle spezifischen Anforderungen eines Unternehmens abdecken. Das **dritte Kapitel** beschreibt daher Möglichkeiten, den SAP-Standard zu ändern oder zu erweitern. Derartige Änderungen sind immer gefordert, wenn es gilt, die betriebsinterne Ablauforganisation oder die Kommunikation mit Partnerunternehmen zu optimieren. Die SAP SE hat hierzu eine Reihe von Werkzeugen zur Verfügung gestellt: Den Modifikations-Assistenten, User-Exits, spezielle Screen-Erweiterungen, die Enhancement-Technologie, Customer Includes zur Erweiterung von Tabellen und die Änderung von Standard-Suchhilfen. All diese Technologien werden in diesem Abschnitt vorgestellt und ihre jeweiligen Vor- und Nachteile aufgezeigt.

Im **vierten Kapitel** wird das SAP-eigene Zugriffs- und Berechtigungskonzept so ausführlich behandelt, wie es für einen ABAP-Entwickler erforderlich ist, um ABAP-Entwicklungen vor einer Nutzung durch Unbefugte zu schützen.

Das **fünfte Kapitel** skizziert, was sich hinter dem Customizing von SAP-Anwendungen verbirgt, und zeigt auf, wie der Entwickler selbst erforderliche Customizing-Einträge vornehmen kann.

Das **sechste Kapitel** beschreibt das für einen ABAP-Entwickler notwendige SAP-Basiswissen, das sich im Wesentlichen auf das Transportmanagementsystem beschränkt. Wurden die Entwicklung einer Anwendung oder die Erweiterung des SAP-Standards fertiggestellt, müssen die Entwicklungen produktiv gesetzt werden. Das erfolgt mithilfe von Transporten. Mit den hier erläuterten Aspekten des Transportmanagementsystems (kurz TMS) wird der Entwickler in die Lage versetzt, die Technologie der Transporte zu verstehen und ggf. korrigierend in die Transportprozesse einzugreifen.

Das **siebte Kapitel** betrachtet die Fehleranalyse in ABAP-Programmen sowie Verfahren zur Korrektur. Fehler in SAP-Standardanwendungen häufen sich in Zeiten von SAP-Releasewechseln oder bei der Einführung neuer SAP-Module. Dabei sind es oft die Querbeziehungen zwischen den teilweise sehr umfangreichen SAP-Anwendungen, die aufgrund ihrer Komplexität und der generell großen Menge vor der Freigabe eines Release faktisch nicht ausreichend getestet werden können. Der Anwender ist in diesem Fall der »Beta«-Tester. Der Entwickler erfasst die Fehlermeldungen der Anwender und hat verschiedene Möglichkeiten, die gemeldeten Fehler zu beheben.

Das abschließende **achte Kapitel** vermittelt Grundlagen zum Umgang mit dem SAP Marketplace und dem darin enthaltenen SAP Support Portal. Hier geht es um die sogenannten SSCR-Schlüssel für Modifikationen am SAP-Standard, um Entwicklerschlüssel, die Suche nach SAP-Hinweisen und das Aufgeben von Fehlermeldungen an die SAP SE.

Ich bin überzeugt, Ihnen mit diesem »SAP Praxishandbuch ABAP« Werkzeuge an die Hand zu geben, mit denen Sie einen Großteil Ihrer Anforderungen umsetzen können. Damit das Wissen um diese Methoden und Verfahren auch zum beruflichen Erfolg führt, obliegt es Ihren persönlichen Fähigkeiten, die Wünsche des Anwenders gut zu erfassen und mithilfe der dargestellten Werkzeuge effizient und platziert umzusetzen.

Ich erhebe keinen Anspruch auf Vollständigkeit. Sollten Sie der Auffassung sein, dass aufgrund Ihrer Erfahrungen als ABAP-Entwickler wichtige Teile fehlen oder sich Fehler in dem Buch eingeschlichen haben, nehmen Sie bitte Kontakt zu mir auf. Ihre Hinweise können in einer neuen Auflage des Buches berücksichtigt werden.

Danksagungen

Bei der Erstellung dieses Buches habe ich vielfältige Unterstützung erfahren, für die ich mich an dieser Stelle bedanke.

Allen voran von meiner Frau Ulla, die sehr viel Geduld und Verständnis aufbrachte, wenn ich mal wieder »abwesend« war und über das nächste Kapitel nachdachte.

Martin Munzel und Jörg Siebert, die mir vertraut und die Veröffentlichung meiner Erfahrungen ermöglicht haben.

Mein Dank geht ebenso an die Lektorin Anja Achilles, die sich unermüdlich in das für sie neue Thema eingearbeitet hat und mir immer wieder wichtige Hinweise gab, die das Praxishandbuch ABAP verständlich gemacht haben. An die Mitarbeiter des Verlags Espresso Tutorials wie Johann Hanke, die viel Engagement bei der »handwerklichen« Erstellung des Praxishandbuchs ABAP aufbrachten.

Und »last but not least« unterstützten mich die Geschäftsführer der ConUti GmbH, Daniel Heinemann und Marcus Tegetmeyer, und ermöglichten mir die Nutzung eines SAP-Systems.

Im Text verwenden wir Kästen, um wichtige Informationen besonders hervorzuheben. Jeder Kasten ist zusätzlich mit einem Piktogramm versehen, das diesen genauer klassifiziert:

Hinweis

Hinweise bieten praktische Tipps zum Umgang mit dem jeweiligen Thema.

Beispiel

Beispiele dienen dazu, ein Thema besser zu illustrieren.

Warnung

Warnungen weisen auf mögliche Fehlerquellen oder Stolpersteine im Zusammenhang mit einem Thema hin.

Zum Abschluss des Vorwortes noch ein Hinweis zum Copyright: Sämtliche in diesem Buch abgedruckten Screenshots unterliegen dem Copyright der SAP SE. Alle Rechte an den Screenshots liegen bei der SAP SE. Der Einfachheit halber haben wir im Rest des Buches darauf verzichtet, darauf unter jedem Screenshot gesondert hinzuweisen.

1 Anforderungen und die Konzeption einer Lösung

Am Anfang jeder Entwicklung steht ein Kundenwunsch. Sollten Sie bereits Teil 1 des Praxishandbuchs ABAP gelesen haben, so bekamen Sie dort im ersten Kapitel eine konkrete Anforderung aus der Praxis vorgestellt, und Ihnen wurde aufgezeigt, wie aus dem Kundenwunsch ein Konzept zur Realisierung der Anforderung in SAP entsteht.

Im zweiten Teil werde ich dieses Beispiel bei der Erläuterung von Methoden und Verfahren so weit als möglich fortführen. Damit Sie nun nicht im ersten Teil nachschlagen müssen bzw., falls Sie hier ganz neu in die Thematik einsteigen, können Sie im folgenden Abschnitt die Beispielanforderung nachlesen.

1.1 Eine Anforderung aus der Praxis

Kennzeichnung in SAP für Kunden mit hohem Umsatz

zB

Bei einem Energieversorgungsunternehmen sollen Kunden mit einem sehr hohen Umsatz für die Kundenbetreuer besonders kenntlich gemacht werden. Energieversorger steuern die Ablesung und damit indirekt die Abrechnung ihrer Dienstleistungen über sogenannte Ableseeinheiten. Ziel dieser Maßnahme ist, Kunden mit einem hohen Absatz in einer neuen Ableseeinheit zusammenzufassen.

In Gesprächen zwischen dem Energieversorger und dem IT-Dienstleister ergeben sich folgende Anforderungen:

- Die *Vertragskonten* des Kunden sollen als Kontoklasse die neue Kontoklasse »First Customer« erhalten.
- Ein *Geschäftspartner* mit einem Vertragskonto der Kontoklasse »First Customer« soll für die Kundenbetreuer in der Geschäftspartner-Verwaltung kenntlich gemacht werden.
- Im SAP *Customer Interaction Center (CIC)* soll der »First Customer« durch einen besonderen Eintrag in den Geschäftspartner-Kontakten kenntlich gemacht werden.
- Im Vertrag des Kunden sollen sogenannte *Rahmenvertragsdaten* des »First Customers« zugeordnet und kenntlich gemacht werden. Ein Rahmenvertrag besitzt die Attribute: »Rahmenvertragsnummer«, »Bezeichnung des Rahmenvertrags« und »Kundenbetreuer«. Die Daten zur Verwaltung von Rahmenverträgen sollen aus einer lokalen Datei in das SAP-System hochgeladen werden.
- Eine Umstellung der *Ableseeinheit* von »First Customer«-Kunden soll stichtagbezogen durchgeführt werden.
- Durch die Änderung der *Ableseeinheit* ändern sich die *Ableseportion* (also das Ablesegebiet) und damit auch der *Abschlagsplan* für die Energiekosten der Kunden. Ein Programm soll die stichtagbezogene Umstellung der Abschlagspläne von »First Customer«-Kunden ermöglichen.

1.2 Was bisher erreicht wurde

Im ersten Teil des Praxishandbuchs wurde ein Grob-, Detail- und Realisierungskonzept zur Umsetzung der beschriebenen Anforderungen skizziert. Grundlage der Entwicklungsarbeiten war das Datenmodell, das die Verwaltung von Kundendaten im Umfeld des Projektes »First Customer« erläutert (siehe Abbildung 1.1).

Knapp zusammengefasst: Ein Geschäftspartner kann mehrere Vertragskonten besitzen. Ein Vertragskonto hat immer eine Kontoklasse.

Einem Vertragskonto können beliebig viele Verträge zugeordnet werden. Ein Vertrag besitzt einen Rahmenvertrag. Einem Vertrag ist genau eine Anlage zugeordnet. Um die Historie von Änderungen an einer Anlage nachvollziehen zu können, werden sogenannte Anlagenzeitscheiben eingerichtet, die jeweils einen Gültigkeitszeitraum besitzen. Einer Anlage können beliebig viele Anlagenzeitscheiben zugeordnet werden.

Abbildung 1.1: Datenmodell zur Anforderung

Das Data Dictionary, erläutert im ersten Teil des Praxishandbuchs, ermöglichte das Anlegen der kundeneigenen Tabelle »ZRAHMENVERTRAG«, das Hinzufügen weiterer Felder zum Versorgungsvertrag durch die Verwendung des Customer Includes »CI_EVER« und die Erstellung einer Suchhilfe zur Auswahl von Rahmenverträgen in einem Customer Subscreen zum Versorgungsvertrag.

Mit den Verfahren und Methoden des ersten Teils konnten zudem komfortable Programme entwickelt werden:

- Analyse und Umstellung der Kontoklasse von Vertragskonten
- Analyse und Umstellung von Ableseeinheiten in Anlagenzeitscheiben
- Anlegen von speziellen Geschäftspartnerkontakten
- Analyse und Umstellung von Abschlagsplänen

Für die Entwicklungen wurden bestimmte Verfahren verwendet:

- die Ausgabe von Analyse- und Umstellungsergebnissen in ALV-Grid-Listen,
- das Call-Transaction-Verfahren,
- das Erstellen von Änderungsbelegen,
- die Bearbeitung von Zeitscheiben

und weitere Methoden und Verfahren, die im Alltag eines ABAP-Entwicklers häufig benötigt werden, wie z. B. das Anlegen von Selektionsbildern oder die Strukturierung von Programmen durch mehrere Subroutinen.

1.3 Was noch umgesetzt werden muss

Wie aus den Anforderungen hervorgeht, ist die Kennzeichnung von »First Customer«-Kunden in verschiedenen SAP-Standard-Anwendungen notwendig.

- Zur Kennzeichnung im Vertragskonto ist eine neue Kontoklasse einzustellen.

- Zur Darstellung eines »First Customer«-Kunden in der Geschäftspartner-Verwaltung sind zusätzliche Ausgabefelder im Bildschirm für den Geschäftspartner einzubauen.
- Für die Zuordnung von Rahmenverträgen zu den Verträgen des Geschäftspartners sind zusätzliche Ein-und Ausgabefelder in der SAP-Vertragsverwaltung zu entwickeln.

In den folgenden Kapiteln wird, soweit möglich, Bezug auf dieses Beispiel genommen. Genügen die darin gestellten Anforderungen nicht, um die aufgeführten Methoden und Verfahren zu erläutern, werden weitere verständliche und praxisnahe Beispiele verwendet, anhand derer Sie Ihr theoretisches Wissen sinnvoll vertiefen zu können.

2 Der Einfluss des Entwicklers auf die Performance

Die Performance von SAP-Systemen ist ein viel diskutiertes Thema. Besonders in SAP-Umgebungen mit Massendaten können schlecht entwickelte Anwendungen und ungenügend gepflegte Datenbanken das Antwortzeitverhalten derart beeinträchtigen, dass die Verwendung der Programme für den Anwender unzumutbar wird. Daher lohnt es sich, der Performance frühzeitig besondere Aufmerksamkeit zu widmen.

Mit dem Begriff *Performance* bezeichnet der Informatiker die Leistung eines IT-Systems. Dieses setzt sich aus verschiedenen Komponenten zusammen: Hardware (Server und Client), Netzwerke (Inter- und Intranet mit aktiven und passiven Komponenten), Middleware, Datenbanken und Anwendungen. Um die von Anwendern geforderte Performance zu erbringen, müssen IT-Dienstleister und -abteilungen alle Komponenten berücksichtigen. Der Anwender sieht als Ergebnis dieser Bemühungen lediglich das Antwortzeitverhalten der Anwendung.

Es gibt eine Reihe von Veröffentlichungen, die sich mit der Performance-Optimierung von SAP-Systemen auf der Hardware- und Betriebssystemebene auseinandersetzen, z. B. über das Load-Balancing (die gleichmäßige Verteilung der Rechnerleistung auf mehrere Application-Server).

Ich beschränke mich im Folgenden auf den nicht unerheblichen Beitrag, den ABAP-Entwickler zur Steigerung der Performance leisten können.

Die Aufgabe eines IT-Dienstleisters besteht einerseits darin, ein *Performance-Monitoring* für die laufende produktive Umgebung durchzuführen. In größeren SAP-Installationen rechnet sich der Einsatz einer »Taskforce« (bestehend aus einem Mitarbeiter des SAP-Basisteams und einem SAP-Entwickler), die sich ausschließlich um die Systemperformance kümmert. Andererseits muss der IT-Dienstleister sicherstellen, dass Kundenentwicklungen hinreichend performant sind. Das kann u. a. dadurch erreicht werden, dass die Entwickler vor der Produktivsetzung einer Anwendung Performance-Tests durchführen und entsprechend der Ergebnisse die Ursachen für Leistungseinbußen beseitigen.

Unnötig lange Programmlaufzeiten kosten – aufgrund der hohen CPU-Belastung – viel Energie, aber auch Geduld beim Anwender. In meiner Praxis habe ich zahlreiche Programme gesehen, die dringend einer Performance-Optimierung bedurft hätten. Vielfach waren es Unkenntnis und fehlende technische Sensibilität des Entwicklers, die lange Laufzeiten verursachten.

In diesem Kapitel werde ich Ihnen zunächst Möglichkeiten der *Performance-Analyse* in SAP-Systemen aufzeigen. Anschließend wird der Einfluss von *Tabellenindizes* dargestellt, bevor im letzten Abschnitt *Programmiertechniken* erläutert werden, die eine möglichst hohe Performance garantieren. Zur Erläuterung verwende ich das Demo-Programm »ZCU_ABAP_PERFORMANCE«, das zu Geschäftspartnern die Vertragskonten, Versorgungsverträge und Anlagen mittels verschiedener Methoden von/aus einer Oracle-Datenbank selektiert. In dem Testsystem gibt es 58.232 Geschäftspartner, 111.653 Vertragskonten und 197.812 Verträge.

2.1 Performance-Analyse

In SAP-Systemen gibt es verschiedene Hilfsmittel zur Performance-Analyse, u. a.

- Performance-Trace mit der Transaktion ST05,
- ABAP-Laufzeitanalyse mit der Transaktion SAT oder
- Single-Transaction-Analyse mit der Transaktion ST12.

Im folgenden Abschnitt finden Sie die beiden erstgenannten Tools eingehender erläutert.

2.1.1 Analyse mit der Transaktion ST05

Das wohl bekannteste Hilfsmittel zur Performance-Analyse ist die Transaktion ST05. Alternativ kann das Pull-down-Menü SYSTEM • HILFSMITTEL • PERFORMANCE-TRACE verwendet werden. Dieser Performance-Trace kann verschiedene Performance-/Leistungsanalysen durchführen:

- SQL-Trace – protokolliert Datenbank-Zugriffe von Programmen und Transaktionen,
- RFC-Trace – protokolliert instanzübergreifend den Aufruf von RFC-Funktionsbausteinen,
- Enqueue-Trace – protokolliert das Sperren von Objekten,
- Puffer-Trace – protokolliert, welche Zugriffe auf den Tabellenpuffer erfolgen und wie der Tabellenpuffer geladen wird,
- HTTP-Trace – Analyse der Datenschnittstelle zwischen SAP und Web-Application-Server beim Einsatz von Web-Dynpros.

Die *Performance-Analyse* erlaubt die Protokollierung von einem oder mehreren dieser Aspekte. In der näheren Betrachtung beschränken wir uns auf den *SQL-Trace*, also die Protokollierung von Datenbank-Zugriffen.

In einem Bildschirmmodus rufen wir das Beispiel-Programm ZCU_ABAP_PERFORMANCE auf und wählen die Programmiertechnik »VIEW«. Es wird eine Selektion von 2.295 Datensätzen für eine Anzahl von 300 Geschäftspartner-Nummern über die Datenbank-Tabellen BUT000 (Geschäftspartner), FKKVKP (Vertragskonten) und EVER (Verträge) ausgeführt.

Bevor das Programm gestartet wird, rufen wir in einem zweiten Bildschirmmodus mit der Transaktion `ST05` die Performance-Analyse auf (siehe Abbildung 2.1).

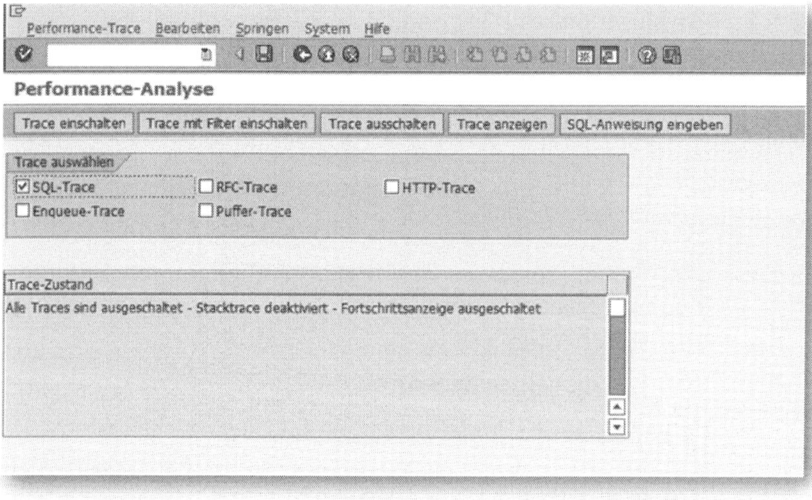

Abbildung 2.1: Selektionsbildschirm der Transaktion ST05 (Performance-Trace)

Nachdem wir den SQL-Trace ausgewählt haben, starten wir durch Anklicken des Buttons Trace einschalten die Protokollierung von Datenbank-Zugriffen des Users.

Keine parallelen Programmläufe bei der Performance-Analyse

Bei der Performance-Analyse ist darauf zu achten, dass unter Ihrem User keine weiteren Programme auf dem System laufen (z. B. Hintergrundprogramme), da ansonsten die Analyse falsche Ergebnisse liefert.

Jetzt wird das zu analysierende Programm ZCU_ABAP_PERFORMANCE gestartet. Sobald dieses Programm die selektierten Daten zur Anzeige bringt, wechseln wir wieder in den Bildschirmmodus für den SQL-Trace und verwenden den Button Trace ausschalten, um die Protokollierung zu beenden.

Die Anzeige des SQL-Trace wird über den Button [Trace anzeigen] gestartet.

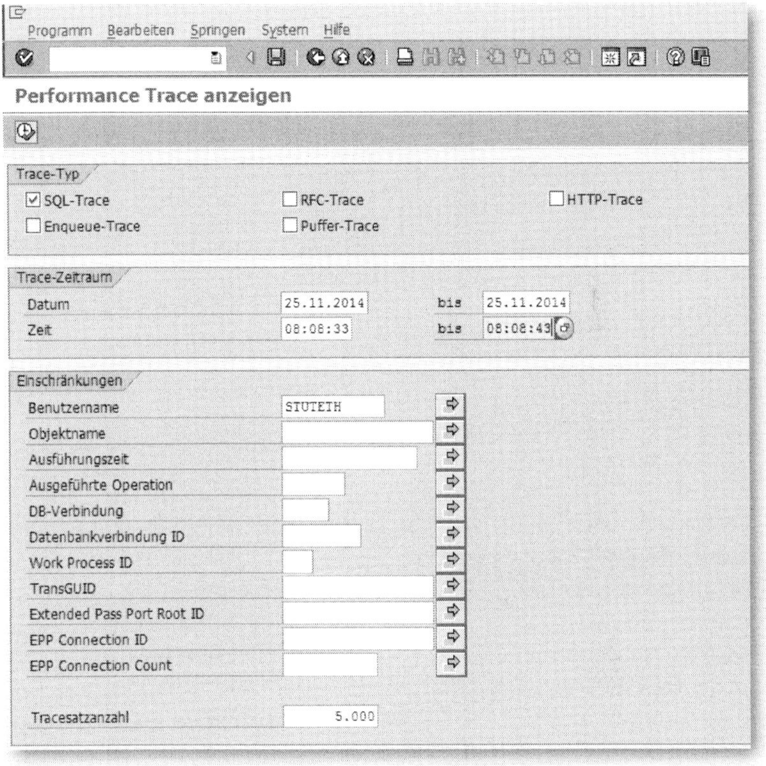

Abbildung 2.2: Selektionsbild zur Anzeige des SQL-Trace

Im darauffolgenden Bild (siehe Abbildung 2.2) können Einschränkungen zur Selektion des Performance-Trace vorgenommen werden. In diesem Selektionsbild ist der Zeitraum voreingestellt, in dem der User den letzten Performance-Trace ausgeführt hat. Wird diese Auswahl ohne Änderungen mit dem Icon [Icon] bestätigt, erhalten Sie das Protokoll der Datenbank-Zugriffe des letzten Programmlaufs.

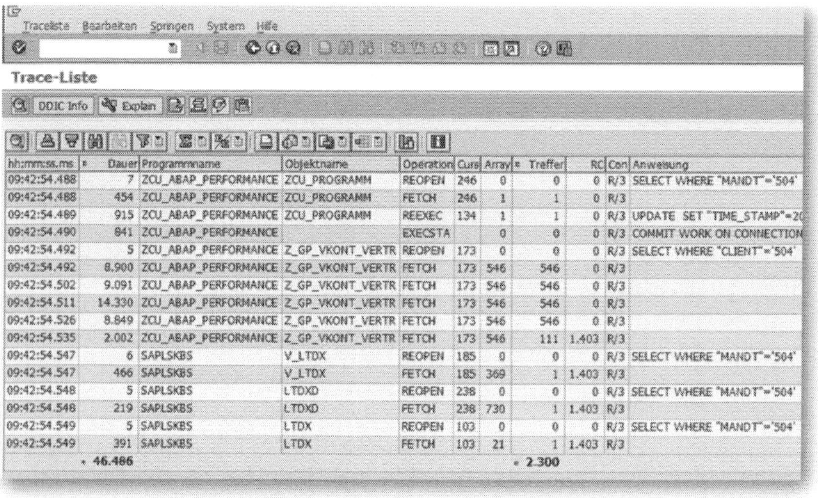

hh:mm:ss.ms	Dauer	Programmname	Objektname	Operation	Curs	Array	Treffer	RC	Con	Anweisung
09:42:54.488	7	ZCU_ABAP_PERFORMANCE	ZCU_PROGRAMM	REOPEN	246	0	0	0	R/3	SELECT WHERE "MANDT"='504'
09:42:54.488	454	ZCU_ABAP_PERFORMANCE	ZCU_PROGRAMM	FETCH	246	1	1	0	R/3	
09:42:54.489	915	ZCU_ABAP_PERFORMANCE	ZCU_PROGRAMM	REEXEC	134	1	1	0	R/3	UPDATE SET "TIME_STAMP"=2(
09:42:54.490	841	ZCU_ABAP_PERFORMANCE		EXECSTA		0	0	0	R/3	COMMIT WORK ON CONNECTION
09:42:54.492	5	ZCU_ABAP_PERFORMANCE	Z_GP_VKONT_VERTR	REOPEN	173	0	0	0	R/3	SELECT WHERE "CLIENT"='504'
09:42:54.492	8.900	ZCU_ABAP_PERFORMANCE	Z_GP_VKONT_VERTR	FETCH	173	546	546	0	R/3	
09:42:54.502	9.091	ZCU_ABAP_PERFORMANCE	Z_GP_VKONT_VERTR	FETCH	173	546	546	0	R/3	
09:42:54.511	14.330	ZCU_ABAP_PERFORMANCE	Z_GP_VKONT_VERTR	FETCH	173	546	546	0	R/3	
09:42:54.526	8.849	ZCU_ABAP_PERFORMANCE	Z_GP_VKONT_VERTR	FETCH	173	546	546	0	R/3	
09:42:54.535	2.002	ZCU_ABAP_PERFORMANCE	Z_GP_VKONT_VERTR	FETCH	173	546	111	1.403	R/3	
09:42:54.547	6	SAPLSKBS	V_LTDX	REOPEN	185	0	0	0	R/3	SELECT WHERE "MANDT"='504'
09:42:54.547	466	SAPLSKBS	V_LTDX	FETCH	185	369	1	1.403	R/3	
09:42:54.548	5	SAPLSKBS	LTDXD	REOPEN	238	0	0	0	R/3	SELECT WHERE "MANDT"='504'
09:42:54.548	219	SAPLSKBS	LTDXD	FETCH	238	730	1	1.403	R/3	
09:42:54.549	5	SAPLSKBS	LTDX	REOPEN	103	0	0	0	R/3	SELECT WHERE "MANDT"='504'
09:42:54.549	391	SAPLSKBS	LTDX	FETCH	103	21	1	1.403	R/3	
	• 46.486						• 2.300			

Abbildung 2.3: SQL-Trace eines Programmlaufs mit der Programmiertechnik »VIEW«

Das Protokoll in Abbildung 2.3 zeigt, dass die Selektion der Daten insgesamt 46.486 Mikrosekunden (0,000001 Sekunden) dauerte. Also benötigte der Programmlauf ca. 0,046 Sekunden.

Auf bestimmten Zeilen ist ein direkter Absprung in den protokollierten Quellcode durch einen Doppelklick auf einen der in Abbildung 2.4 gezeigten Buttons möglich. So können für diese Zeilen weitere Informationen aus dem Trace-Protokoll gewonnen werden.

Abbildung 2.4: Button-Leiste im SQL-Trace

Der Button  etwa zeigt das in der entsprechenden Zeile protokollierte SELECT-Statement (siehe Abbildung 2.5).

Mit dem Button DDIC Info öffnen sich die Dictionary-Informationen zu der Tabelle oder dem View im SELECT-Statement (siehe Abbildung 2.6).

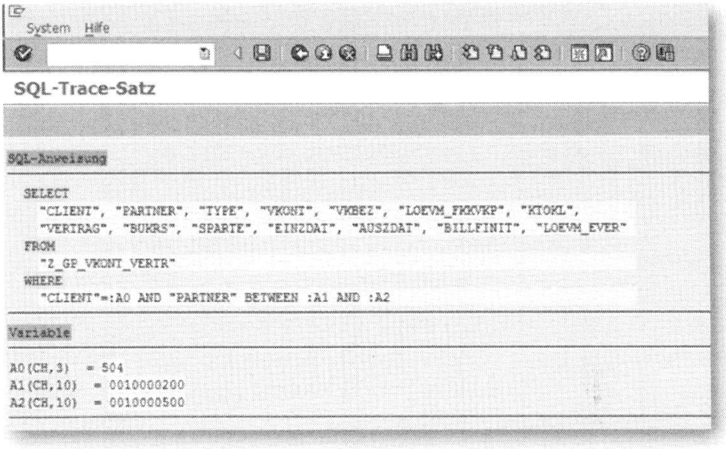

Abbildung 2.5: Anzeige des Select-Statements im SQL-Trace

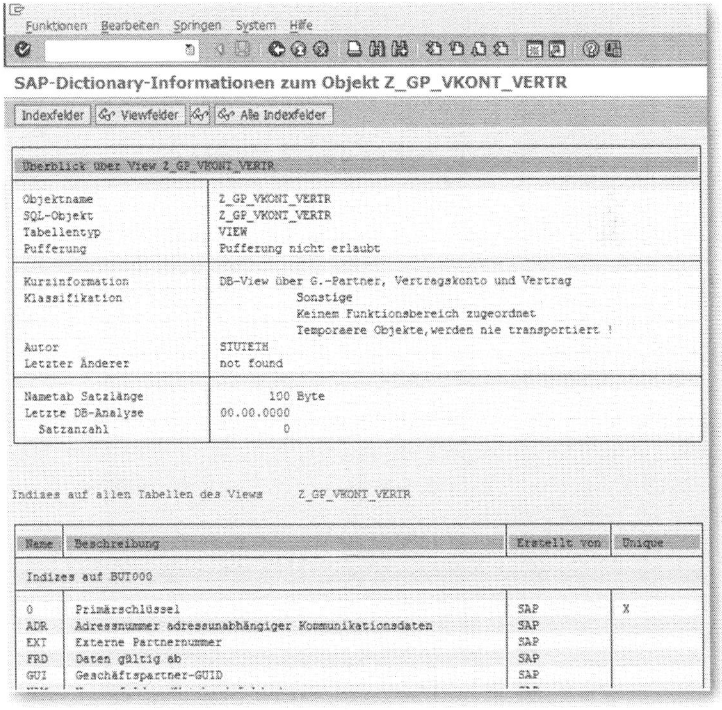

Abbildung 2.6: Dictionary-Informationen im SQL-Trace

Über die Button-Leiste in dieser Anzeige sind wiederum weitere Informationen abrufbar:

- Indexfelder Indexfelder der Tabelle bzw. Views,
- Tabellenfelder alle selektierten Tabellenfelder
- die beteiligten Tabellen,
- Alle Indexfelder alle Indizes beteiligter Tabellen.

Mit dem Button Explain im SQL-Trace erhalten Sie einen Einblick in die Strategie des Datenbanksystems zur Selektion der Daten: die geschätzten Kosten und die geschätzte Anzahl selektierter Zeilen. Diese beiden Werte können lediglich als Vergleichs-, aber nicht als absolute Werte verwendet werden.

2.1.2 Laufzeitanalyse mit der Transaktion SAT

Mit der Transaktion SAT können Laufzeitanalysen beliebiger ABAP-Programme durchgeführt werden. Diese Transaktion ist die modernere Alternative zur »alten« Transaktion SE30.

Die ABAP-Laufzeitanalyse ermöglicht eine vollständige Prüfung des Programms, und geht damit deutlich über die reine SQL-Analyse der Transaktion SE05 hinaus. Zur Erläuterung der Laufzeitanalyse nutzen wir die Transaktion SAT für einen Programmlauf des ZCU_ABAP _PERFORMANCE (siehe Abbildung 2.7).

Verwenden Sie im Selektionsbild in der Rubrik IM DIALOG den Radiobutton PROGRAMM und geben Sie in das leere Feld dahinter den Namen des Programmes ein, für das eine Laufzeitanalyse durchgeführt werden soll. Weitere Eingaben sind nicht erforderlich.

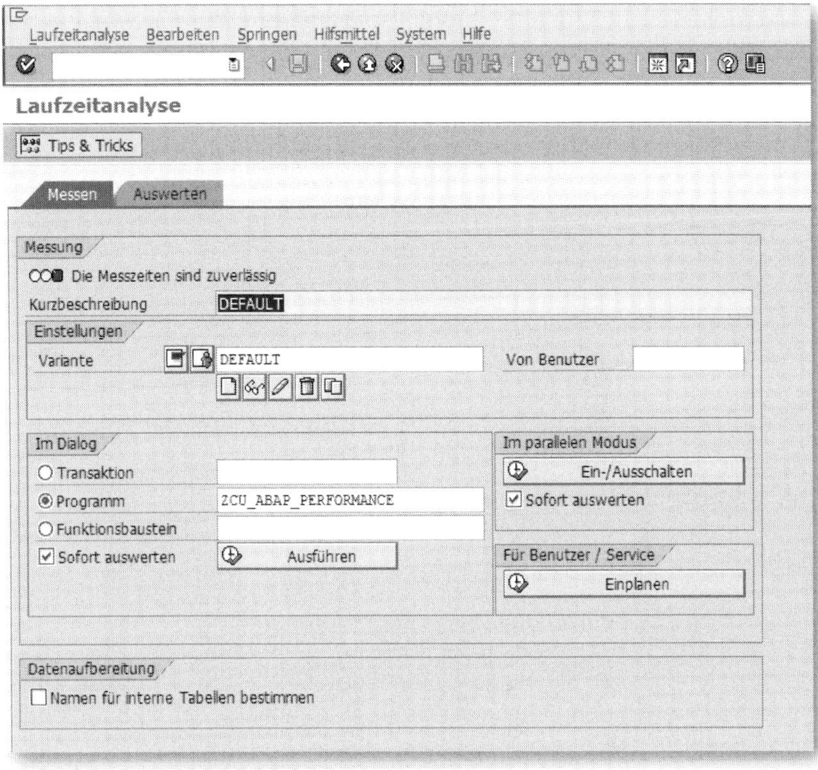

Abbildung 2.7: Selektionsbild der Transaktion SAT

Mit dem Button 

starten wir das Programm ZCU _ABAP_PERFORMANCE. Es wird zunächst dessen Selektionsbildschirm angezeigt. Hier tätigen Sie die erforderlichen Angaben und starten das Programm. In diesem Beispiel verwenden wir die Programmlaufvariante »View mit Vorselektion«.

Nach Beendigung des Programmlaufs kehren Sie mit zweimaliger Betätigung des Icons zurück in die Laufzeitanalyse, die Sie in Abbildung 2.8 zunächst in der Übersicht sehen.

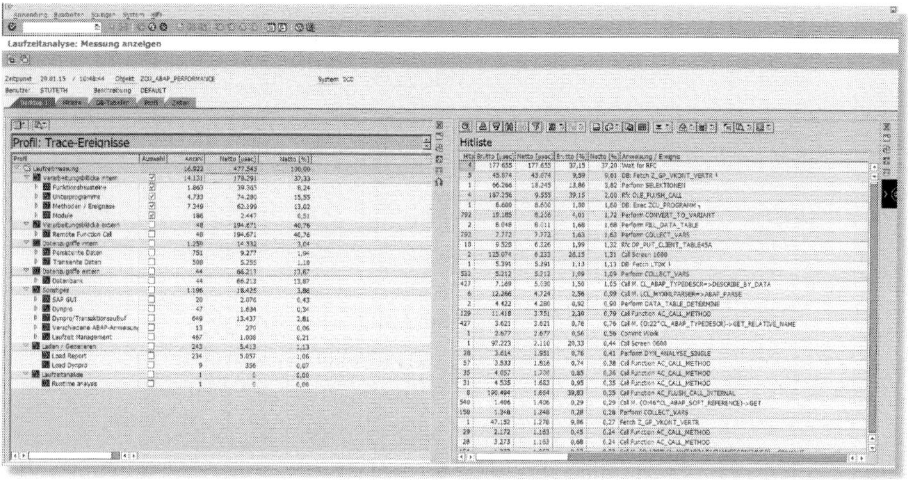

Abbildung 2.8: Laufzeitanalyse eines Programmlaufes

Unter dem Reiter DESKTOP 1 kann der Entwickler im linken Bildschirmteil erkennen, in welchen Programmteilen und bei welchen Datenbankzugriffen das Programm wie viel Zeit zur Abarbeitung der Befehle benötigt hat (siehe Abbildung 2.9).

Die rechte Bildschirmseite der Laufzeitanalyse ermöglicht die zeitgleiche Betrachtung verschiedener Analyse-Ergebnisse.

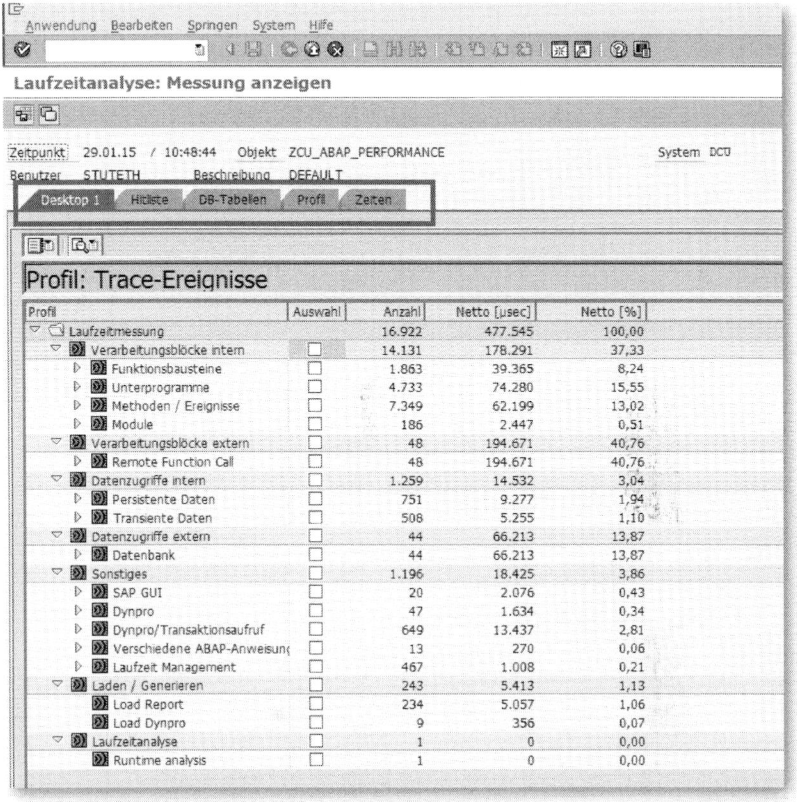

Abbildung 2.9: Laufzeitmessungen

Über den Reiter HITLISTE lassen sich gleichartige Trace-Ereignisse zusammenfassen. Die Zeiten der jeweiligen Trace-Ereignisse werden dabei aufsummiert. Der Reiter DB-TABELLEN zeigt die im Programm verwendeten Datenbank-Tabellen und die Zeiten für den Zugriff auf diese (siehe Abbildung 2.10).

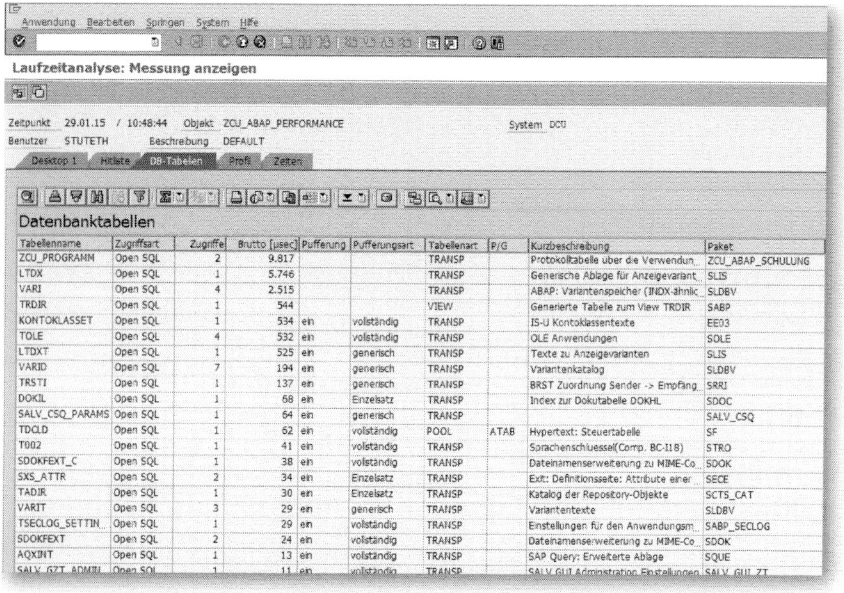

Tabellenname	Zugriffsart	Zugriffe	Brutto [µsec]	Pufferung	Pufferungsart	Tabellenart	P/G	Kurzbeschreibung	Paket
ZCU_PROGRAMM	Open SQL	2	9.817			TRANSP		Protokolltabelle über die Verwendun...	ZCU_ABAP_SCHULUNG
LTDX	Open SQL	1	5.746			TRANSP		Generische Ablage für Anzeigevariant...	SLIS
VARI	Open SQL	4	2.515			TRANSP		ABAP: Variantenspeicher (INDX-ähnlic...	SLDBV
TRDIR	Open SQL	1	544			VIEW		Generierte Tabelle zum View TRDIR	SABP
KONTOKLASSET	Open SQL	1	534	ein	vollständig	TRANSP		IS-U Kontoklassentexte	EE03
TOLE	Open SQL	4	532	ein	vollständig	TRANSP		OLE Anwendungen	SOLE
LTDXT	Open SQL	1	525	ein	generisch	TRANSP		Texte zu Anzeigevarianten	SLIS
VARID	Open SQL	7	194	ein	generisch	TRANSP		Variantenkatalog	SLDBV
TRSTI	Open SQL	1	137	ein	generisch	TRANSP		BRST Zuordnung Sender -> Empfäng...	SRRI
DOKIL	Open SQL	1	68	ein	Einzelsatz	TRANSP		Index zur Dokutabelle DOKHL	SDOC
SALV_CSQ_PARAMS	Open SQL	1	64	ein	generisch	TRANSP			SALV_CSQ
TDCLD	Open SQL	1	62	ein	vollständig	POOL	ATAB	Hypertext: Steuertabelle	SF
T002	Open SQL	1	41	ein	vollständig	TRANSP		Sprachenschluessel(Comp. BC-I18)	STRO
SDOKFEXT_C	Open SQL	1	38	ein	vollständig	TRANSP		Dateinamenserweiterung zu MIME-Co...	SDOK
SXS_ATTR	Open SQL	2	34	ein	Einzelsatz	TRANSP		Exit: Definitionsseite: Attribute einer ...	SECE
TADIR	Open SQL	1	30	ein	Einzelsatz	TRANSP		Katalog der Repository-Objekte	SCTS_CAT
VARIT	Open SQL	3	29	ein	generisch	TRANSP		Variantentexte	SLDBV
TSECLOG_SETTIN...	Open SQL	1	29	ein	vollständig	TRANSP		Einstellungen für den Anwendungsm...	SABP_SECLOG
SDOKFEXT	Open SQL	2	24	ein	vollständig	TRANSP		Dateinamenserweiterung zu MIME-Co...	SDOK
AQXINT	Open SQL	1	13	ein	vollständig	TRANSP		SAP Query: Erweiterte Ablage	SQUE
SALV_GZT_ADMIN...	Open SQL	1	11	ein	vollständig	TRANSP		SALV GUI Administration Einstellungen	SALV_GUI_ZT

Abbildung 2.10: Datenbank-Zugriffe und deren Zeiten

Unter dem Reiter ZEITEN werden die für Programmbefehle benötigten Zeiten detailliert aufgeführt (siehe Abbildung 2.11).

Wie die Abbildungen der Laufzeitanalysen zeigen, werden in diesen Darstellungen auch die Datenbank-Zugriffe und Programmbefehle von SAP-Systemprogrammen aufgeführt, auf die der Entwickler nur wenig Einfluss hat.

Wie Sie sehen konnten, bietet die ABAP-Laufzeitanalyse der Transaktion SAT im Vergleich zum Performance-Trace der Transaktion SE05 erheblich detailliertere Analysemöglichkeiten für den ABAP-Entwickler.

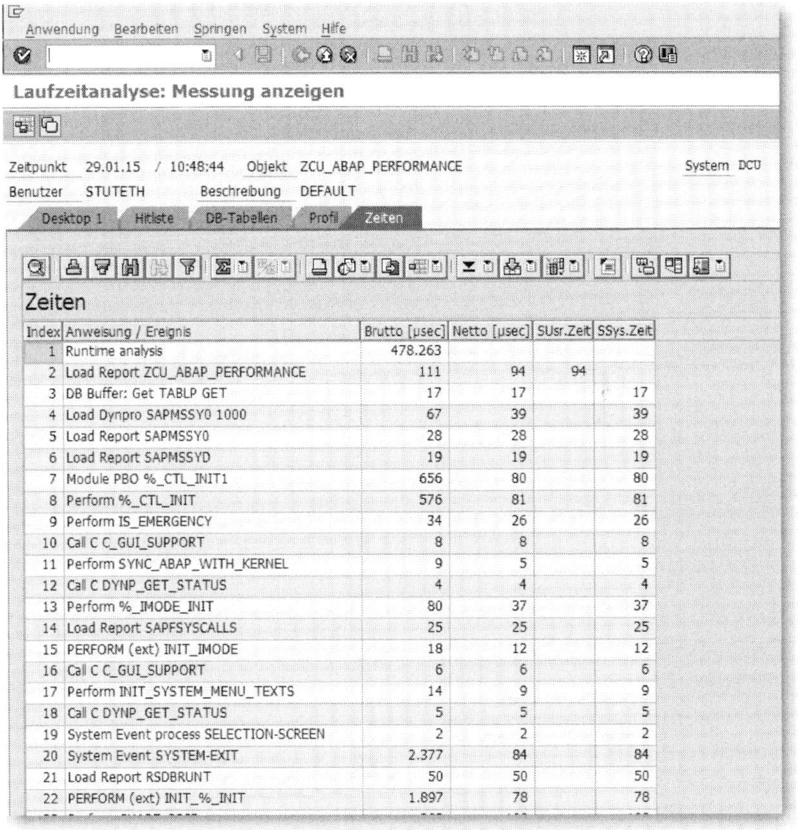

Index	Anweisung / Ereignis	Brutto [µsec]	Netto [µsec]	SUsr.Zeit	SSys.Zeit
1	Runtime analysis	478.263			
2	Load Report ZCU_ABAP_PERFORMANCE	111	94	94	
3	DB Buffer: Get TABLP GET	17	17		17
4	Load Dynpro SAPMSSY0 1000	67	39		39
5	Load Report SAPMSSY0	28	28		28
6	Load Report SAPMSSYD	19	19		19
7	Module PBO %_CTL_INIT1	656	80		80
8	Perform %_CTL_INIT	576	81		81
9	Perform IS_EMERGENCY	34	26		26
10	Call C C_GUI_SUPPORT	8	8		8
11	Perform SYNC_ABAP_WITH_KERNEL	9	5		5
12	Call C DYNP_GET_STATUS	4	4		4
13	Perform %_IMODE_INIT	80	37		37
14	Load Report SAPFSYSCALLS	25	25		25
15	PERFORM (ext) INIT_IMODE	18	12		12
16	Call C C_GUI_SUPPORT	6	6		6
17	Perform INIT_SYSTEM_MENU_TEXTS	14	9		9
18	Call C DYNP_GET_STATUS	5	5		5
19	System Event process SELECTION-SCREEN	2	2		2
20	System Event SYSTEM-EXIT	2.377	84		84
21	Load Report RSDBRUNT	50	50		50
22	PERFORM (ext) INIT_%_INIT	1.897	78		78

Abbildung 2.11: Zeiten von Anweisungen und Events

2.2 Tabellen-Indizes und Performance

Im ersten Teil des Praxishandbuchs habe ich ausführlich die Eigenschaften von Tabellenindizes erläutert. Ich fasse an dieser Stelle die wesentlichen Aspekte zusammen.

Jede Tabelle hat implizit einen Index auf die primären Schlüsselfelder. Für die Tabelle FKKVKP (Vertragskonten) bedeutet dies, dass bereits bei deren Anlegen ein Index über die Felder MANDANT, VERTRAGS-

KONTONUMMER und GESCHÄFTSPARTNERNUMMER vom Datenbanksystem erstellt wird (siehe Abbildung 2.12).

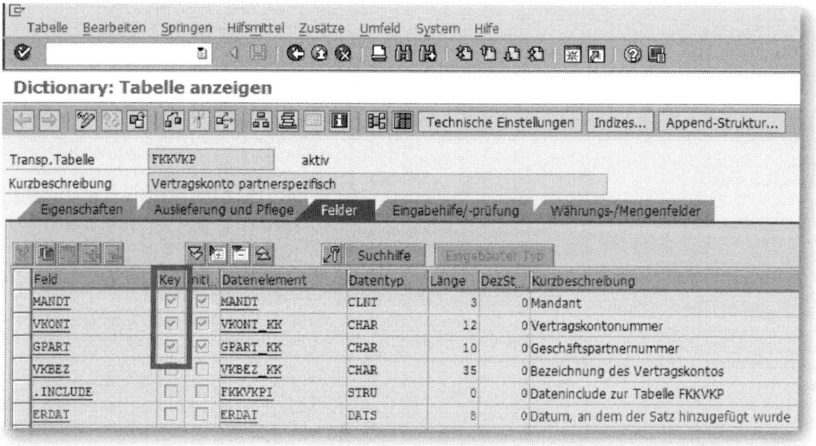

Abbildung 2.12: Primärschlüsselfelder der Vertragskontentabelle

In vielen Anwendungen werden Vertragskonten jedoch über andere als die Primärschlüsselfelder selektiert, z. B. über den »abweichenden Zahler«. Um auch bei solchen Selektionen eine gute Performance zu erhalten, werden für diese Felder eigene Tabellenindizes angelegt.

Über den Button Indizes... können Sie die definierten Indizes der Tabelle aufrufen. Es sind *SAP-Standard-Indizes* und kundeneigene Indizes zu unterscheiden. *Kundeneigene Indizes* tragen in der Regel als erstes Zeichen ein »Z« in der Indexkennung.

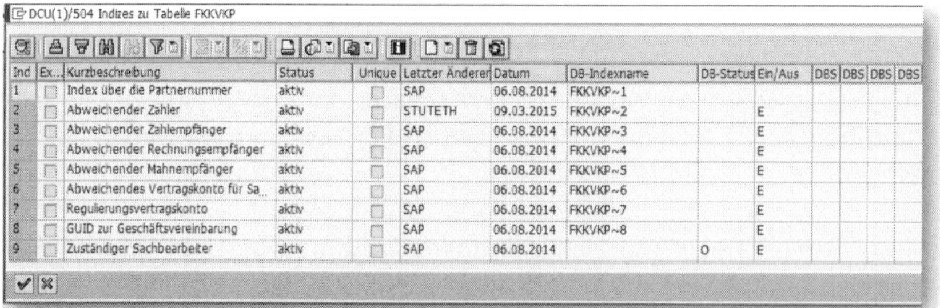

Abbildung 2.13: Indizes der Vertragskontentabelle (FKKVKP)

Die Spalte DB-STATUS zeigt an, ob ein Index aktiv ist. Das ist der Fall, wenn dieses Feld leer ist. Steht in dieser Spalte ein »O«, so ist der Index nicht auf der Datenbank angelegt. Ein »D« beschreibt, dass der Index abhängig vom DB-System auf der Datenbank angelegt wurde. Dieses »D« ist nur dann relevant, wenn in einer der vier folgenden Spalten mit der Bezeichnung DBS ein Eintrag vorhanden ist.

Die Spalte EIN/AUS ist nur dann relevant, wenn eine der vier folgenden Spalten mit der Bezeichnung DBS einen Eintrag besitzt. Steht z. B. in einer Spalte das DBS-System ORA für Oracle, dann ist entscheidend, ob in der Spalte EIN/AUS ein »I« oder ein »E« steht. Ein »I« (EINSCHLUSSLISTE) würde bedeuten, dass der Tabellenindex auf dem Datenbank-System angelegt ist; steht dort ein »E« (AUSSCHLUSSLISTE), dass der Tabellenindex auf dem genannten Datenbank-System nicht angelegt wurde.

Mit Doppelklick auf einen Index werden die *Eigenschaften des Index* angezeigt (siehe Abbildung 2.14).

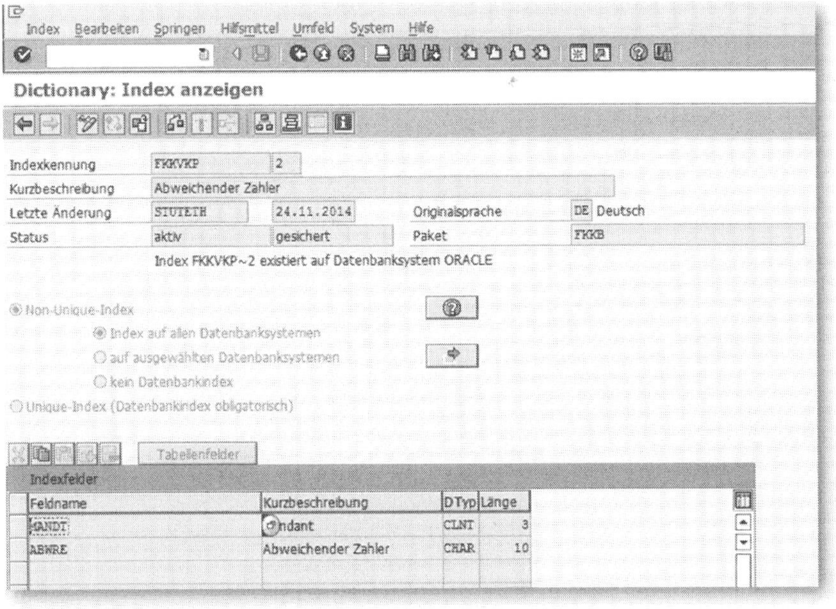

Abbildung 2.14: Eigenschaften des Index »Abweichender Zahler«

Auch *SAP-Standard-Indizes* können durch Betätigen des Icons geändert werden. Die SAP empfiehlt aus bestimmten Gründen, je Tabelle nicht mehr als 5 Indizes anzulegen. Jedoch findet man eine Reihe von Tabellen, bei denen sich selbst die SAP nicht an diese Empfehlung hält.

Wann ist das Anlegen eines Index sinnvoll?

Immer dann, wenn auf einer Datenbank-Tabelle eine Selektion über bestimmte Felder sehr häufig durchgeführt wird und die Tabelle große Datenmengen enthält. In diesem Fall ist ein Index anzulegen, der für die Selektion alle Felder der WHERE-Bedingung enthält. Andersherum bedeutet dies für den Entwickler, möglichst die Felder in der WHERE-Bedingung eines SELECT-Statements aufzunehmen, für die ein Index vorhanden ist.

Um die Stärke von Tabellenindizes zu zeigen, werden im Beispielprogramm ZCU_ABAP_PERFORMANCE Vertragskonten nach »abweichenden Zahlern« selektiert. Die Tabelle FKKVKP hat einen Tabellenindex, der nur die Felder MANDANT und ABWEICHENDER ZAHLER beinhaltet.

Das SELECT-Statement wird wie in Abbildung 2.15 ausgeprägt.

```
SELECT *
  FROM fkkvkp
  INTO CORRESPONDING FIELDS OF TABLE gt_output
  WHERE abwre IN so_abwre.

IF sy-subrc <> 0.
  Zu den Selektionskriterien wurden keine Daten gefunden
  MESSAGE e000(zcu_isu).
ENDIF.
```

Abbildung 2.15: Select-Statement für die Selektion abweichender Zahler

Der SQL-Trace zeigt bei der Selektion von 200 abweichenden Zahlern in einer Menge von 111.653 Vertragskonten eine Programmlaufzeit von 30.196 Mikrosekunden (siehe Abbildung 2.16).

13:30:11.861	369	SAPLSHI2	INDX_HIER	FETCH	58	8	1	1.403
13:30:11.874	8	SAPFS_SECLOG	ENHSPOTHEADER	REOPEN	230	0	0	0
13:30:11.874	434	SAPFS_SECLOG	ENHSPOTHEADER	FETCH	230	1	1	0
13:30:14.247	709	SAPLSMTR_NAVIGATION_MODULES	INDX	REEXEC	96	1	1	0
13:30:14.248	184	SAPLSMTR_NAVIGATION_MODULES	INDX	REEXEC	114	1	0	0
13:30:14.248	801	SAPLSMTR_NAVIGATION_MODULES		EXECSTA		0	0	0
13:30:14.256	6	SAPFS_SECLOG	ENHSPOTHEADER	REOPEN	230	0	0	0
13:30:14.256	381	SAPFS_SECLOG	ENHSPOTHEADER	FETCH	230	1	1	0
	▪ **30.196**						▪ **576**	

Abbildung 2.16: Performance-Trace der Selektion von Vertragskonten mit Datenbank-Index

Nun löschen wir den Index auf den abweichenden Zahler für die Tabelle FKKVKP. Dazu wird die Transaktion `SE11` und dort die Tabelle FKKVKP aufgerufen. Anschließend werden mit dem Button [Indizes...] alle definierten Indizes angezeigt. Durch einen Doppelklick auf den Index zum abweichenden Zahler zeigt das System die Eigenschaften dieses Index an (siehe Abbildung 2.17). Durch einen Mausklick auf das Icon kann der Index geändert werden. In diesem Fall wird der Radiobutton von INDEX AUF ALLEN DATENBANKSYSTEMEN auf das Feld KEIN DATENBANKINDEX geändert. Mit dieser Auswahl wird das Datenbank-Utility mittels Pull-down-Menü HILFSMITTEL • DATENBANKOBJEKT • DATENBANK-UTILITY aufgerufen und über den Button DATENBANKINDEX LÖSCHEN der Index auf den abweichenden Zahler entfernt.

Jetzt wird der SQL-Trace mit der Transaktion ST05 erneut eingeschaltet und in einem anderen Bildschirmmodus das Programm mit den gleichen Selektionskriterien wie zuvor gestartet. Der einzige Unterschied besteht nun darin, dass die Tabelle FKKVKP auf dem Feld ABWEICHENDER ZAHLER keinen Datenbank-Index mehr besitzt.

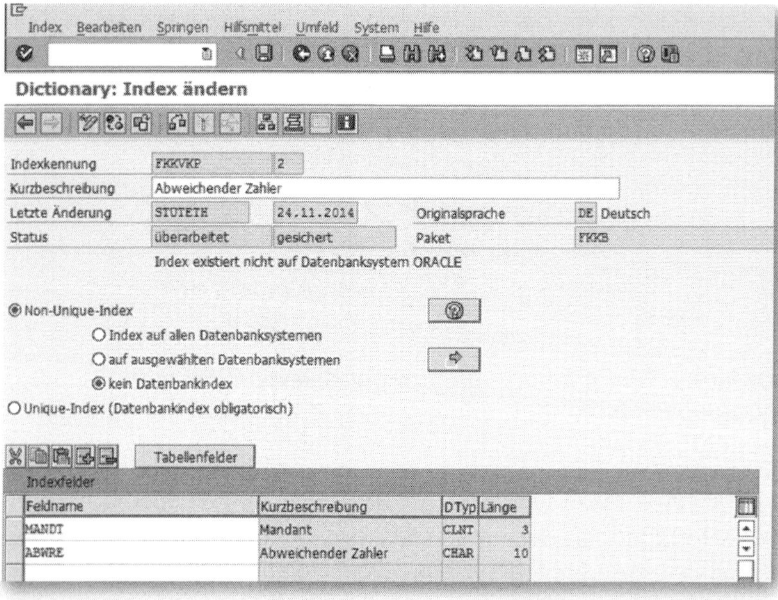

Abbildung 2.17: Gelöschter Datenbank-Index zum »abweichenden Zahler«

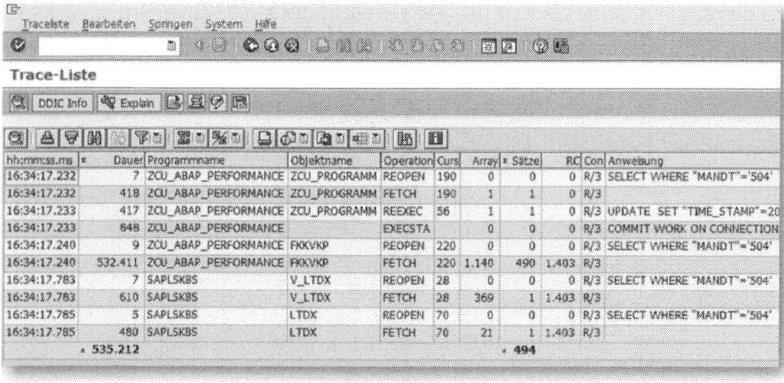

Abbildung 2.18: Selektion von Vertragskonten ohne DB-Index

Das Trace-Ergebnis in Abbildung 2.18 zeigt, dass die gleiche Selektion ohne einen entsprechenden Index 535.212 Mikrosekunden und mit einem entsprechenden Index 30.196 Mikrosekunden benötigt.

Durch die Verwendung des Index wird somit eine Verbesserung der Performance um den Faktor 19 erreicht, d. h., eine Selektion mit einem entsprechenden Tabellenindex ist 19 Mal schneller.

Dieser Tatsache sollte sich ein ABAP-Entwickler bei jedem Select-Statement bewusst sein.

2.3 Entwicklung und Performance

Nicht allein der Index ist entscheidend für eine performante Selektion von Daten aus der Datenbank. Auch durch die *Programmiertechnik* wird die Performance erheblich beeinflusst. Um diese Effekte zu erläutern, wurde das Programm ZCU_ABAP_PERFORMANCE um zwei Varianten zur Selektion von Daten erweitert. In den folgenden Abschnitten werde ich die verschiedenen Varianten erläutern.

2.3.1 Einsatz von Views

Der eingangs des Kapitels verwendete View selektiert aufgrund der Eingabe von Geschäftspartner-Nummern alle zugehörigen Vertragskonten und Verträge. Da es sich um einen View handelt, werden nur die Geschäftspartner mit Vertragskonten und Verträgen selektiert (sogenannter *Inner-Join*), d. h., Geschäftspartner ohne Vertragskonten werden nicht angezeigt.

Diese Selektion kann auch mit *Loop-Schleifen* programmiert werden. Dabei gehen Sie wie folgt vor:

1. Selektion der Geschäftspartner mit den selektierten Geschäftspartner-Nummern,
2. Loop über die selektierten Geschäftspartner zur Selektion Ihrer Vertragskonten und
3. abschließend in einem weiteren Loop die Verträge zu den Vertragskonten selektieren (sogenannte *Nested Loops*).

Die Anzahl selektierter Datensätze bei der Programmvariante mit View entspricht genau der Anzahl selektierter Datensätze für die *Programmiertechnik Loop-in-Loop*.

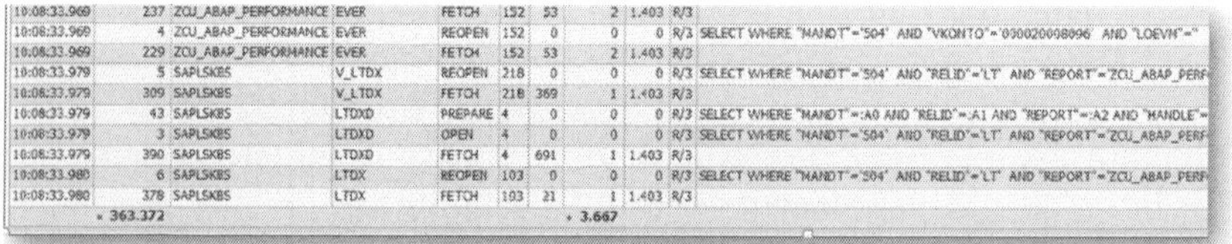

10:08:33.969	237	ZCU_ABAP_PERFORMANCE	EVER	FETCH	152	53	2	1.403	R/3	
10:08:33.969	4	ZCU_ABAP_PERFORMANCE	EVER	REOPEN	152	0	0	0	R/3	SELECT WHERE "MANDT"='504' AND "VKONTO"='000020008096' AND "LOEVM"=''
10:08:33.969	229	ZCU_ABAP_PERFORMANCE	EVER	FETCH	152	53	2	1.403	R/3	
10:08:33.979	5	SAPLSKBS	V_LTDX	REOPEN	218	0	0	0	R/3	SELECT WHERE "MANDT"='504' AND "RELID"='LT' AND "REPORT"='ZCU_ABAP_PERF
10:08:33.979	309	SAPLSKBS	V_LTDX	FETCH	218	369	1	1.403	R/3	
10:08:33.979	43	SAPLSKBS	LTDXD	PREPARE	4	0	0	0	R/3	SELECT WHERE "MANDT"=:A0 AND "RELID"=:A1 AND "REPORT"=:A2 AND "HANDLE"=
10:08:33.979	3	SAPLSKBS	LTDXD	OPEN	4	0	0	0	R/3	SELECT WHERE "MANDT"='504' AND "RELID"='LT' AND "REPORT"='ZCU_ABAP_PERF
10:08:33.979	390	SAPLSKBS	LTDXD	FETCH	4	691	1	1.403	R/3	
10:08:33.980	6	SAPLSKBS	LTDX	REOPEN	103	0	0	0	R/3	SELECT WHERE "MANDT"='504' AND "RELID"='LT' AND "REPORT"='ZCU_ABAP_PERF
10:08:33.980	378	SAPLSKBS	LTDX	FETCH	103	21	1	1.403	R/3	
	• 363.372						• 3.667			

Abbildung 2.19: Performance-Trace für die Programmiertechnik »Loop-in-Loop«

Für diese Programmiertechnik zeigt der Performance-Trace in Abbildung 2.19 eine Dauer von 363.372 Mikrosekunden für den gesamten Programmlauf. Für die Selektion der Daten selbst wurde eine Dauer von 359.995 Mikrosekunden benötigt. Schauen wir noch einmal zurück: Abbildung 2.3 zeigt zum Vergleich den Performance-Trace für die *Programmiertechnik VIEW*. Zur Selektion der Daten wurde dort eine Dauer von 46.486 Mikrosekunden gemessen.

Der Quellcode der Programmiertechnik »Loop-in-Loop« hat die in Abbildung 2.20 dargestellte Logik.

```
    SELECT *
      FROM fkkvkp
      APPENDING TABLE gt_fkkvkp
      WHERE gpart IN so_gpar2
      AND   loevm = space.
*   Jetzt stehen alle Geschäftspartner und deren
*   Vertragskonten in der Tabelle GT_FKKVKP.
*   Selektion von Verträgen zu Vertragskonten

    LOOP AT gt_fkkvkp INTO gs_fkkvkp.
      REFRESH gt_ever.

      SELECT *
        FROM ever
        APPENDING TABLE gt_ever
        WHERE vkonto = gs_fkkvkp-vkont
        AND   loevm  = space.

*     Für jeden Vertrag wird eine neue Zeile an die GT_OUTPUT gehängt.
      SORT gt_ever BY vkonto.

      LOOP AT gt_ever INTO gs_ever.
        gs_output-partner   = gs_fkkvkp-gpart.
        gs_output-vkont     = gs_fkkvkp-vkont.
        gs_output-vkbez     = gs_fkkvkp-vkbez.
        gs_output-ktokl     = gs_fkkvkp-ktokl.
        gs_output-vertrag   = gs_ever-vertrag.
        gs_output-bukrs     = gs_ever-bukrs.
        gs_output-sparte    = gs_ever-sparte.
        gs_output-anlage    = gs_ever-anlage.
        gs_output-einzdat   = gs_ever-einzdat.
        gs_output-auszdat   = gs_ever-auszdat.
        gs_output-billfinit = gs_ever-billfinit.
        gs_output-anlage    = gs_ever-anlage.
        APPEND gs_output TO gt_output.
      ENDLOOP.
    ENDLOOP.

    SORT gt_output BY partner vkont vertrag.
```

Abbildung 2.20: Quellcode zur Programmiertechnik »Loop-in-Loop«

Der Vergleich der Programmiertechnik »View« gegenüber der Programmiertechnik »Loop-in-Loop« zeigt, dass der Selektionsprozess durch die Verwendung von Views um den Faktor 8 beschleunigt wird.

Die performante Selektion

Vermeiden Sie die Selektion über die Programmiertechnik »Loop-in-Loop« (sogenannte *Nested Loops*). Verwenden Sie stattdessen Views.

2.3.2 Vorselektion von Prüftabellen

Um diese Programmiertechnik zu erläutern, wird die Selektion von Geschäftspartnern, Vertragskonten und Verträgen mit der View-Programmiertechnik durchgeführt. Die Ausgabe wird um die Bezeichnung der Kontoklasse erweitert. In der ersten Version wird vor der Ausgabe für jeden Datensatz aus der Tabelle KONTOKLASSET der Text zur Kontoklasse selektiert.

Im ersten Programmlauf (ohne Vorselektion der Tabelle KONTOKLASSET) wird nach der Selektion/Auswahl aller Geschäftspartner, ihrer Vertragskonten und Verträge in 190.081 Datensätzen über einen Loop der selektierten Datensätze jeweils ein »SELECT« auf die Tabelle KONTOKLASSET ausgeführt, um die Bezeichnung der Kontoklasse in die Ausgabe zu stellen (siehe Abbildung 2.21).

```
SELECT *
  FROM z_gp_vkont_vertr
  INTO CORRESPONDING FIELDS OF TABLE gt_output
  WHERE partner IN so_gpar3.

IF sy-subrc <> 0.
*   Zu den Selektionskriterien wurden keine Daten gefunden
  MESSAGE e000(zcu_isu).
ENDIF.

LOOP AT gt_output INTO gs_output.
*   Selektion der Kontoklassenbezeichnung
  IF NOT gs_output-ktokl IS INITIAL.
    SELECT SINGLE ktotx
      FROM kontoklasset
      INTO gs_output-ktotx
      WHERE ktokl = gs_output-ktokl.
  ENDIF.

ENDLOOP.

SORT gt_output BY partner vkont vertrag.
```

Abbildung 2.21: Keine Vorselektion der Prüftabelle

Die Performance-Analyse zeigt hierfür eine Programmlaufzeit von 2.437.417 Mikrosekunden (siehe Abbildung 2.22).

11:56:24.599	5.121	ZCU_ABAP_PERFORMANCE	Z_GP_VKONT_VERTR	FETCH	38	546	546	0	R/3
11:56:24.605	5.097	ZCU_ABAP_PERFORMANCE	Z_GP_VKONT_VERTR	FETCH	38	546	546	0	R/3
11:56:24.610	5.014	ZCU_ABAP_PERFORMANCE	Z_GP_VKONT_VERTR	FETCH	38	546	546	0	R/3
11:56:24.615	4.926	ZCU_ABAP_PERFORMANCE	Z_GP_VKONT_VERTR	FETCH	38	546	546	0	R/3
11:56:24.620	4.996	ZCU_ABAP_PERFORMANCE	Z_GP_VKONT_VERTR	FETCH	38	546	546	0	R/3
11:56:24.626	5.012	ZCU_ABAP_PERFORMANCE	Z_GP_VKONT_VERTR	FETCH	38	546	546	0	R/3
11:56:24.631	2.230	ZCU_ABAP_PERFORMANCE	Z_GP_VKONT_VERTR	FETCH	38	546	73	1.403	R/3
11:56:26.014	9	SAPLSKBS	V_LTDX	REOPEN	108	0	0	0	R/3
11:56:26.014	480	SAPLSKBS	V_LTDX	FETCH	108	369	1	1.403	R/3
11:56:26.016	5	SAPLSKBS	LTDX	REOPEN	66	0	0	0	R/3
11:56:26.016	503	SAPLSKBS	LTDX	FETCH	66	21	1	1.403	R/3
	• 2.437.417						• 190.085		

Abbildung 2.22: Performance-Trace ohne Vorselektion der Prüftabelle

In einem zweiten Programmlauf wird vor dem SELECT der Geschäftspartner die vollständige Tabelle KONTOKLASSET mit einem sogenannten *Table-Fetch* (SELECT... INTO TABLE) in eine interne Tabelle gestellt. Nach dem SELECT für Geschäftspartner, Vertragskonten und Verträge wird in einem Loop über die Ausgabetabelle mit einem READ TABLE .... BINARY SEARCH der Kontoklassentext aus der internen Tabelle mit den Kontoklassen-Bezeichnungen selektiert und in die Ausgabetabelle gestellt (siehe Abbildung 2.23). Damit der »Binary Search« funktioniert, muss die Prüftabelle nach dem Selektionskriterium (hier KTOKL) sortiert werden.

```
*   Vorselektion der Tabelle KONTOKLASSET
*   mit einem Table-Fetch
    SELECT *
      FROM kontoklasset
      INTO TABLE gt_kontoklasset
      WHERE spras = 'D'.

    SORT gt_kontoklasset BY ktokl.

    SELECT *
      FROM z_gp_vkont_vertr
      INTO CORRESPONDING FIELDS OF TABLE gt_output
      WHERE partner IN so_gpar4.

    IF sy-subrc <> 0.
*     Zu den Selektionskriterien wurden keine Daten gefunden
      MESSAGE e000(zcu_isu).
    ENDIF.

    LOOP AT gt_output INTO gs_output.
*       Selektion der Kontoklassenbezeichnung
      IF NOT gs_output-ktokl IS INITIAL.
        READ TABLE gt_kontoklasset INTO gs_kontoklasset
             WITH KEY ktokl = gs_output-ktokl
             BINARY SEARCH.
        IF sy-subrc = 0.
          gs_output-ktotx = gs_kontoklasset-ktotx.
        ENDIF.
      ENDIF.

    ENDLOOP.

    SORT gt_output BY partner vkont vertrag.
```

Abbildung 2.23: Vorselektion einer Prüftabelle

Der Performance-Trace für den Programmlauf mit Vorselektion der *Prüftabelle* KONTOKLASSET zeigt, dass nun für den Programlauf 2.394.186 Mikrosekunden benötigt wurden (siehe Abbildung 2.24).

11:54:11.188	5.452	ZCU_ABAP_PERFORMANCE	Z_GP_VKONT_VERTR	FETCH	38	546	546	0	R/3
11:54:11.194	5.204	ZCU_ABAP_PERFORMANCE	Z_GP_VKONT_VERTR	FETCH	38	546	546	0	R/3
11:54:11.199	4.836	ZCU_ABAP_PERFORMANCE	Z_GP_VKONT_VERTR	FETCH	38	546	546	0	R/3
11:54:11.204	4.886	ZCU_ABAP_PERFORMANCE	Z_GP_VKONT_VERTR	FETCH	38	546	546	0	R/3
11:54:11.210	5.011	ZCU_ABAP_PERFORMANCE	Z_GP_VKONT_VERTR	FETCH	38	546	546	0	R/3
11:54:11.215	4.897	ZCU_ABAP_PERFORMANCE	Z_GP_VKONT_VERTR	FETCH	38	546	546	0	R/3
11:54:11.220	2.163	ZCU_ABAP_PERFORMANCE	Z_GP_VKONT_VERTR	FETCH	38	546	73	1.403	R/3
11:54:11.556	7	SAPLSKBS	V_LTDX	REOPEN	108	0	0	0	R/3
11:54:11.556	456	SAPLSKBS	V_LTDX	FETCH	108	369	1	1.403	R/3
11:54:11.557	5	SAPLSKBS	LTDX	REOPEN	66	0	0	0	R/3
11:54:11.558	389	SAPLSKBS	LTDX	FETCH	66	21	1	1.403	R/3
	∙ 2.394.186						∙ 190.085		

Abbildung 2.24: Performance-Trace mit Vorselektion einer Prüftabelle

Durch die Verwendung einer Vorselektion wurde damit die Performance um ca. 6 % gesteigert. Je größer die Datenmenge ist, desto größer wird dieser Effekt, da bei jedem zusätzlichen Datensatz eine weitere Selektion auf die Datenbanktabelle KONTOKLASSET eingespart wird.

Berücksichtigen Sie bei Ihren Tests, dass durch mehrfache zeitnahe Programmläufe der Datenbank-Puffer gefüllt wird und somit sich wiederholende Programmläufe immer schneller werden. Korrekte Ergebnisse können erzielt werden, wenn sich der Entwickler vor jedem Test erneut an das SAP-System anmeldet.

2.3.3 Verwendung des SELECT-Statements

Das SELECT-Statement ist ein sehr mächtiger Befehl mit einer Reihe von Optionen, von denen nicht alle der Performance zuträglich sind. Ich führe nun ein paar Hinweise auf, die bei der Verwendung von Select-Statements aus Performance-Sicht von ABAP-Entwicklern berücksichtigt werden sollten:

- SELECT * FROM <DB-Tabelle>
  Vermeiden Sie vor allem bei großen Datenbank-Tabellen mit vielen Feldern das Selektieren aller Felder. Selektieren Sie nur die Felder, die im Programm tatsächlich benötigt werden.

- SELECT * FROM ... INTO CORRESPINDING FIELDS OF TABLE
  Vermeiden Sie diese Option bei zu erwartenden großen Treffermengen; selektieren Sie stattdessen nur die benötigten Felder und geben Sie bei der INTO-Option an, in welche Felder eines selektierten Datensatzes diese Werte übertragen werden sollen.
- SELECT....WHERE
  Schränken Sie die Treffermenge, soweit möglich, mit der WHERE-Bedingung ein; bringen Sie in der WHERE-Bedingung möglichst alle Werte ein, die einen Datenbank-Index treffen.
- SELECT... ORDER BY
  Vermeiden Sie diese Option des Select-Statements, führen Sie stattdessen ein einfaches Select-Statement in eine interne Tabelle aus und sortieren Sie anschließend die interne Tabelle.
- SELECT.....SELECT.....ENDSELECT...ENDSELECT
  Vermeiden Sie die sogenannten »Nested Select-Statements«; verwenden Sie stattdessen Views oder Joins.

2.4 Fazit

Als Entwickler haben Sie einen enormen Einfluss auf die Performance des gesamten SAP-Systems. In ABAP-Programmen haben Datenbank-Zugriffe im Regelfall den größten Einfluss auf die Programm-Performance. Es gibt eine Reihe von Möglichkeiten und Programmiertechniken, die ein Entwickler anwenden kann, um Kundenentwicklungen performant zu gestalten. Dazu müssen nicht erst alle möglichen Performancetechniken erlernt werden. Es ist in der Praxis bereits ein großer Fortschritt, wenn Sie die in diesem Kapitel dargestellten Verfahren gezielt einsetzen.

Merksätze zur Performance

- Entwickeln Sie Datenbank-Zugriffe mithilfe von SELECT-Statements möglichst in der Form, dass ein Datenbank-Index gezogen wird.
- Wird ein Programm häufig verwendet, und gibt es für einen zentralen Datenbank-Zugriff auf große Datenmengen noch keinen Index auf der betroffenen Datenbanktabelle, dann legen Sie einen zusätzlichen Datenbank-Index an.
- Verwenden Sie bei der Selektion Datenbank-Views anstelle der »Loop-in-Loop«-Programmiertechnik.
- Verwenden Sie die Methoden zur Vorselektion von Prüftabellen, um die Anzahl der Zugriffe auf die Datenbank zu reduzieren.
- Verwenden Sie das Select-Statement treffsicher, d. h., selektieren Sie nur Datensätze und deren Felder, die Sie tatsächlich im Programm benötigen.
- Vermeiden Sie mehrfache, gleiche Select-Statements innerhalb eines Programms.

3 Änderungen und Erweiterungen am SAP-Standard

Wie bereits das Praxisbeispiel aus dem ersten Kapitel zeigt, steht man immer wieder vor der Herausforderung, dass SAP-Standardanwendungen erweitert oder geändert werden müssen. SAP-Systeme werden in sehr vielen großen und mittleren Unternehmen eingesetzt. Es wäre vermessen, zu fordern, dass SAP-Anwendungen den Ansprüchen aller Unternehmen gleichermaßen genügen sollen. Daher muss den Nutzern die Möglichkeit gegeben werden, ihre Unternehmensorganisation optimal in SAP-Anwendungen abzubilden.

Das hat auch die SAP erkannt und stellt ihren Kunden eine Reihe von Tools zur *Anpassung des SAP-Standards* zur Verfügung:

- Modifikationen,
- User-Exits,
- Ereignisfunktionsbausteine im Vertragskontokorrent,
- spezielle Transaktionen zur Anpassung des SAP-Standards (z.B. BUPT und BUCO),
- Erweiterung der Dienste zum Objekt,
- Erweiterungen im Customer Interaction Center mithilfe von BOR-Objekten,
- Enhancement-Framework,
- Customer Includes für die Erweiterung von Tabellenstrukturen,
- Änderung von SAP-Standard-Suchhilfen.

In diesem Kapitel werde ich Ihnen die verschiedenen Möglichkeiten mit ihren Vor- und Nachteile erläutern.

3.1 Modifikationen

Modifikationen sind Änderungen am Quellcode des SAP-Standards. Der Vorteil von Modifikationen liegt darin, dass Änderungen und Erweiterungen an jedem beliebigen SAP-Objekt, wie Programmen, Transaktionen, Bildschirmbildern oder Data-Dictionary-Objekten, vorgenommen werden können.

Ihr Nachteil ist der teilweise immense Aufwand, der bei einem Releasewechsel oder der Produktivsetzung eines neuen »Support Packages« entsteht, wenn die vorgenommenen Modifikationen mit dem neuen Quellcode oder den neuen Data-Dictionary-Objekten abgeglichen werden müssen. Darüber hinaus kann es vorkommen, dass der SAP-Support bei der Fehlerbehebung in modifizierten Quellcodes nicht mehr kostenfrei ist.

Mit dem Einspielen eines neuen SAP-Releases oder Support Packages müssen alle Entwicklungsobjekte der neuen SAP-Version mithilfe der Transaktion SPAU (*Modifikationsabgleich*) und alle Data-Dictionary-Objekte mit der Transaktion SPDD (*Modifikationsabgleich Dictionary*) abgeglichen werden. Je umfangreicher die vorgenommenen Modifikationen sind, umso aufwendiger wird dieser Abgleich. Mitunter kann er mehrere Personenmonate in Anspruch nehmen. Aus diesem Grund verzichten viele Kunden auf Modifikationen und verwenden – soweit möglich – andere Verfahren zur Anpassung des SAP-Standards.

Einen Überblick über bereits durchgeführte Modifikationen im aktuellen SAP-System zeigt die Transaktion `SE95` *Modification Browser* (siehe Abbildung 3.1).

Ohne weitere Selektionskriterien werden durch einen Mausklick auf das Icon alle im System durchgeführten Modifikationen angezeigt (siehe Abbildung 3.2).

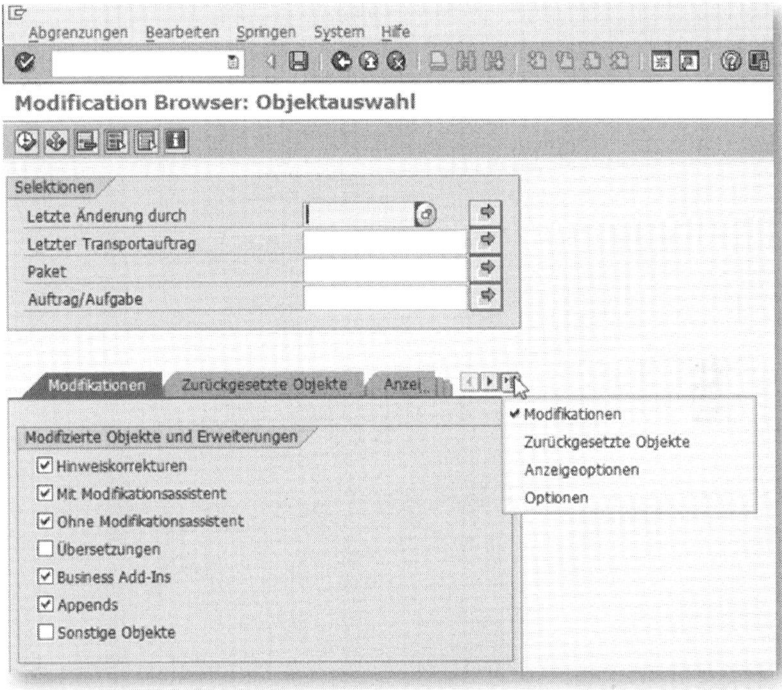

Abbildung 3.1: Der Modification Browser (Transaktion SE95)

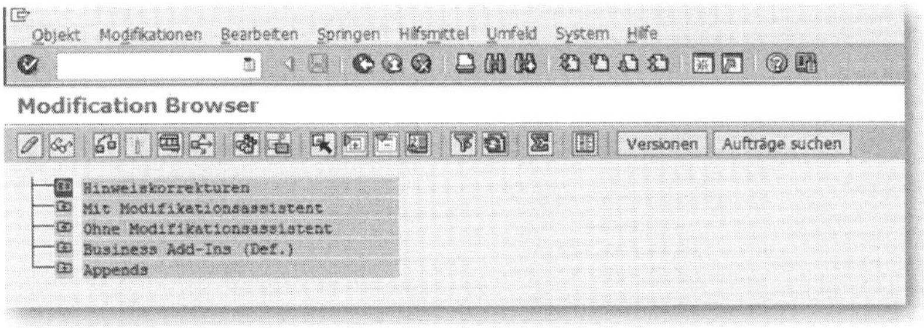

Abbildung 3.2: Modifizierte Objekte im Modification Browser

Wie die Auflistung zeigt, gelten auch eingespielte *SAP-Hinweise als Modifikationen*, die bei einem Releasewechsel abzugleichen sind.

Durch einen Mausklick auf ein Pluszeichen werden z. B. KLASSENMODIFIKATIONEN mit oder ohne Modifikationsassistenten angezeigt (siehe Abbildung 3.3).

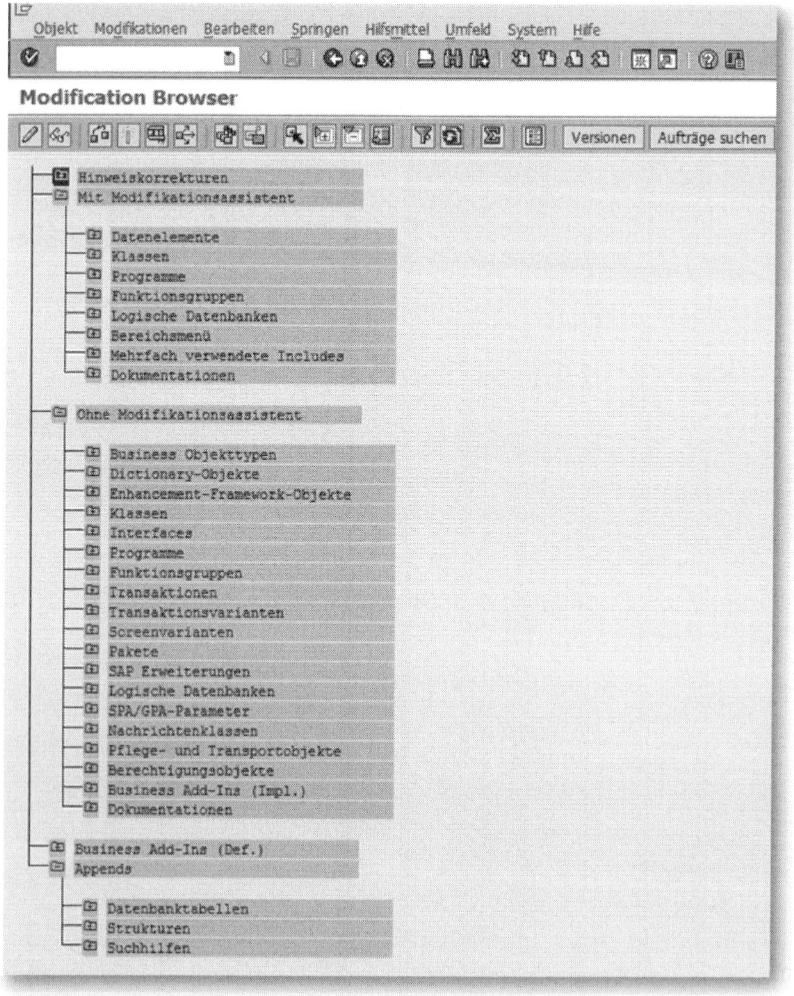

Abbildung 3.3: Modifizierte Objekte im aktuellen SAP-System

In der Detailanzeige (siehe Abbildung 3.4) ist außerdem zu erkennen, welche Objekte geändert wurden, wer diese geändert hat und in welchem Transport sie sich befinden. Mit Doppelklick auf eine Zeile navigiert das SAP-System an die entsprechende Coding-Stelle.

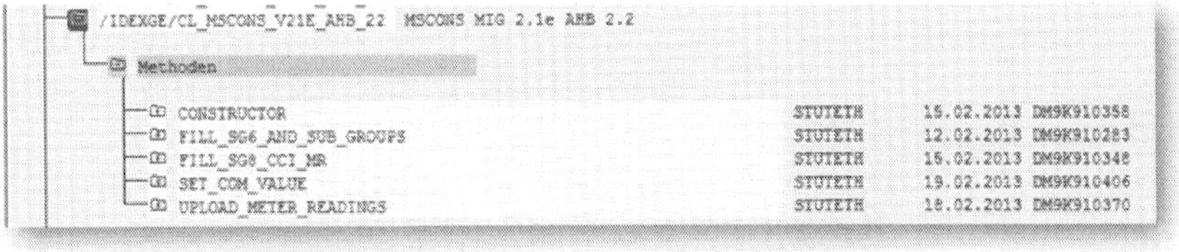

Abbildung 3.4: Detailanzeige im »Modification Browser«

An dieser Stelle sei darauf hingewiesen, dass Modifikationen im Sinne der Transaktion SE95 nicht immer Änderungen am SAP-Quellcode sind. Das können Sie mittels der *Tabelle TADIR* kontrollieren, die zu jedem Objekt des SAP-Systems einen Datensatz enthält. Dieser beinhaltet im Feld SRCSYSTEM die System-ID des Original-Systems des Objektes. Entspricht diese System-ID nicht der des aktuellen SAP-Systems, dann betrachtet das SAP-System jede Änderung an so einem Objekt als Modifikation. Wird ein solches Objekt modifiziert, erhält es zum Schutz vor dem Überschreiben durch einen Transport im Feld SRCDEP (Repariert) im Datensatz der Tabelle TADIR ein sogenanntes *Reparaturkennzeichen* (Feldinhalt = R). Der Import eines Transportes mit einem solchen Objekt würde ohne Angabe der Importoption OBJEKTE IN UNBESTÄTIGTEN REPARATUREN ÜBERSCHREIBEN auf einen Fehler laufen. Die Transportoption ORIGINALE ÜBERSCHREIBEN muss gesetzt werden, wenn ein Transport aus einem anderen SAP-System ein Objekt enthält, dessen Originalsystem in der Tabelle TADIR (siehe Abbildung 3.5) die aktuelle System-ID besitzt.

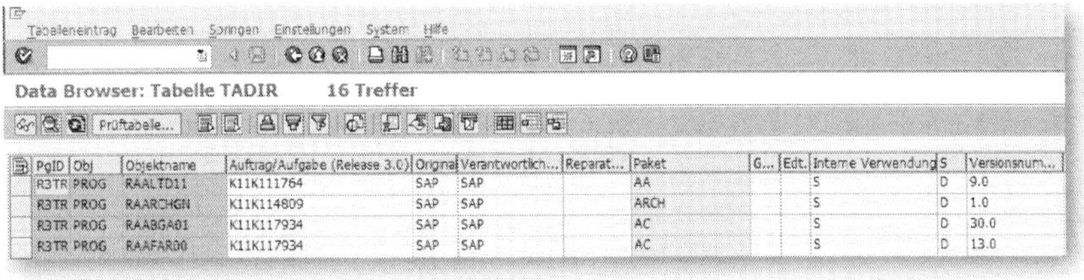

PgID	Obj	Objektname	Auftrag/Aufgabe (Release 3.0)	Origina	Verantwortlich...	Reparat...	Paket	G...	Edt.	Interne Verwendung	S	Versionsnum...
R3TR	PROG	RAALTD11	K11K111764	SAP	SAP		AA			S	D	9.0
R3TR	PROG	RAARCHGN	K11K114809	SAP	SAP		ARCH			S	D	1.0
R3TR	PROG	RAABGA01	K11K117934	SAP	SAP		AC			S	D	30.0
R3TR	PROG	RAAFAR00	K11K117934	SAP	SAP		AC			S	D	13.0

Abbildung 3.5: Tabelle »TADIR«

Zur Erstellung einer Modifikation des SAP-Standards wird ein *Entwicklerschlüssel* benötigt. Dieser Entwicklerschlüssel (jeder ABAP-Entwickler sollte auf dem Entwicklungssystem bereits einen entsprechenden besitzen) wird user- und systemabhängig über das SAP-Support-Portal vergeben (siehe hierzu Abschnitt 8.2.1). Anschließend muss für das zu modifizierende Objekt ein sogenannter *SSCR-Schlüssel* (SAP-Software-Change-Registration-Schlüssel) über das SAP-Support-Portal generiert werden (siehe Abschnitt 8.2.2). Dazu benötigt der Entwickler einen User im SAP-Marketplace und die erforderlichen Berechtigungen, dort einen SSCR-Schlüssel zu generieren, der abhängig von der SAP-Installation ist, auf dem die Modifikation durchgeführt wird.

Zur Erläuterung einer Modifikation am SAP-Standard verwende ich nachfolgendes Beispiel:

Modifikation im Versorgungsvertrag

zB

Mit der Transaktion ES21 (Vertrag ändern) können Versorgungsverträge geändert werden. Bezug nehmend auf die im Kapitel 1 beschriebene Anforderung, soll es möglich sein, den Versorgungsverträgen Rahmenverträge zuzuordnen.

Die beschriebene Anforderung kann zwar mithilfe von User-Exits (siehe Abschnitt 3.2.1) besser umgesetzt werden. An dieser Stelle verwende ich dennoch dieses Beispiel, um das Modifikationsverfahren zu beschreiben.

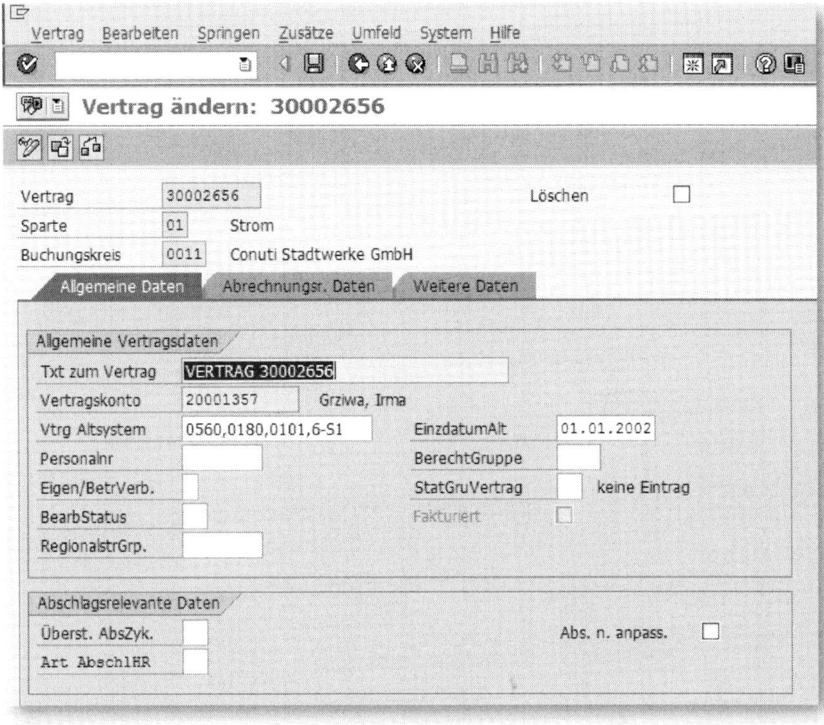

Abbildung 3.6: Transaktion ES21 – Vertrag ändern

Rufen Sie mit der Transaktion `ES21` einen Vertrag im Änderungsmodus auf. Anschließend verwenden Sie die [F1]-Hilfe auf dem Feld TXT ZUM VERTRAG. Im darauffolgenden Pop-up-Screen klicken Sie auf den Button [Technische Info]. Jetzt sehen Sie die in Abbildung 3.7 gezeigten Details zu diesem Feld.

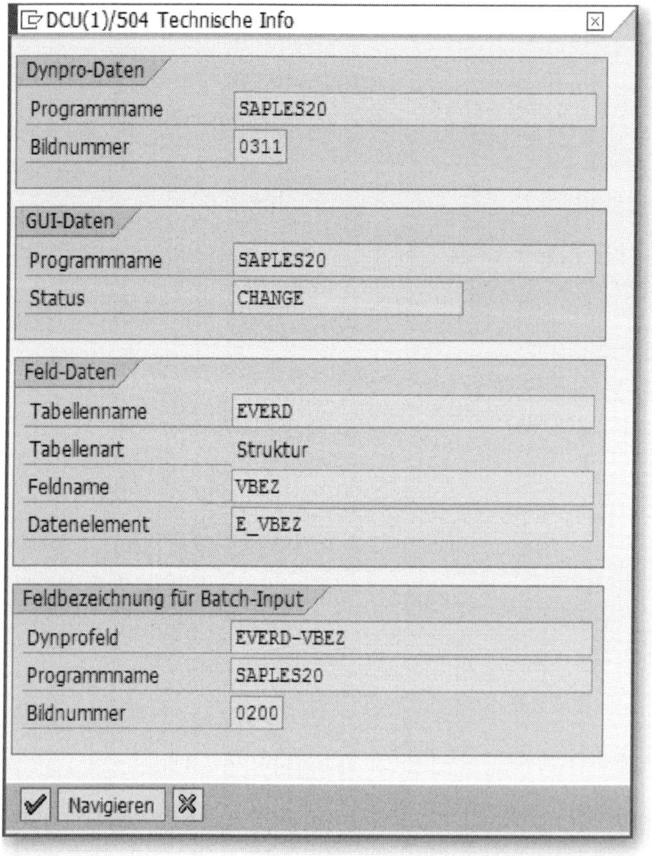

Abbildung 3.7: Technische Info zum Feld »TXT zum Vertrag«

SAP-Anwendungen bestehen nicht ausschließlich aus Reports oder Dialog-Anwendungen, sondern u. a. auch aus Klassen und deren Methoden sowie Funktionsgruppen und deren Funktionsbausteinen. Für einen ABAP-Anfänger ist es sehr gewöhnungsbedürftig, das jeweils verwendete Entwicklungskonstrukt zu identifizieren.

Namenskonvention für Funktionsgruppen

Beginnt der Programmname mit der Bezeichnung »SAPL«, so handelt es sich bei der aktuell laufenden Anwendung nicht um ein SAP-Programm, sondern um eine *Funktionsgruppe.* Der Name der Funktionsgruppe entspricht der Bezeichnung hinter den Buchstaben »SAPL«. So gehört z. B. zum Programmnamen »SAPLES20« die Funktionsgruppe mit dem Namen »ES20«. Funktionsgruppen können mit der Transaktion SE80, dem »Object Navigator« angezeigt und bearbeitet werden.

Jetzt navigieren Sie durch einen Doppelklick auf die BILDNUMMER 0311 zu dem zu erweiternden Dynpro. Verwenden Sie den Button [⇒ Layout], um diesen im grafischen Layout-Editor anzuzeigen.

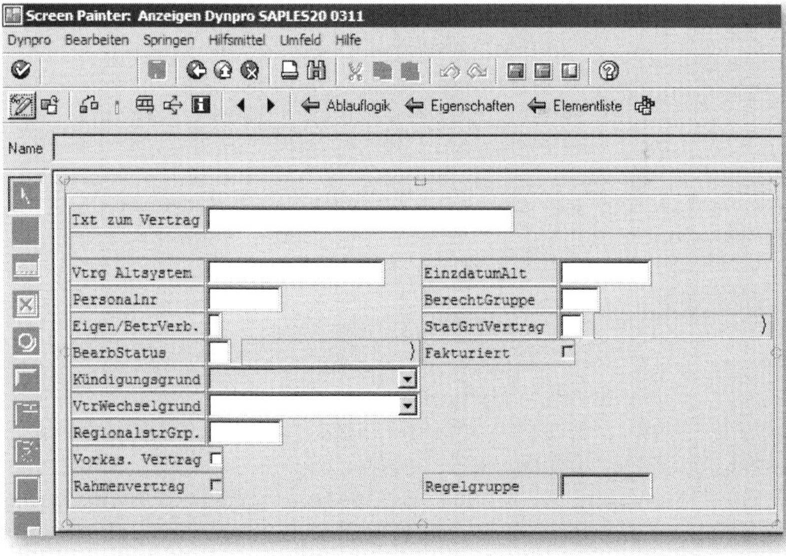

Abbildung 3.8: SAP-Standard-Dynpro im Layout-Editor

Um ein weiteres Feld im Dynpro (siehe Abbildung 3.8) hinzuzufügen, wird der *Layout-Editor* über das Icon in den Änderungsmodus umgeschaltet. Jetzt fordert das SAP-System für die Änderung am SAP-Standardbildschirm die Eingabe eines SSCR-Schlüssels (siehe Abbildung 3.9).

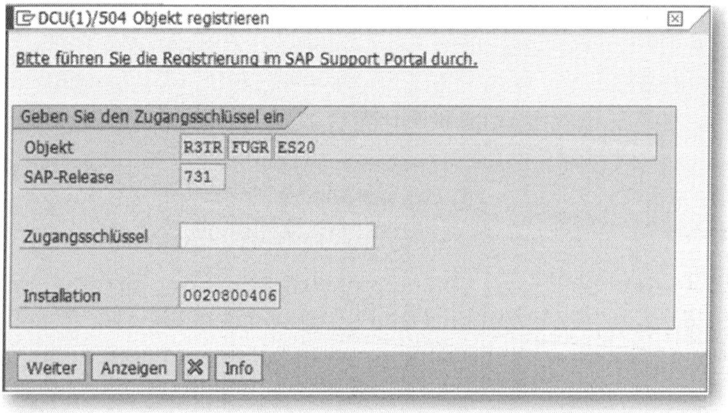

Abbildung 3.9: Anforderung eines SSCR-Schlüssels

Dieser Bildschirm zeigt Ihnen die erforderlichen Informationen zur Generierung eines SSCR-Schlüssels. Über die Internetseite *service.sap.com* rufen Sie (in einem Internet-Browser) den *SAP Service Marketplace* auf. Wie ich in Abschnitt 8.2 näher beschreiben werde, können Sie dort einen SSCR-Schlüssel generieren. Mit Eingabe dieses Schlüssels wird der zu bearbeitende Screen im Änderungsmodus angezeigt.

Für die Modifikation des Dynpros ist der *Modifikationsassistent* eingeschaltet (siehe Abbildung 3.10). Über das Pull-down-Menü BEARBEITEN • MODIFIKATIONSOPERATIONEN • ASSISTENTEN AUSSCHALTEN kann dieser Assistent ausgeschaltet werden. In diesem Fall würde die Screen-Erweiterung als Modifikation ohne Modifikationsassistent im »Modification Browser« angezeigt. An dieser Stelle nutzen wir den Modifikationsassistenten und schalten ihn nicht aus.

Als Textfeld wird die RAHMENVERTRAGSNUMMER und als Eingabefeld EVERD-RAHMENVERTRAGSNUMMER auf dem Screen eingefügt. Den aktiven Modifikationsassistenten erkennen Sie an der dunkleren Färbung der eingefügten Felder (siehe Abbildung 3.11).

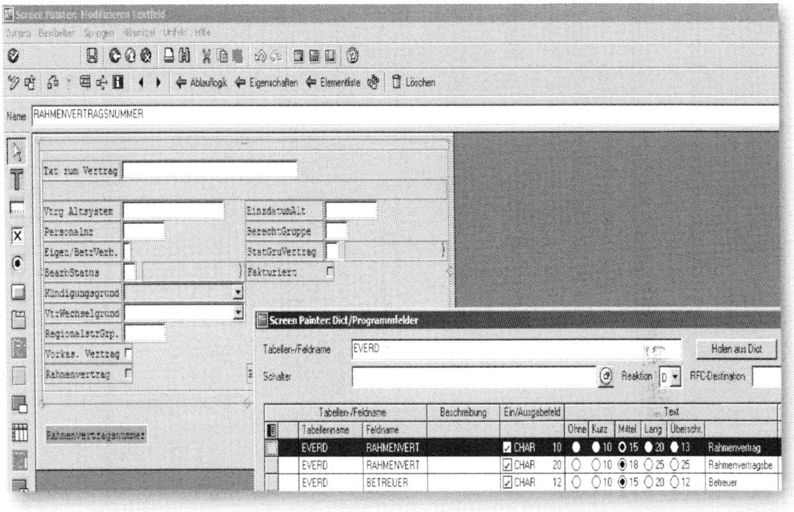

Abbildung 3.10: Modifikation eines »SAP-Standard-Dynpros«

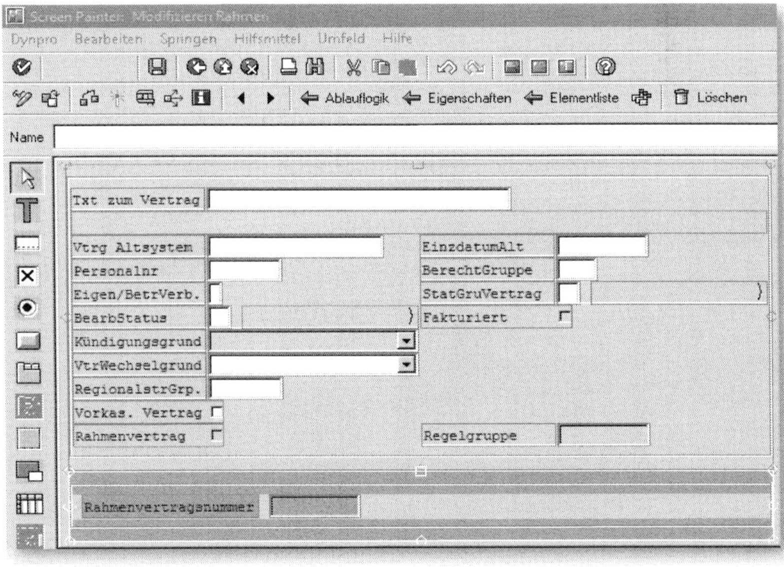

Abbildung 3.11: Modifikationsassistent im »Screen Painter«

Mit der Aktivierung des Dynpros wird die Modifikation des SAP-Standard-Dynpros in einen Transportauftrag übernommen. Das modifizierte Dynpro hat nun den Status MODIFIZIERT/AKTIV (siehe Abbildung 3.12).

Abbildung 3.12: Aufruf der »Modifikationsübersicht«

Da der Modifikationsassistent nicht ausgeschaltet wurde, können über das Pull-down-Menü BEARBEITEN • MODIFIKATIONSOPERATIONEN • MODIFIKATIONSÜBERSICHT die vorgenommenen Dynpro-Änderungen eingesehen werden (siehe Abbildung 3.13).

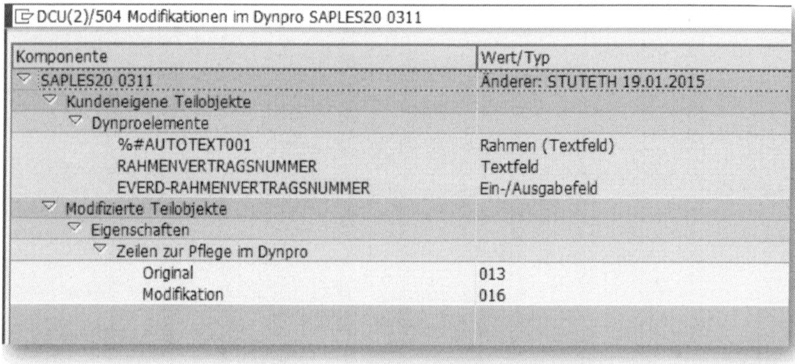

Abbildung 3.13: Anzeige der »Dynpro-Modifikationen«

In der Modifikationsübersicht zum Dynpro 0311 der Funktionsgruppe ES20 sehen Sie die vorgenommenen Erweiterungen (siehe Abbildung 3.14):

- einen RAHMEN für das Eingabefeld,
- ein TEXTFELD mit der Bezeichnung »Rahmenvertragsnummer« und
- ein EIN-/AUSGABEFELD für das Datenelement Rahmenvertragsnummer der Struktur EVERD.

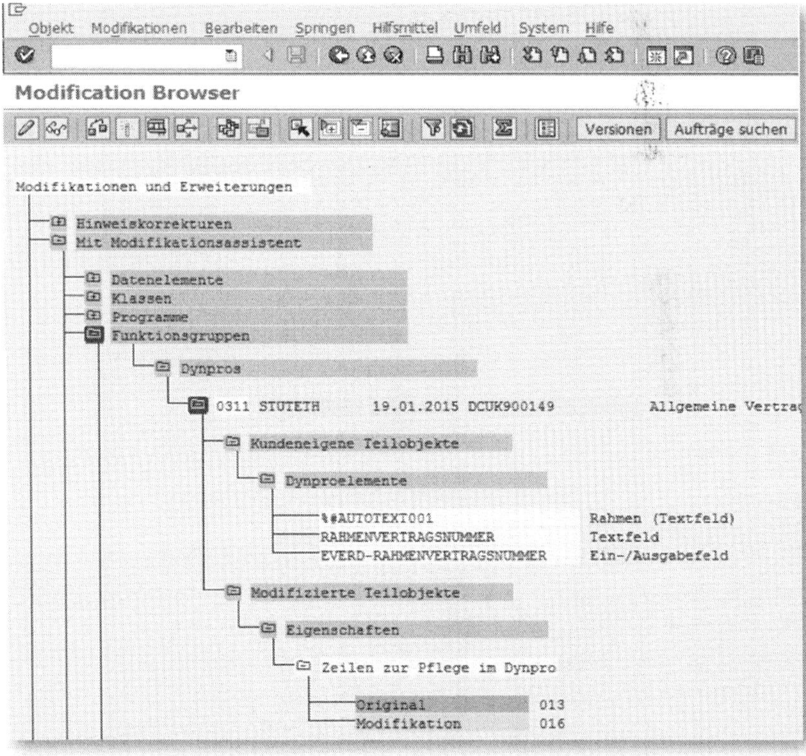

Abbildung 3.14: Modifikation im »Modification Browser«

Auch der Modification Browser (Transaktion SE95) zeigt nun die am Dynpro 0311 der Funktionsgruppe ES20 vorgenommenen Änderungen sowie den Transportauftrag, der diese Modifikationen beinhaltet (siehe Abbildung 3.15).

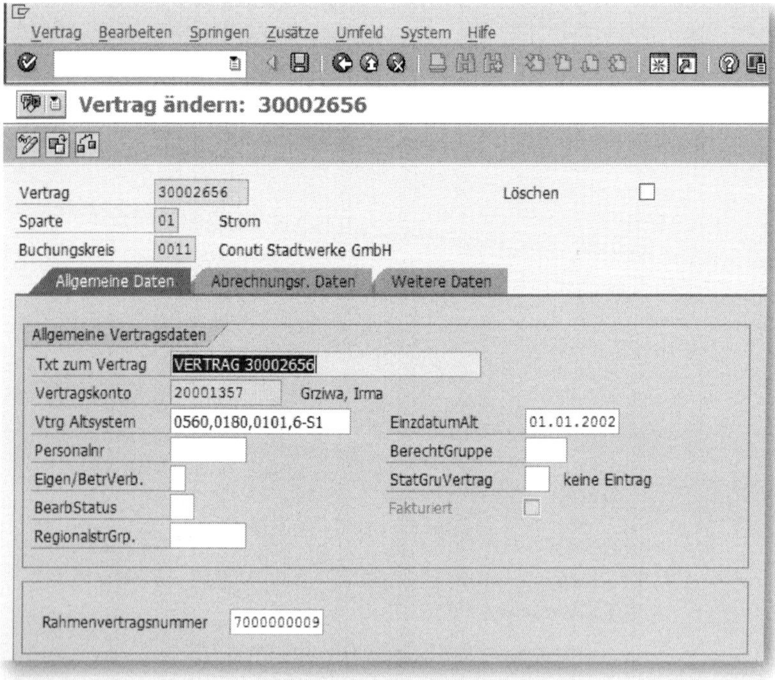

Abbildung 3.15: Modifiziertes »SAP-Standard-Dynpro«

Selbstverständlich müssten weitere Modifikationen an der Funktionsgruppe ES20 vorgenommen werden, damit die Rahmenvertragsnummer aus der Tabelle ZRAHMENVERTRAG selektiert werden kann. Die hier erläuterten Modifikationen werden an dieser Stelle zurückgenommen, da sie über die Erweiterungsmethode »User-Exit« modifikationsfrei vorgenommen werden können (siehe Abschnitt 3.2). Die hierzu erforderlichen Entwicklungen werden im folgenden Kapitel über die User- und Screen-Exits erläutert.

Um die Modifikation zurückzunehmen, wird das modifizierte Dynpro erneut im Änderungsmodus aufgerufen und alle eingefügten Elemente werden wieder entfernt. Anschließend wird das Dynpro aktiviert, wie der Status »aktiv« verdeutlicht. Da es keinen Unterschied mehr zum Original-Dynpro gibt, wird die Modifikation nicht mehr im »Modification Browser« angezeigt.

3.2 User-Exits

Im SAP-Standard-Quellcode kann eine Erweiterung des SAP-(Standard-)Codings an verschiedenen definierten Stellen von SAP-Standardprogrammen vorgenommen werden. Es handelt sich dabei um kundenspezifische Funktionsbausteine (sogenannte *User-Exits*) oder um kundenspezifische Dynpro-Erweiterungen (sogenannte *Screen-Exits*).

Die genannten Exits haben den Vorteil, dass sie im Allgemeinen *release-stabil* sind. Das bedeutet, dass es bei einem SAP-Releasewechsel oder beim Einspielen neuer Support Packages keines Modifikationsabgleichs mit den Transaktionen `SPAU` und `SPDD` bedarf, was den Aufwand für SAP-Versionsänderungen reduziert. Der Nachteil dieser Exits besteht darin, dass sie nicht in jedem Fall an den Stellen im SAP-Coding vorhanden sind, an denen sie für eine geforderte Erweiterung benötigt werden.

3.2.1 User- und Screen-Exits mit CMOD und SMOD

Mithilfe der Transaktion `CMOD` (Projektverwaltung von SAP-Erweiterungen) können Erweiterungsprojekte angelegt werden. Es gibt allerdings nur wenige *SAP-Standard-Erweiterungsprojekte*. Diese Transaktion dient eher dazu, dem Kunden eine Möglichkeit zu geben, mehrere Erweiterungen in einem Projekt zusammenzufassen. CMOD-Projekte beinhalten u. U. mehrere SAP-Erweiterungen, die mit nur einem Mausklick aktiviert oder deaktiviert werden können. Abbildung 3.16 zeigt den Einstieg in die Projektverwaltung von SAP-

Erweiterungen. Hier können Sie die Standard-Projekte ändern und kundeneigene Projekte anlegen.

Abbildung 3.16: Transaktion CMOD – Projektverwaltung von SAP-Erweiterungen

Den Erweiterungsprojekten werden *Erweiterungskomponenten* zugeordnet, die mit der Transaktion `SMOD` (SAP-Erweiterungen) verwaltet werden. In einem SAP-System können über 3.000 solcher SAP-Standard-Erweiterungen verfügbar sein. Jede deren Komponenten kann genau einem Erweiterungsprojekt zugeordnet werden, was bedeutet, dass sie nicht in einem zweiten Erweiterungsprojekt verwendbar ist. In der Praxis kommt es häufig vor, dass die benötigte Erweiterungskomponente bereits einem Erweiterungsprojekt zugeordnet ist. In diesem Fall muss sie über dieses verwaltet werden.

3.2.2 Die Suche nach User-Exits

Die Schwierigkeit besteht darin, die passende Erweiterungskomponente zu finden. Dazu haben Sie verschiedene Möglichkeiten. Generell wird zunächst ein passender Exit-Funktionsbaustein gesucht, indem Sie

- den Debugger verwenden,
- nach einer passenden Funktionsgruppe suchen oder
- die [F4]-Hilfe in der Transaktion für Funktionsbausteine aufrufen.

Für die Suche nach User-Exits im Debugger wird die zu erweiternde Anwendung aufgerufen. Anschließend werden der Debugger mit dem Kommando »/h« gestartet und Breakpoints bei der Anweisung *Call Customer-Function* gesetzt. Gibt es einen User-Exit zu der Transaktion, dann hält der Debugger an dessen Aufrufstelle (weitere Informationen hierzu finden Sie im Kapitel über den Debugger im ersten Teil des »SAP Praxishandbuchs ABAP«).

Die Erweiterungskomponente kann ebenfalls über die gezielte **Suche nach einer passenden Funktionsgruppe** gefunden werden. Dazu muss in Erfahrung gebracht werden, in welcher SAP-Standard-Funktionsgruppe sich die Entwicklungen für die Vertragsbearbeitung befinden ([F1]-Hilfe auf ein Feld in der Vertragsverwaltung). Im Fall der Vertragsverwaltung ist es die Funktionsgruppe ES20.

Durch Voranstellen eines »X«, also der Eingabe von XES20 in der Auswahl von Funktionsgruppen mit der Transaktion SE80, erhält man in der Entwicklungsumgebung die Funktionsgruppe mit den möglichen User- und Screen-Exits – sofern die SAP eine derartige Erweiterung der Funktionsgruppe vorgesehen hat.

Mit der [F4]-**Hilfe in der Transaktion SE37** (Function Builder) können Sie nach Funktionsbausteinen mit dem Namen »EXIT_*« suchen. Wird dabei die Beschränkung der Suchergebnisse entfernt, so werden alle SAP-Exit-Funktionsbausteine angezeigt (siehe Abbildung 3.17).

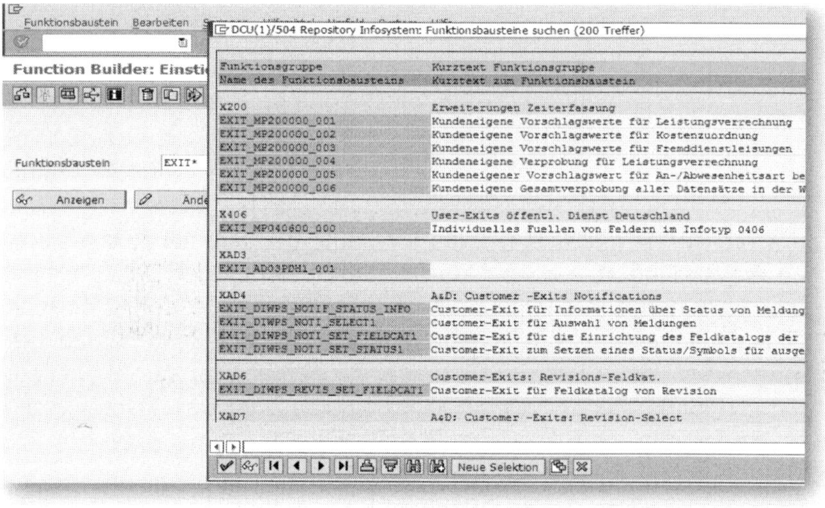

Abbildung 3.17: Suche nach User-Exits im »Function Builder«

Nun können Sie in der Suchhilfe mit dem Icon nach bestimmten Begriffen suchen. In unserem Beispiel aus Kapitel 1 wird nach User-Exits zum Vertrag gesucht. Das Ergebnis der Suche in der Trefferliste der [F4]-Hilfe zeigt Abbildung 3.18).

Da in unserem Fall eine Erweiterung für den Versorgungsvertrag entwickelt werden soll, eignet sich hier der Treffer »XES20« mit der Bezeichnung »Customer Exit zum Vertrag«. Ein Doppelklick auf diesen Treffer zeigt alle User-Exits in der Funktionsgruppe XES20 (siehe Abbildung 3.19).

DCU(2)/504 Suchen

Anzahl Treffer: 33

EXIT_SAPLV45W_001	SD Servicemanagement: Vertragsdaten auf Position duchreichen
EXIT_SAPLEC50_004	IS-U Einzug: Ermittlung des Abschlagsbetrags für einen Vertrag
EXIT_SAPLEC50_006	IS-U Einzug: Ermittlung des Transfervertrags
EXIT_SAPLEDCN_003	User-Exit zur Bestimmung Vertrag für Sperrgebühren
EXIT_SAPLEWEBIAC_THIN_CONS_002	UserExit: Consolidator An/Abmeldung: Ermittlung des Vertragskontos
EXIT_SAPLEWEBIAC_THIN_CONS_004	UserExit: Consolidator An/Abmeldung Nach Aktualisieren der Vertragskonten
XEMDCA001	Kundensubscreen zum Vertragskonto
EXIT_SAPLIPW0_001	Objekt ist zum Vertrag zulässig (Kopieren Auftrag/Wartungsvertrag)
EXIT_SAPLIPW0_002	Objekt ist zum Vertrag zulässig (Kopieren Wartungsvertrag/Wartungsvertrag)
EXIT_SAPLIPW0_003	Objekt ist zum Vertrag zulässig (Pflegen Wartungsvertrag)
XES20	Customer-Erweiterung zum Vertrag
EXIT_SAPLFVZF_001	User-Exit für vertragsspezifische Prüfungen bei der FB01
EXIT_SAPLIST_EBS_BILLPOST_002	Customer Exit für Übersetzung der Vertragskonto-ID
XJFFICAVKONT	IS-M/SD: User-Exits IS-M Vertragskonto
EXIT_SAPLJFFICAVKONT_001	IS-M/SD: Vertragskonto bestimmen
EXIT_SAPMJG0S_003	IS-M/SD: Vertragskonto im Beschäftigungsverhältnis
EXIT_SAPLJJGA_001	IS-M/AM: Sortieren Vertragsbedingungen (1. Variante)
EXIT_SAPLJJGA_002	IS-M/AM: Sortieren Vertragsbedingungen (2. Variante)
EXIT_SAPLJJGA_003	IS-M/AM: Sortieren Vertragsbestandteile (1. Variante)
EXIT_SAPLJJGA_004	IS-M/AM: Sortieren Vertragsbestandteile (2. Variante)
EXIT_SAPLJJGA_005	IS-M/AM: Vorbelegung Vertragskopf bei der Anlage eines Vermittlervertrages
EXIT_SAPLJJGA_006	IS-M/AM: Plausibilisierung des Vermittlervertragkopfes
EXIT_SAPLJJGA_007	IS-M/AM: Plausibilisierung der Vermittlervertragsbedingungen
EXIT_SAPLJJGA_008	IS-M/AM: Plausibilisierung der Vermittlervertrag-Vertriebsbereiche
EXIT_SAPLJJGA_009	IS-M/AM: Plausibilisierung der Vermittlervertrags-Bedingungsbestandteile
EXIT_SAPLJJGA_010	IS-PAM: Konsistenzprüfung des Vermittlervertrags
EXIT_SAPMJ45A_015	IS-M/SD: Vorschlagsermittlung für Vertragskonto FI-CA
EXIT_SAPLJGWWW_005	IS-M/SD: Vorschlagsermittlung für Vertragskonto FI-CA
EXIT_SAPLMEAG_001	Anlegen/Ändern Rahmenvertrag über BAPI: Kundeneigene Logik
EXIT_SAPLNPD1_001	IS-H: Bedingungen für Vertragstypen (Kopfebene)
EXIT_SAPLNPD1_002	IS-H: Bedingungen für Vertragstypen (Positionsebene)
EXIT_SAPLNPD1_003	IS-H: Leistungsfilter für Vertragstypen
EXIT_SAPLNPD1_005	IS-H: Bestimmung Anzahl Tage/Besuche für Vertragstypen

Positionieren

Abbildung 3.18: Trefferliste in der F4-Hilfe zu Funktionsbausteinen zum Begriff »Vertrag«

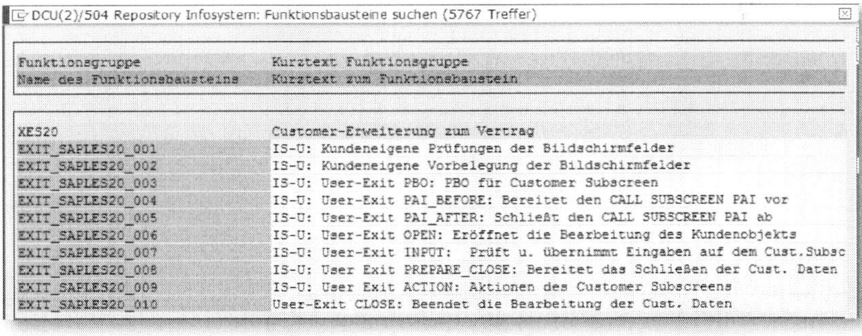

DCU(2)/504 Repository Infosystem: Funktionsbausteine suchen (5767 Treffer)

Funktionsgruppe	Kurztext Funktionsgruppe
Name des Funktionsbausteins	Kurztext zum Funktionsbaustein
XES20	Customer-Erweiterung zum Vertrag
EXIT_SAPLES20_001	IS-U: Kundeneigene Prüfungen der Bildschirmfelder
EXIT_SAPLES20_002	IS-U: Kundeneigene Vorbelegung der Bildschirmfelder
EXIT_SAPLES20_003	IS-U: User-Exit PBO: PBO für Customer Subscreen
EXIT_SAPLES20_004	IS-U: User-Exit PAI_BEFORE: Bereitet den CALL SUBSCREEN PAI vor
EXIT_SAPLES20_005	IS-U: User-Exit PAI_AFTER: Schließt den CALL SUBSCREEN PAI ab
EXIT_SAPLES20_006	IS-U: User-Exit OPEN: Eröffnet die Bearbeitung des Kundenobjekts
EXIT_SAPLES20_007	IS-U: User-Exit INPUT: Prüft u. übernimmt Eingaben auf dem Cust.Subsc
EXIT_SAPLES20_008	IS-U: User Exit PREPARE_CLOSE: Bereitet das Schließen der Cust. Daten
EXIT_SAPLES20_009	IS-U: User Exit ACTION: Aktionen des Customer Subscreens
EXIT_SAPLES20_010	User-Exit CLOSE: Beendet die Bearbeitung der Cust. Daten

Abbildung 3.19: User-Exits in der Funktionsgruppe XES20

3.2.3 Die Suche nach SAP-Erweiterungen

Wurde ein passender Funktionsbaustein (bzw. *User-Exit*) gefunden, so kann über die F4-Hilfe in der Transaktion SMOD die zugehörige SAP-Erweiterung gesucht werden.

In unserem Beispiel zur Erweiterung des kundeneigenen Sub-Dynpros zum Vertrag wird der *Exit-Funktionsbaustein* EXIT_ SAPLES20_005 (IS-U: User-Exit PAI-AFTER: schließt den Call Subscreen PAI ab) benötigt, um die Daten des Rahmenvertrags nach der Eingabe permanent in der Tabelle EVER zu speichern.

In der Transaktion SMOD wird die F4-Hilfe des Feldes ERWEITERUNGEN genutzt und über den Button Infosystem die erweiterte Suchhilfe aufgerufen (siehe Abbildung 3.20).

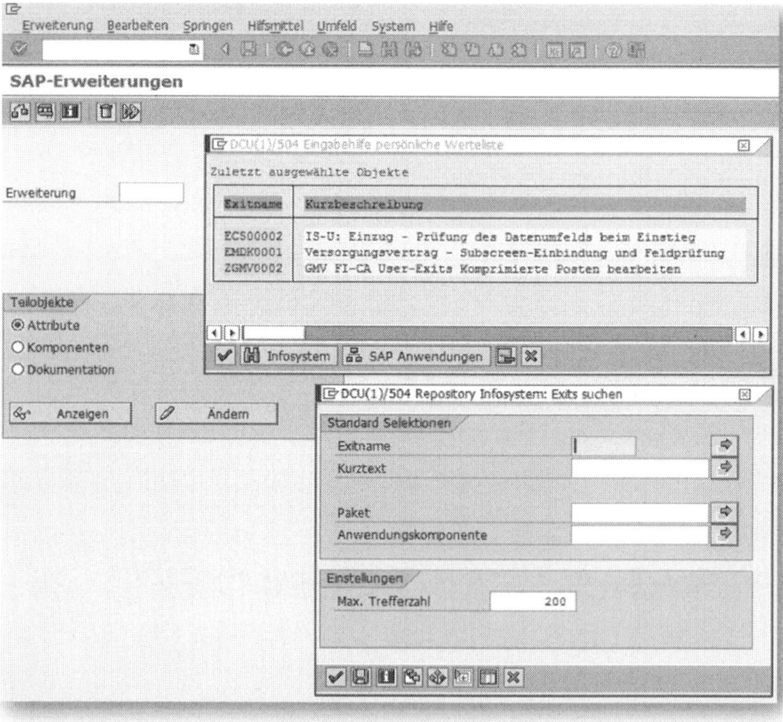

Abbildung 3.20: Suchhilfe zu »SAP-Erweiterungen«

Mit dem Icon auf der erweiterten Suchhilfe werden alle Selektionsmöglichkeiten angezeigt (siehe Abbildung 3.21).

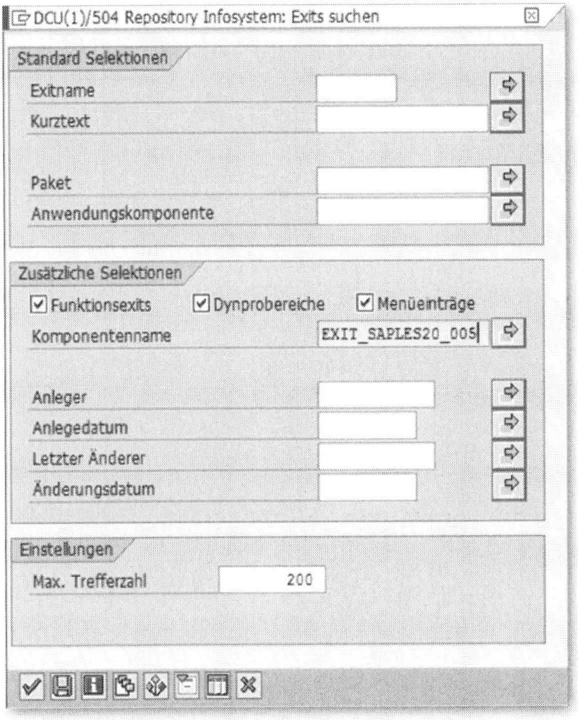

Abbildung 3.21: Alle Selektionen in der Suchhilfe zu User-Exits

Der gefundene Exit-Funktionsbaustein wird dann im Feld KOMPONENTENNAME eingegeben und die Eingabe mit dem Icon bestätigt. Die Trefferliste zeigt daraufhin die SAP-Erweiterung EMDK0001 an (siehe Abbildung 3.22).

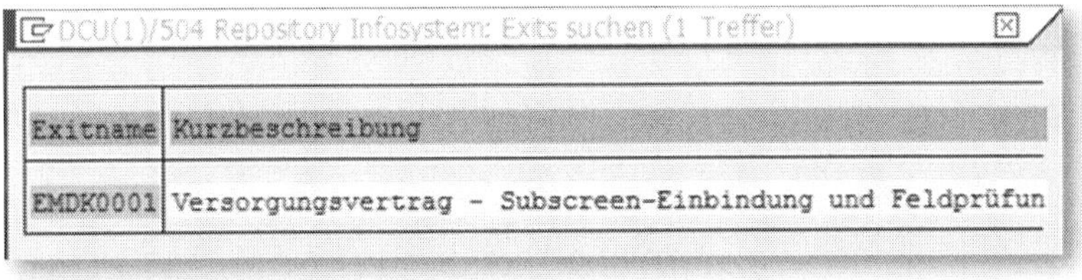

Abbildung 3.22: Trefferliste der Suchhilfe

Die Auswahl dieser SAP-Erweiterung bestätigen Sie mit einem Doppelklick auf den Namen. Durch einen Klick auf den Button Anzeigen können die Attribute, die Komponenten oder die Dokumentation der Erweiterung angezeigt werden (siehe Abbildung 3.23).

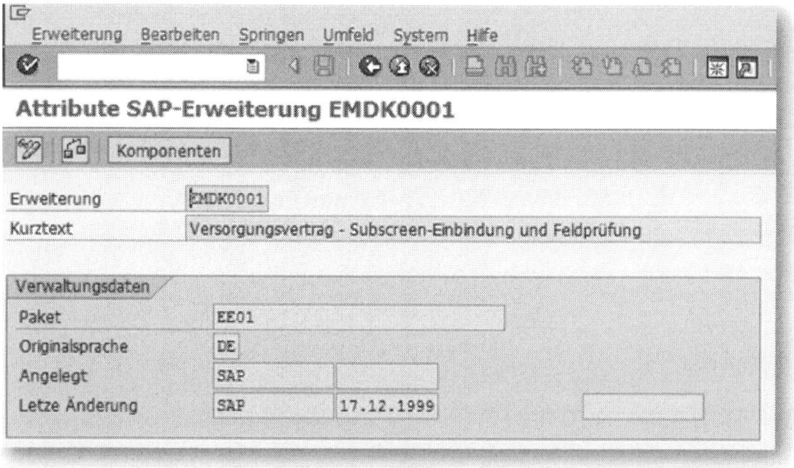

Abbildung 3.23: Eigenschaften der Erweiterung »EMDK0001«

Aus der Anzeige der Komponenten (siehe Abbildung 3.24) wird ersichtlich, dass diese Erweiterung zehn Exit-Funktionsbausteine, zwei Kundensubscreens und das Include CI_EVER besitzt. Letzteres ist ein sogenanntes *Customer-Include* für die Tabelle EVER, mit dem Sie modifikationsfrei kundeneigene Felder zum Vertrag definieren. Angezeigt werden in Abbildung 3.24 nur drei der zehn Funktions-Exits. Die anderen können durch Betätigen der Icons erreicht werden.

Über das Icon können Sie diese SAP-Standard-Erweiterung ändern, indem Sie Funktionsbausteine, Dynpros oder Includes hinzufügen oder löschen. Mit dem Icon lässt sich die Konsistenz dieser Erweiterung prüfen.

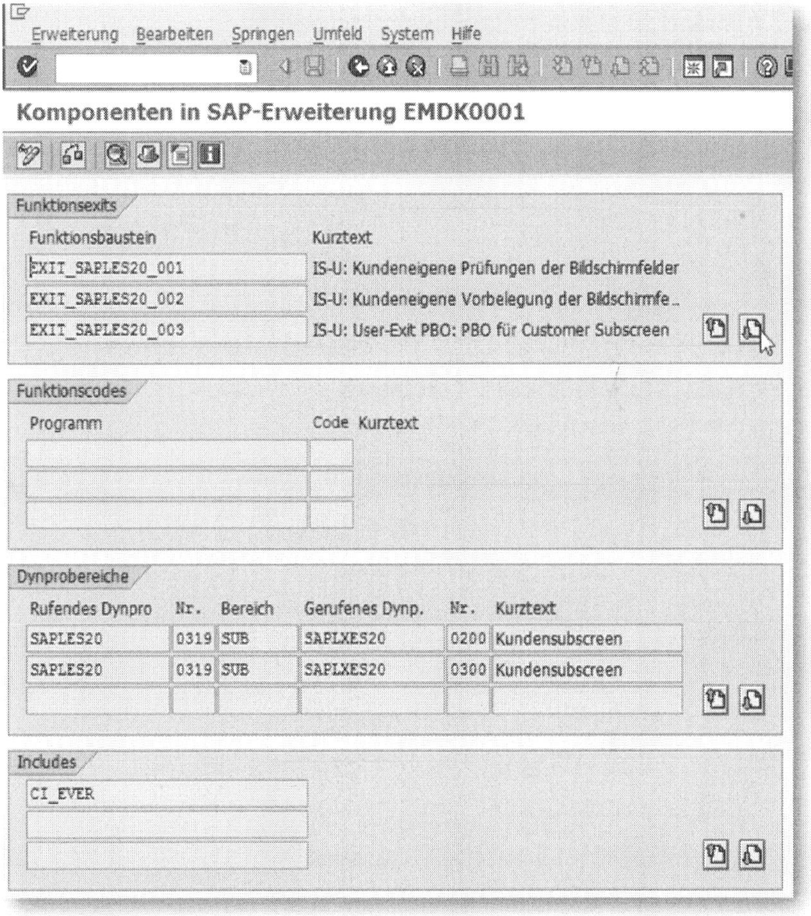

Abbildung 3.24: Komponenten der SAP-Erweiterung »EMDK0001«

3.2.4 Modifikationsfreie Erweiterungen

Um die Eingabe von Daten zum Rahmenvertrag zu ermöglichen, wird der KUNDENSUBSCREEN 0200 der Funktionsgruppe XES20 verwendet. Eine Navigation aus dieser Ansicht in das Dynpro 0200 ist nicht möglich. Also müssen Sie die Funktionsgruppe XES20 mit der Transaktion SE80 bearbeiten.

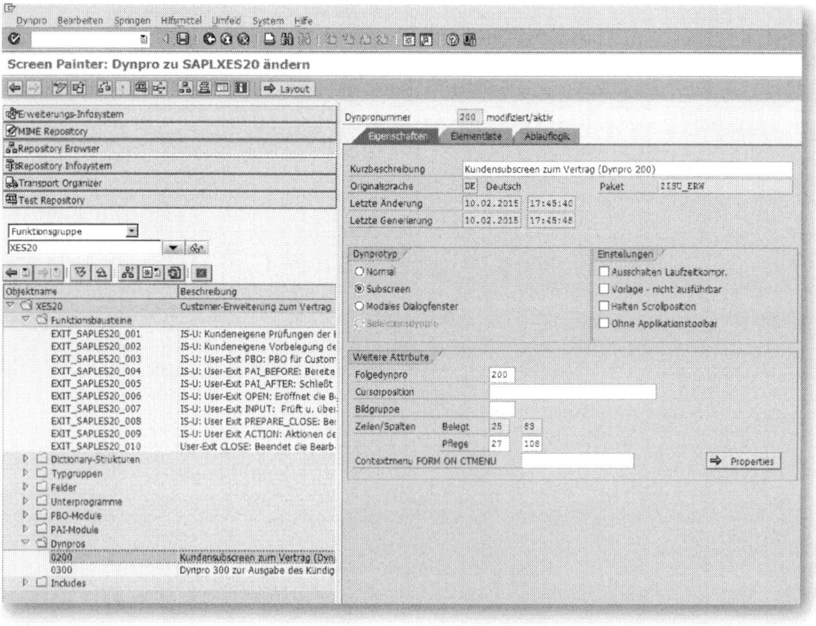

Abbildung 3.25: Die Funktionsgruppe »XES20« mit Subscreen »0200«

Wie Abbildung 3.25 zeigt, enthält die Funktionsgruppe XES20 zehn Exit-Funktionsbausteine und zwei Exit-Subscreens, in denen kundeneigene Felder angezeigt werden können.

Im ersten Teil vom »SAP Praxishandbuch ABAP« wurde dargestellt, wie über die Erweiterung des Customer-Includes CI_EVER folgende Felder modifikationsfrei zum Versorgungsvertrag für die Verwaltung von Rahmenverträgen hinzugefügt wurden (siehe Abbildung 3.26).

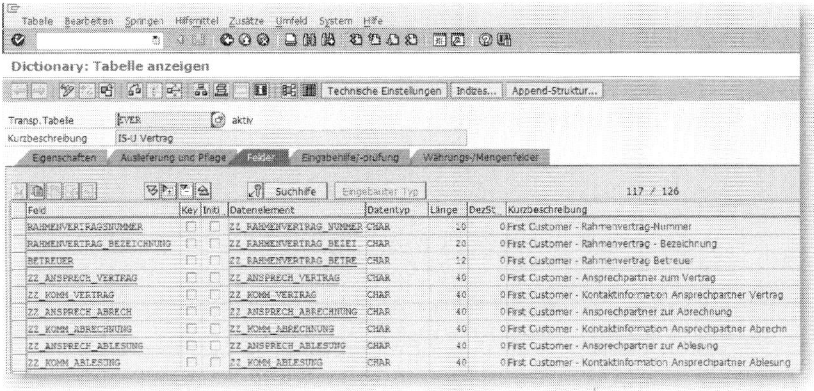

Abbildung 3.26: Zusätzliche Felder zum Vertrag in »CI_EVER«

Mit dem Aufruf des Screen Painters für das SUBDYNPRO 0200 können im Änderungsmodus die gewünschten Felder zum Rahmenvertrag ergänzt werden (siehe Abbildung 3.27).

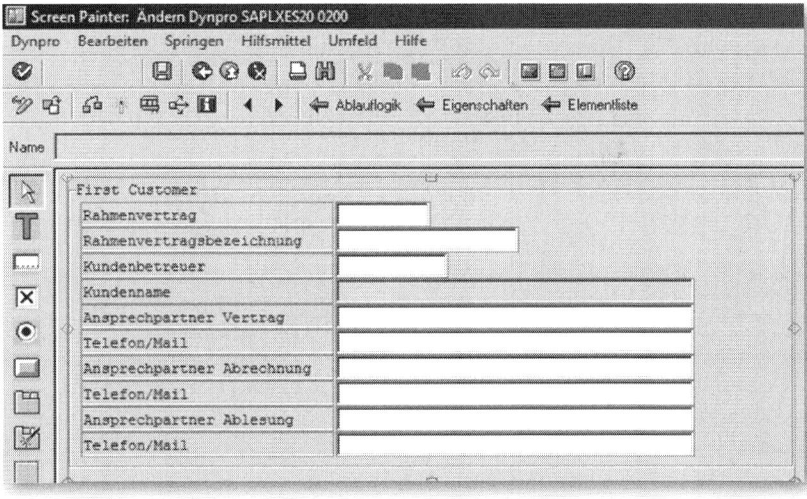

Abbildung 3.27: Kundeneigene Felder im Screen-Exit

Diese Felder dürfen bei der Anzeige des Vertrags nicht eingabebereit sein. Sobald dem Vertrag ein Rahmenvertrag zugeordnet wurde, soll der KUNDENNAME über die Geschäftspartner-Nummer im zugehörigen

Vertragskonto selektiert und in diesem Subscreen angezeigt werden. Diese Funktionalitäten werden durch das *PBO-Modul* RAHMENVERTRAGSDATEN sichergestellt, das in der PBO-Ablauflogik des Dynpros 0200 aufgerufen wird (siehe Abbildung 3.28).

```
MODULE rahmenvertragsdaten OUTPUT.

  DATA: ls_fkkvkp          TYPE fkkvkp,
        ls_but000          TYPE but000,
        ls_zrahmenvertrag TYPE zrahmenvertrag.

  LOOP AT SCREEN.
    IF screen-name = 'BUT000-MC_NAME1' AND NOT everd-rahmenvertragsnummer IS INITIAL.
      SELECT SINGLE *
        FROM fkkvkp
        INTO ls_fkkvkp
        WHERE vkont = everd-vkonto.
      IF sy-subrc = 0.
        SELECT SINGLE *
          FROM but000
          INTO ls_but000
          WHERE partner = ls_fkkvkp-gpart.
        IF sy-subrc = 0.
          IF ls_but000-type = 1.      "Person
            CONCATENATE ls_but000-name_first
                        ls_but000-name_last
                   INTO but000-mc_name1 SEPARATED BY space.
          ELSEIF ls_but000-type = 2. "Organisation
            CONCATENATE ls_but000-name_org1
                        ls_but000-name_org2
                   INTO but000-mc_name1 SEPARATED BY space.
          ELSEIF ls_but000-type = 3. "Gruppe
            CONCATENATE ls_but000-name_grp1
                        ls_but000-name_grp2
                   INTO but000-mc_name1 SEPARATED BY space.
          ENDIF. "IF ls_but000-type = 1. "Person
          MODIFY SCREEN.
        ENDIF.
      ENDIF.
    ENDIF.
  ENDLOOP.
* Felder nicht eingabebereit bei Vertrag anzeigen
  IF wmode = co_display. " = 1
    LOOP AT SCREEN.
      IF screen-group1 = 'FIR'.
        screen-input = 0.
        MODIFY SCREEN.
      ENDIF.
    ENDLOOP.
  ENDIF.

ENDMODULE.                 " RAHMENVERTRAGSDATEN  OUTPUT
```

Abbildung 3.28: Quellcode des PBO-Moduls »RAHMENVERTRAGSDATEN«

Nach Abschluss der Eingaben im *Customer-Subscreen* muss sichergestellt werden, dass die ausgewählten Daten zum Rahmenvertrag in den dafür vorgesehenen Feldern der Tabelle EVER gespeichert werden. Dazu wird der User-Exit `EXIT_SAPLES20_005` erweitert. Dieser wird direkt nach dem Schließen des Customer-Subscreens aufgerufen und ruft seinerseits das Include `ZXES20U05` auf. In diesem Include können die erforderlichen Erweiterungen vorgenommen werden.

Zum Speichern der eingegeben Daten genügt es, die im Kundensubscreen eingegebenen Daten an die Struktur `Y_EVERD` zu übergeben, die vom SAP-Standard-Programm nach dem Schließen der Vertragsverwaltung auf die Datenbank-Tabelle EVER gespeichert wird.

```
*----------------------------------------------------------------------*
* Eingefügt T. Stutenbäumer, 08.10.2014
* Felder für Rahmenvertragsdaten werden in EVER gespeichert.
*----------------------------------------------------------------------*
y_everd-rahmenvertragsnummer            = everd-rahmenvertragsnummer.
y_everd-rahmenvertrag_bezeichnung       = everd-rahmenvertrag_bezeichnung.
y_everd-betreuer                        = everd-betreuer.
y_everd-zz_ansprech_vertrag             = everd-zz_ansprech_vertrag.
y_everd-zz_komm_vertrag                 = everd-zz_komm_vertrag.
y_everd-zz_ansprech_abrech              = everd-zz_ansprech_abrech.
y_everd-zz_komm_abrechnung              = everd-zz_komm_abrechnung.
y_everd-zz_ansprech_ablesung            = everd-zz_ansprech_ablesung.
y_everd-zz_komm_ablesung                = everd-zz_komm_ablesung.
*----------------------------------------------------------------------*
```

Abbildung 3.29: Übergabe der Rahmenvertragsdaten zum Speichern in der Tabelle »EVER«

3.2.5 Die Suche nach Erweiterungsprojekten

Um zu erfahren, welchem Erweiterungsprojekt die SAP-Erweiterung EMDK0001 zugeordnet wurde, kann – analog zur Suche von Erweiterungen – die erweiterte F4-Hilfe in der Transaktion `CMOD` verwendet werden (siehe Abbildung 3.30).

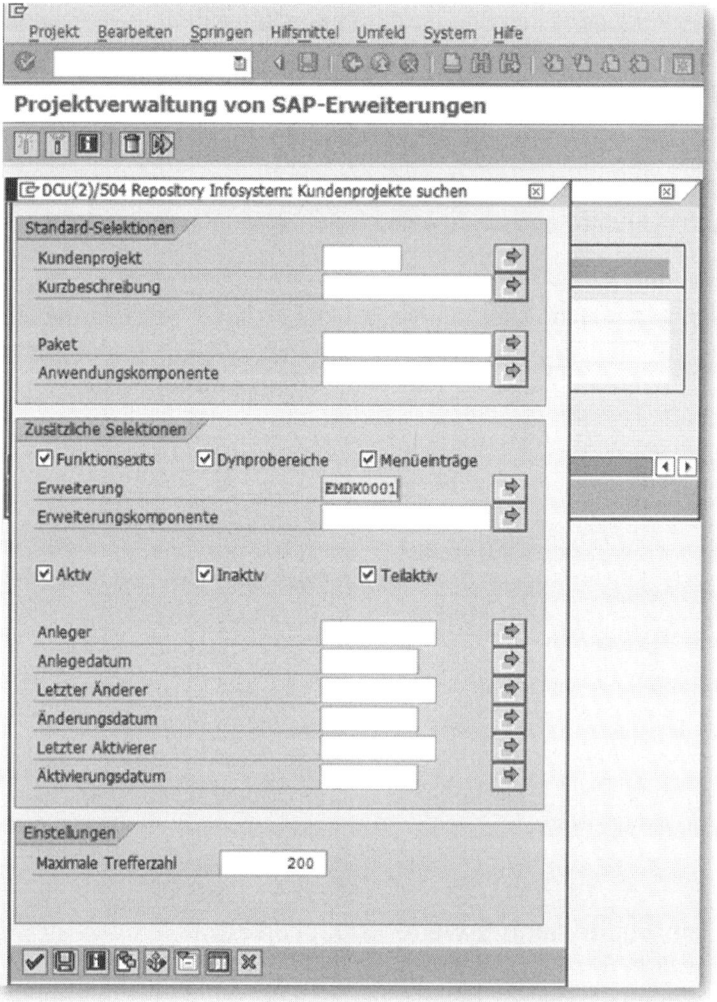

Abbildung 3.30: Suche nach Erweiterungsprojekten

Abschließend ist zu prüfen, ob das Erweiterungsprojekt mit der SAP-Erweiterung EMDK0001 aktiv ist; ggf. muss es noch aktiviert werden, damit die Zusatzentwicklungen für den Vertrag funktionieren.

Mit dieser letzten Aktion ist die modifikationsfreie Erweiterung der Vertragsdaten um die Eingabe von Rahmenvertragsdaten abgeschlossen, was im erweiterten Kundensubscreen zu erkennen ist (siehe Abbildung 3.31).

Abbildung 3.31: Erweiterter Kundensubscreen

3.2.6 Mandantenabhängige User-Exits

Die hier vorgestellten Erweiterungen wirken sich auf alle Mandanten eines SAP-Systems aus. Es kann jedoch gefordert sein, dass User-Exits nur in bestimmten SAP-Mandanten ausgeführt werden sollen. Eine »hart codierte« Abfrage nach der aktuellen Mandantennummer über den Systemparameter SY-MANDT ist sicherlich eine Methode. Eleganter hingegen ist die Verwendung einer mandantenabhängigen Tabelle, die die Ausführung von User-Exits steuert. Der Vorteil dieses Verfahrens liegt u. a. darin, dass tagesgenau der Aufruf von User-Exits gesteuert werden kann.

Zunächst wird eine *Z-Tabelle* entwickelt, aus der der User-Exit einen mandantenabhängigen Funktionsbaustein selektiert. Bei dieser handelt es sich um eine *mandantenabhängige Customizing-Tabelle*, sodass neue und geänderte Einträge aus dem Entwicklungssystem in die produktive Umgebung transportiert werden.

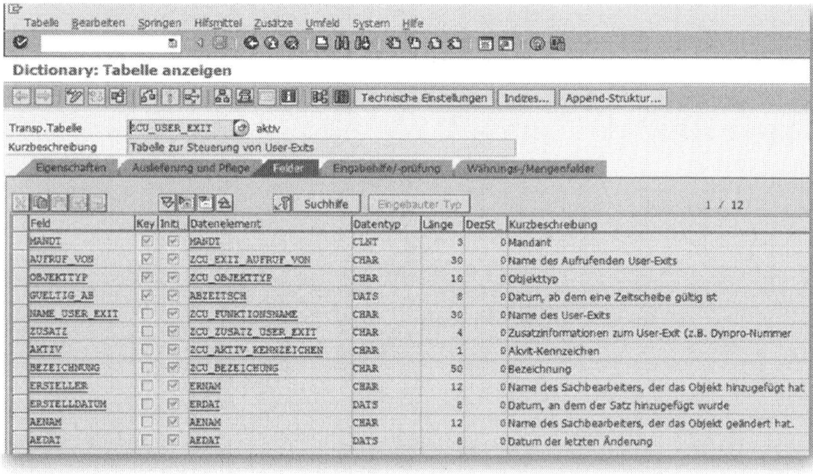

Abbildung 3.32: Tabelle zur mandantenabhängigen Steuerung von User-Exits

Die Tabelle (siehe Abbildung 3.32) beinhaltet die Felder für die primären *Schlüsselfelder*: Aufrufendes Objekt, Typ des Aufrufers (Funktionsbaustein, Methode, Klasse, Eventfunktionsbaustein, Dynpro) und als weitere Attribute NAME DES AUFRUFENDEN USER-EXITS, ZUSATZINFORMATIONEN (ggf. Dynpro-Nr.), AKTIV-KENNZEICHEN und eine BEZEICHNUNG. Damit nachvollzogen werden kann, wer wann welchen Datensatz angelegt bzw. geändert hat, werden die Felder ERSTELLER, ERSTELLDATUM, ÄNDERER und ÄNDERUNGSDATUM hinzugefügt.

Mithilfe des *Tabellenpflegegenerators* erfolgt die Pflege der Tabelleninhalte über die Transaktion SM30. Dabei werden der Ersteller, das Erstelldatum, der Änderer und das Änderungsdatum automatisch beim Einfügen bzw. Ändern eines Datensatzes erzeugt. (Wie solch eine Tabellenpflege erstellt wird, können Sie dem Kapitel zum Data Dictionary im »SAP Praxishandbuch ABAP – Teil 1« entnehmen).

Nun wird mit der Transaktion SE37 (Function Builder) der Standard-User-Exit auf einen *mandantenabhängigen User-Exit* kopiert: In diesem Fall EXIT_SAPLES20_005 auf ZCU_EXIT_SAPLES20_005 _MDT (siehe Abbildung 3.33). Der Funktionsbaustein EXIT _SAPLES20_005 wird dahingehend geändert, dass hier die Selektion eines mandantenabhängigen Funktionsbausteins aus der Tabelle ZCU_USER_EXIT programmiert wird. Sobald mit dem SELECT-Statement ein User-Exit in der Steuertabelle gefunden wird, erfolgt der Aufruf dieses mandantenabhängigen Funktionsbausteins. Der Aufruf kann mithilfe der Musterfunktion im ABAP-Editor erzeugt werden.

Anmerkung: Im Fall des EXIT_SAPLES20_005 wurde im Ursprungs-Coding auf die globale Variable EVERD der Funktionsgruppe XES20 zugegriffen. Da die globale Variable in der neuen mandantenabhängigen Funktionsgruppe ZISU_USER_EXIT des kopierten Funktionsbausteins ZCU_EXIT_SAPLES20_005_MDT fehlt, muss in der Import-Schnittstelle des mandantenabhängigen Funktionsbausteins die globale Struktur EVERD aus dem aufrufenden Funktionsbaustein EXIT_SAPLES20_005 an den aufgerufenen Funktionsbaustein ZCU_ EXIT_SAPLES20_005_MDT übergeben werden. Anschließend werden am Anfang des mandantenabhängigen Exits die Werte der übergebenen Struktur IM_EVERD der ehemaligen globalen Variable EVERD zugewiesen.

```
Include     ZXES20U05     aktiv

*---------------------------------------------------------------------*
*   INCLUDE ZXES20U05                                                 *
*---------------------------------------------------------------------*
* Übergabe der Werte des Subscreen an den FuBa                        *
* Autor: Thomas Stutenbäumer, ConUti GmbH                             *
* Datum: 27.11.2014                                                   *
* Mandantenspezifischer Aufruf des Exit-Funktionsbausteins            *
*---------------------------------------------------------------------*
DATA: lv_funktionsname(30) TYPE c.

* Aufruf des mandatenabhängigen Exit-Funktionsbausteins

SELECT SINGLE name_user_exit
  FROM  zcu_user_exit
  INTO  lv_funktionsname
  WHERE aufruf_von    = 'EXIT_SAPLES20_005'
  AND   objekttyp     = 'FUNC'
  AND   gueltig_ab   <= sy-datum
  AND   zusatz        = space
  AND   aktiv         = 'X'.

IF sy-subrc = 0.

  CALL FUNCTION lv_funktionsname
    EXPORTING
      imp_everd = everd
    IMPORTING
      y_everd   = y_everd
      y_sub_obj = y_sub_obj.


  IF 1 = 2. CALL FUNCTION 'ZCU_EXIT_SAPLES20_005_MDT'. ENDIF.

ENDIF.
*---------------------------------------------------------------------*
```

Abbildung 3.33: Aufruf mandantenabhängiger Funktionsbausteine aus einem User-Exit

Im Coding des Includes ZXES20U05 zum User-Exits EXIT_SAPLES20_005 (siehe Abbildung 3.33) steht nun als Erstes die Selektion eines mandantenabhängigen Funktionsbausteins. Falls dieser nicht zu finden ist, wird das EXIT_SAPLES20_005 wieder verlassen. Andernfalls erfolgt der Aufruf des selektierten Funktionsbausteins dynamisch.

Die Anweisungen

```
IF 1 = 2.
   CALL FUNCTION 'ZCU_EXIT_SAPLES20_005_MDT'.
ENDIF.
```

ermöglichen bei einem *Verwendungsnachweis* auf den Funktionsbaustein ZCU_EXT_SAPLES20_005_MDT das Auffinden dieser Aufrufstelle.

Abschließend muss mithilfe der Transaktion SM30 die Tabelle ZCU_USER_EXIT in jedem Mandanten gepflegt werden, damit der mandantenabhängige Funktionsbaustein aufgerufen werden kann (siehe Abbildung 3.34).

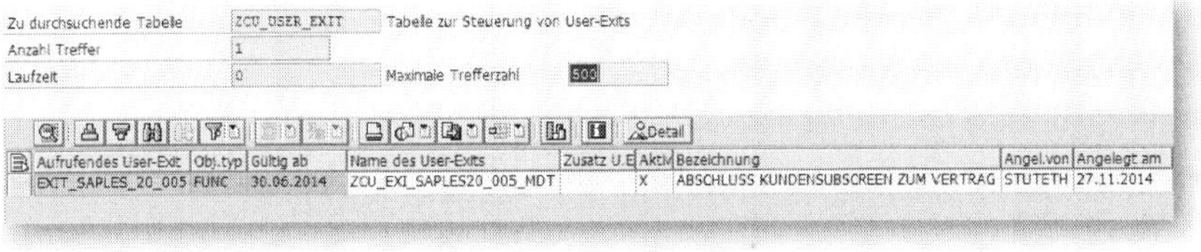

Abbildung 3.34: Tabellenpflege zur mandantenabhängigen Steuerung von User-Exits

Dieses Verfahren können Sie ebenfalls zur mandantenabhängigen Steuerung von Event-Funktionsbausteinen, Screen-Exits, Methoden, Klassen, BAdIs etc. verwenden.

3.3 Ereignisfunktionsbausteine mit FQEVENTS

Im Bereich des SAP-Vertragskontokorrents, der Nebenbuchhaltung für die Massenabrechnung von Kunden mit hohem Belegaufkommen, gibt es anstelle der User-Exits die Ereignis-Funktionsbausteine, auch *EVENT-Funktionsbausteine* genannt. Im Gegensatz zu User-Exits werden alle Event-Funktionsbausteine zentral über die Transaktion `FQEVENTS` verwaltet. Darüber hinaus bietet diese Transaktion umfangreiche Suchmöglichkeiten und im Regelfall eine gute Dokumentation der vorhandenen Event-Funktionsbausteine.

In den SAP-Programmen zum Vertragskontokorrent wird von Zeitpunkten gesprochen, zu denen die Event-Funktionsbausteine vom SAP-Programm aufgerufen werden. So werden beim Buchen eines Belegs im Vertragskontokorrent die Funktionsbausteine zum ZEITPUNKT 10 aufgerufen (siehe Abbildung 3.35).

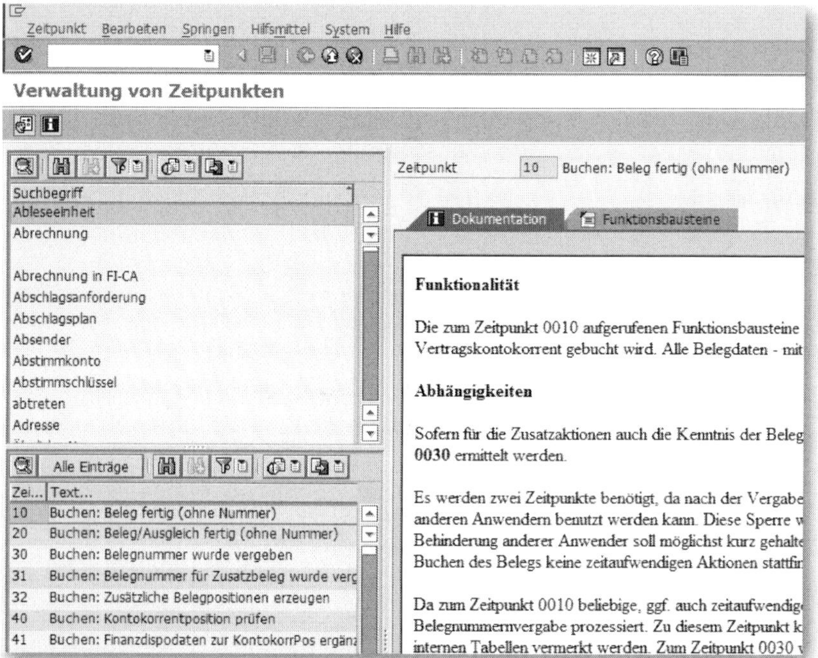

Abbildung 3.35: Ereignisfunktionsbausteine mit der Transaktion FQEVENTS

Der Bildschirm für die Transaktion FQEVENTS ist dreigeteilt. Oben links können fachliche Suchbegriffe eingegeben werden, z. B. Buchen, Mahnen, Sperren, SEPA.

Unten links wird die entsprechende Trefferliste zu einem Suchbegriff angezeigt; hier werden die zum gewählten Suchbegriff passenden Event-Funktionsbausteine angezeigt.

Rechts im Bild sehen Sie schließlich unter dem ersten Reiter die Dokumentation des in der Trefferliste ausgewählten Funktionsbausteins. Bei Klick auf den zweiten Reiter werden Ihnen die Funktionsbausteine für den gewählten Zeitpunkt angezeigt (siehe Abbildung 3.36).

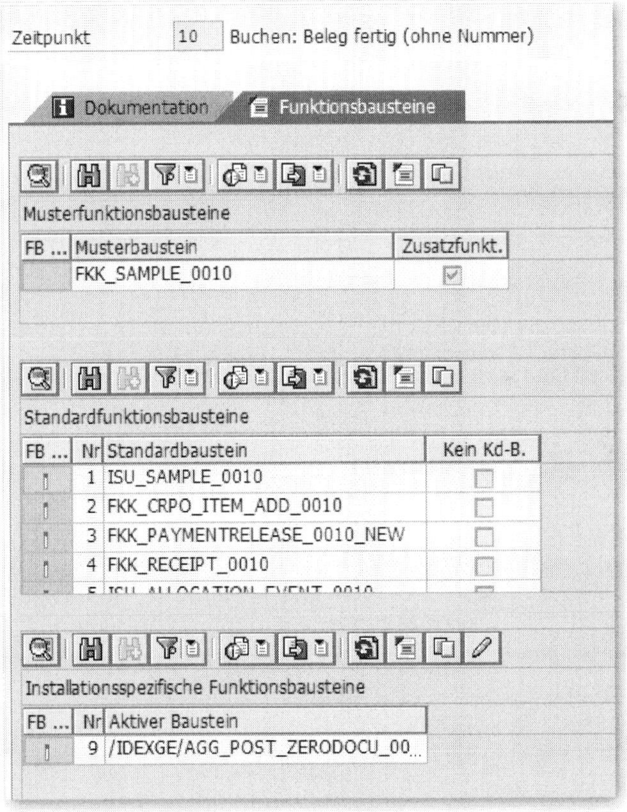

Abbildung 3.36: Funktionsbausteine zum Zeitpunkt »0010 (Buchen)«

3.3.1 Die Suche nach Zeitpunkten

Die *Suche nach Zeitpunkten* wird über eine Suche nach Fachbegriffen ermöglicht (in Abbildung 3.37 z. B. nach dem Begriff »Buchen«). Diese Suche kann nach einem Klick auf das Icon im Dynpro-Bereich oben links ausgeführt werden. In diesem Fall wird der erste von vier Treffern angezeigt. Achten Sie darauf, dass der Cursor zu Beginn der Suche immer am oberen Ende der Liste möglicher Suchbegriffe steht, da die angebotene Suchfunktion nur abwärts sucht. Mit Bestätigung der Suche durch einen Mausklick auf das Icon wird die nächste Trefferstelle angezeigt. Wird die Suche durch einen Mausklick auf das Icon abgebrochen, steht der Cursor auf der letzten Fundstelle.

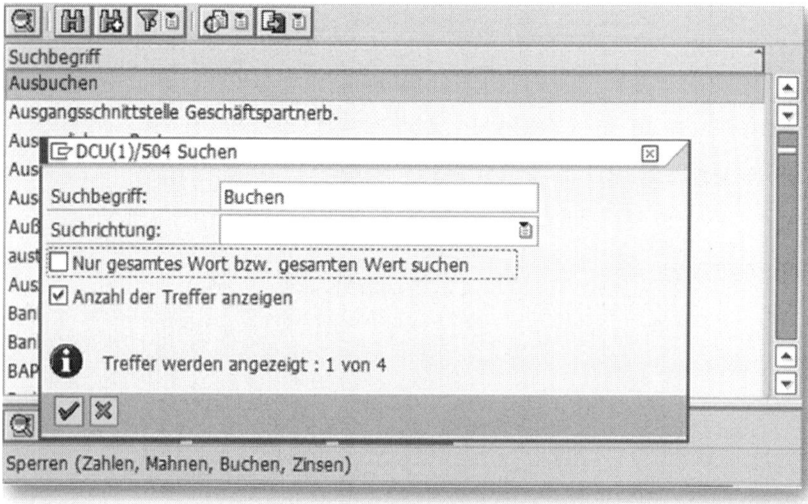

Abbildung 3.37: Suchen nach Fachbegriffen

Abbildung 3.38 zeigt z. B. die gesamte Trefferliste zur Suche nach dem Fachbegriff »Ausbuchen«.

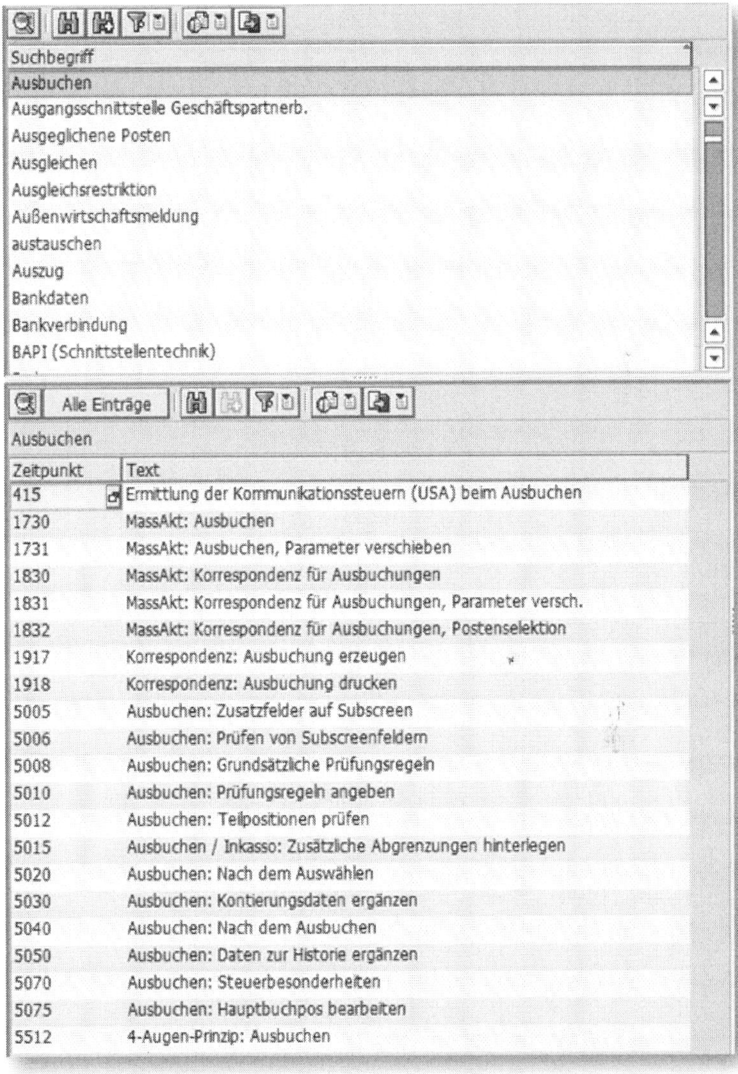

Abbildung 3.38: Trefferliste für den Suchbegriff »Ausbuchen«

Wird ein Doppelklick auf einen Zeitpunkt ausgeführt, erscheint auf der rechten Bildschirmseite die entsprechende Dokumentation (siehe Abbildung 3.39).

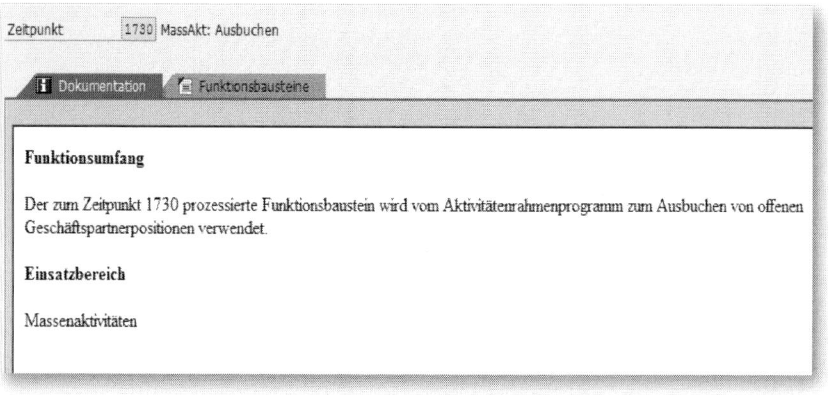

Abbildung 3.39: Dokumentation zum Zeitpunkt »1730« »Massenaktivität: Ausbuchen«

Unter dem zweiten Reiter Funktionsbausteine werden die zu diesem Zeitpunkt verfügbaren Funktionsbausteine angezeigt (siehe Abbildung 3.40).

Auch in der Trefferliste kann mit dem Icon noch einmal nach bestimmten Begriffen gesucht werden. Mit dem gleichen Suchbegriff »Buchen« werden für das Beispiel 61 Treffer angezeigt.

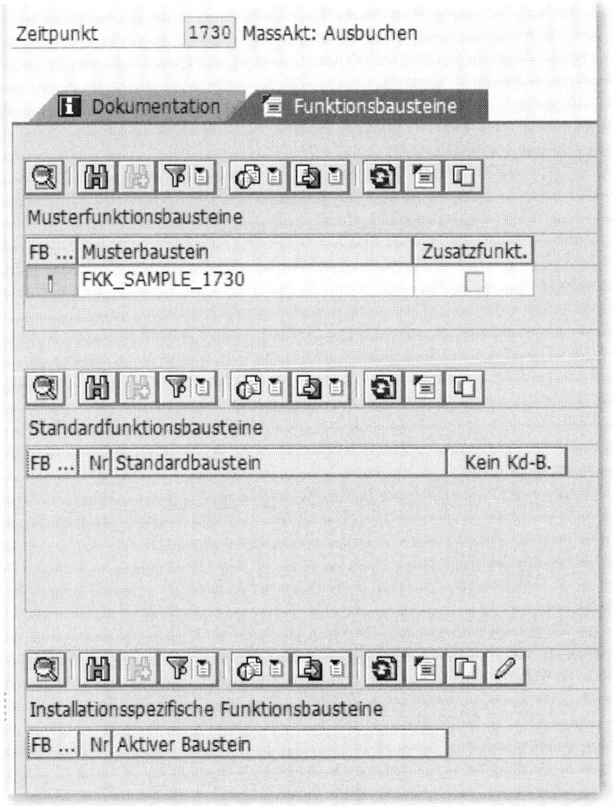

Abbildung 3.40: Aktiver Funktionsbaustein zum Zeitpunkt »1730« – »Massenaktivität: Ausbuchen«

3.3.2 Funktionsbausteine zu einem Zeitpunkt

Je nach Konfiguration im Reiter FUNKTIONSBAUSTEINE können zu einem Zeitpunkt kein (siehe Abbildung 3.41), einer oder mehrere Funktionsbausteine ausgeführt werden.

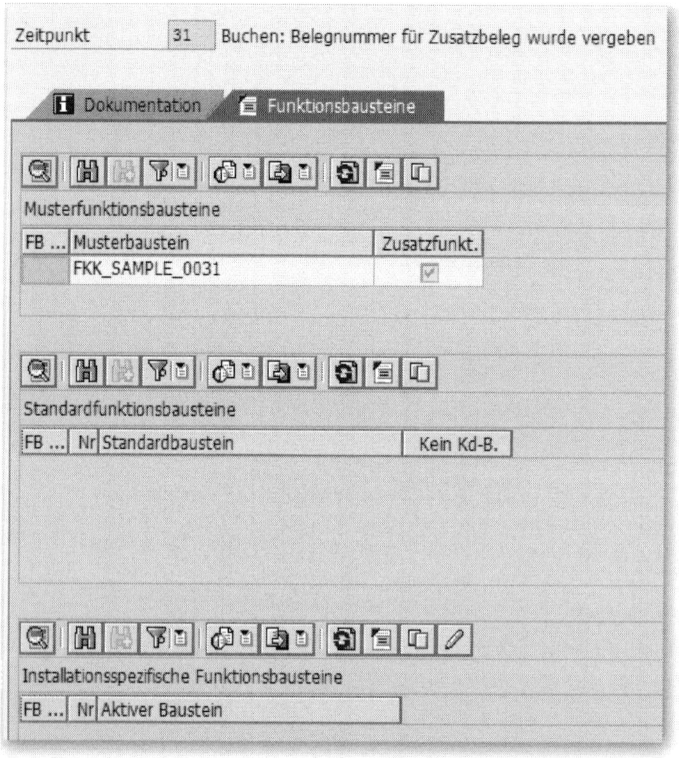

Abbildung 3.41: Kein aktiver Funktionsbaustein zum Zeitpunkt »0031«

Dass der hier abgebildete *Musterfunktionsbaustein* FKK_SAMPLE _0031 nicht aktiv ist, sehen Sie an der Spalte davor, in der kein Icon ▯ steht. Der Haken in der Spalte ZUSATZFUNKT. zeigt an, dass zu diesem Zeitpunkt mehrere Funktionsbausteine aktiviert werden können.

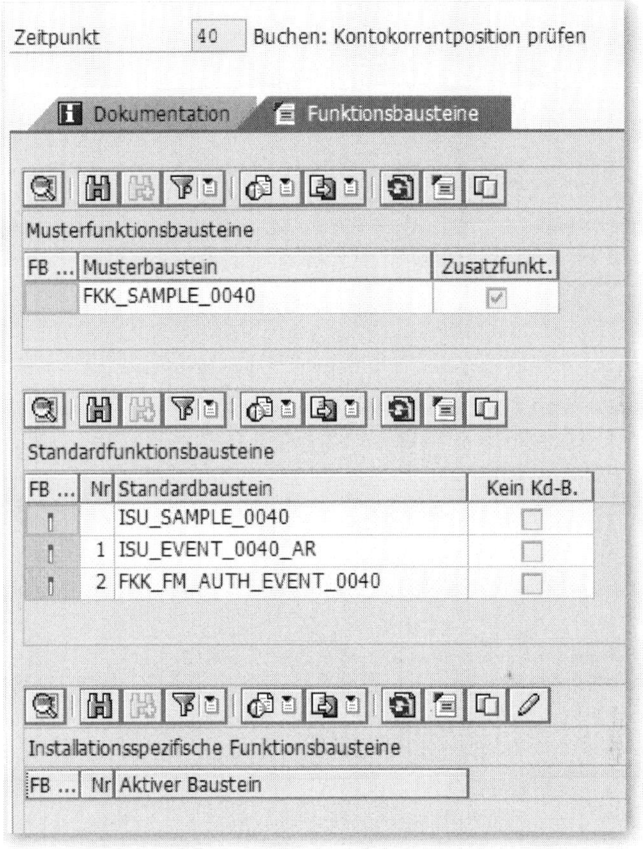

Abbildung 3.42: Mehrere aktive Funktionsbausteine zum Zeitpunkt »0040«

Abbildung 3.42 zeigt, dass zum Zeitpunkt »0040« die drei Standardfunktionsbausteine ISU_SAMPLE_0040, ISU_EVENT_0040_AR und FKK_FM_AUTH_EVENT_0040 vorhanden und alle mit dem Icon versehen, also aktiv sind, von FI-CA-Programmen zum Zeitpunkt »40« aufgerufen werden. Auch zu diesem Zeitpunkt können wieder mehrere Funktionsbausteine aktiv sein.

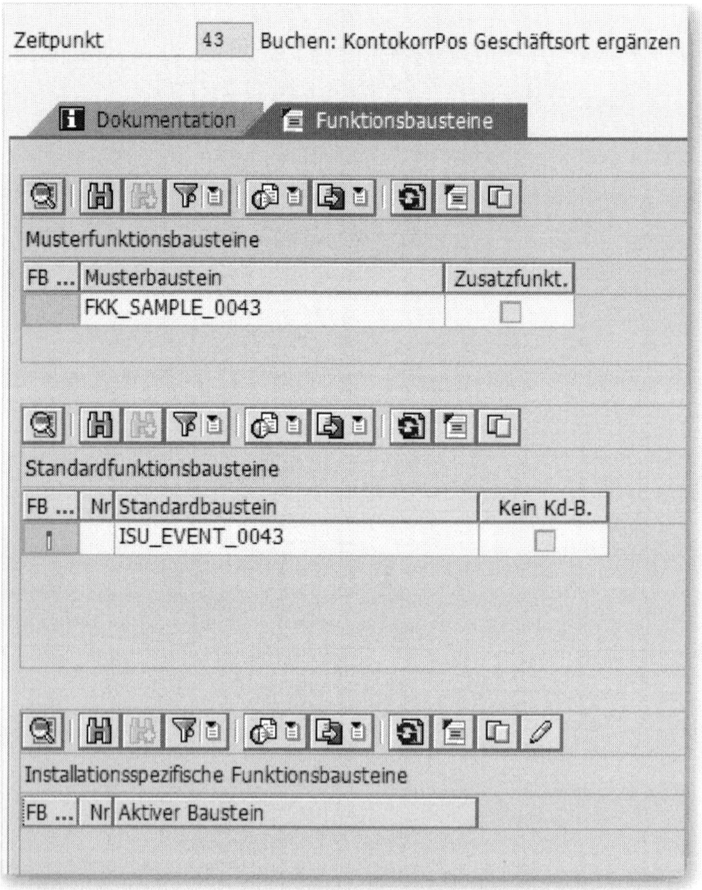

Abbildung 3.43: Keine Zusatzfunktionen zum Zeitpunkt »0043«

Demgegenüber ist in Abbildung 3.43 der Haken in der Spalte ZUSATZFUNKT. nicht gesetzt, sodass zu diesem Zeitpunkt maximal ein Funktionsbaustein aktiv sein kann.

Nun sollten Sie das Prinzip der Event-Funktionsbausteine in der Transaktion FQEVENTS verstanden haben.

3.3.3 Anlegen installationsspezifischer Event-Funktionsbausteine

Damit *kundeneigene Event-Funktionsbausteine* angelegt werden können, muss zunächst eine Funktionsgruppe mithilfe der Entwicklungsumgebung der Transaktion SE80 erstellt werden. Für die weitere Erläuterung nennen wir diese Funktionsgruppe ZCU_FKK_SAMPLE.

Als Beispiel, dargestellt in Abbildung 3.44, wähle ich den ZEITPUNKT 0062, zu dem nur der Musterfunktionsbaustein FKK_SAMPLE_0062 aktiv ist.

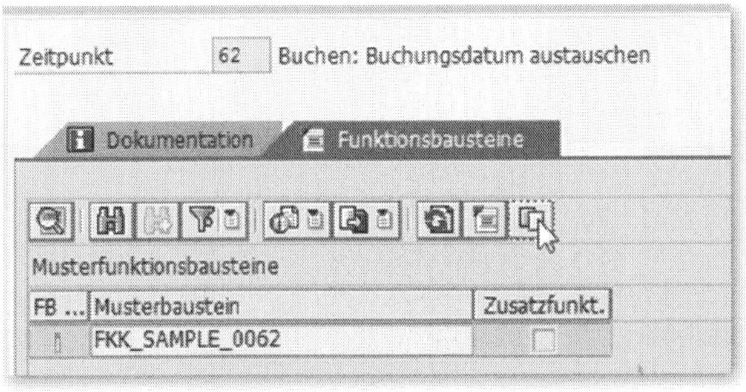

Abbildung 3.44: Aktiver Musterfunktionsbaustein zum Zeitpunkt »0062«

Um einen kundeneigenen Funktionsbaustein zu implementieren, wird der Musterfunktionsbaustein durch das Icon auf den kundeneigenen FUNKTIONSBAUSTEIN ZCU_FKK_SAMPLE_0062 kopiert. Dieser wird anschließend der FUNKTIONSGRUPPE ZCU_FKK_SAMPLE zugeordnet (siehe Abbildung 3.45).

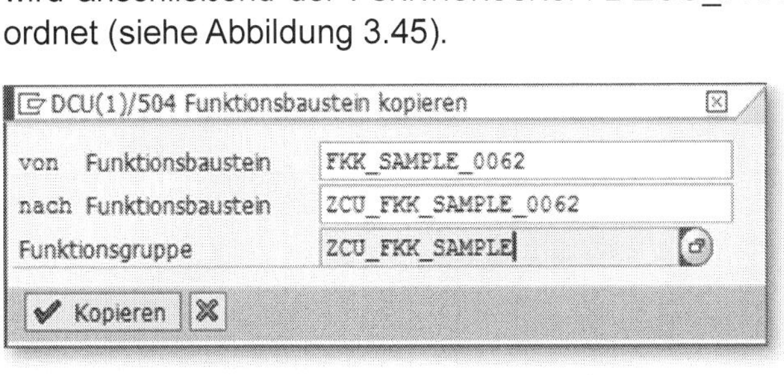

Abbildung 3.45: Kopieren eines Musterfunktionsbausteins

Durch den Kopiervorgang hat der kundeneigene Funktionsbaustein bereits alle benötigten Schnittstellenparameter für Funktionsbausteine zum Zeitpunkt 0062. Mittels der Transaktion SE80 wird er nun aktiviert. Anschließend wechseln Sie in den Bildschirmteil für die installationsspezifischen Event-Funktionsbausteine (siehe Abbildung 3.46).

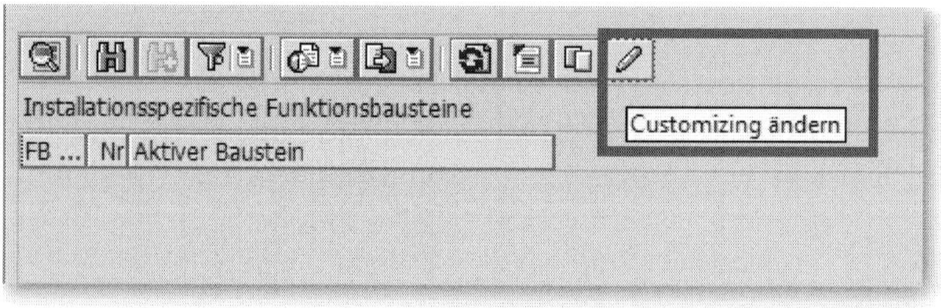

Abbildung 3.46: Anlegen eines »kundeneigenen Funktionsbausteins«

Um dem Zeitpunkt »0062« einen kundenspezifischen Funktionsbaustein zuzuordnen, klicken Sie auf das Icon ✎. Im nächsten Bildschirm wird der Button Neue Einträge betätigt und als neuer Eintrag der kopierte Funktionsbaustein mit der Laufenden Nummer »0« eingefügt (siehe Abbildung 3.47).

Abbildung 3.47: Neuer Funktionsbaustein für den Zeitpunkt »0062«

Mit dem Icon wird diese Aktion gesichert. Über das Icon verlassen Sie diesen Bildschirm wieder und erreichen die Ansicht der Funktionsbausteine zum Zeitpunkt »0062« (siehe Abbildung 3.48).

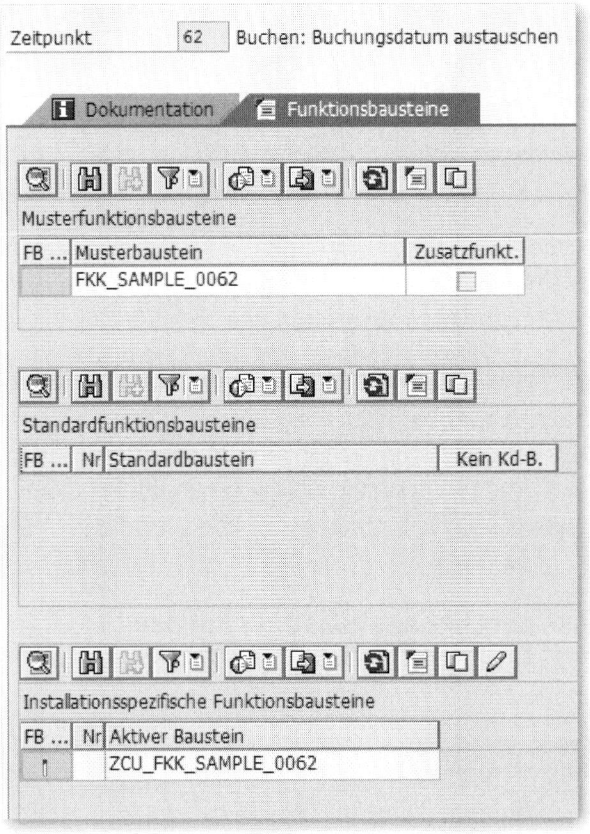

Abbildung 3.48: Neuer aktiver »kundeneigener Funktionsbaustein«

Durch das Anlegen des kundeneigenen Funktionsbausteins wird der Musterfunktionsbaustein FKK_SAMPLE_0062 deaktiviert und der Funktionsbaustein ZCU_FKK_SAMPLE_0062 aktiviert.

Mit einem Doppelklick auf den Namen des Funktionsbausteins gelangt man in dessen Quellcode und kann alle zur jeweils gestellten Aufgabe erforderlichen Entwicklungen vornehmen.

Die Aktivierung von Event-Funktionsbausteinen ist *mandantenabhängig*. Für jeden Mandanten, in dem der Funktionsbaustein zur Verfügung stehen soll, ist ein Customizing-Auftrag zu erstellen.

Die aktiven kundeneigenen Event-Funktionsbausteine einer SAP-Installation werden in der *Datenbank-Tabelle TFKFBC* gespeichert. Die SAP-Event-Funktionsbausteine sind in der *Datenbank-Tabelle TFKFBS* und die SAP-Musterfunktionsbausteine in der *Datenbank-Tabelle TFKFBM* zu finden. Der Aufruf von Ereignis-Funktionsbausteinen in FI-CA-Programmen wird über den *Funktionsbaustein FKK_FUNC_MODULE_DETERMINE* gesteuert. Bei einem fehlerhaften FI-CA-Programm, ist es sinnvoll, vor dem Programmstart in diesem Funktionsbaustein einen Breakpoint zu setzen. Dieser Funktionsbaustein sammelt vor dem eigentlichen Programmlauf die Informationen über alle am Programmlauf beteiligten Event-Funktionsbausteine.

3.4 Erweiterungen zum Geschäftspartner mit dem Bereichsmenü BUPT

Für Erweiterungen von SAP-Standardanwendungen stehen nicht in jedem Fall User- und Screen-Exits oder Event-Funktionsbausteine zur Verfügung. So ist es auch bei Erweiterungen zum SAP-Objekt »Geschäftspartner«. Hierfür werden eine Reihe von Transaktionen benötigt, die SAP in einem sogenannten Bereichsmenü mit der Bezeichnung »BUPT« (Geschäftspartner: Arbeitsmenü) zusammenfasst (siehe Abbildung 3.49). Diese Form der Erweiterung stammt aus den Anfängen der SAP-Anwendung. Daher mutet die Verfahrensweise recht archaisch an.

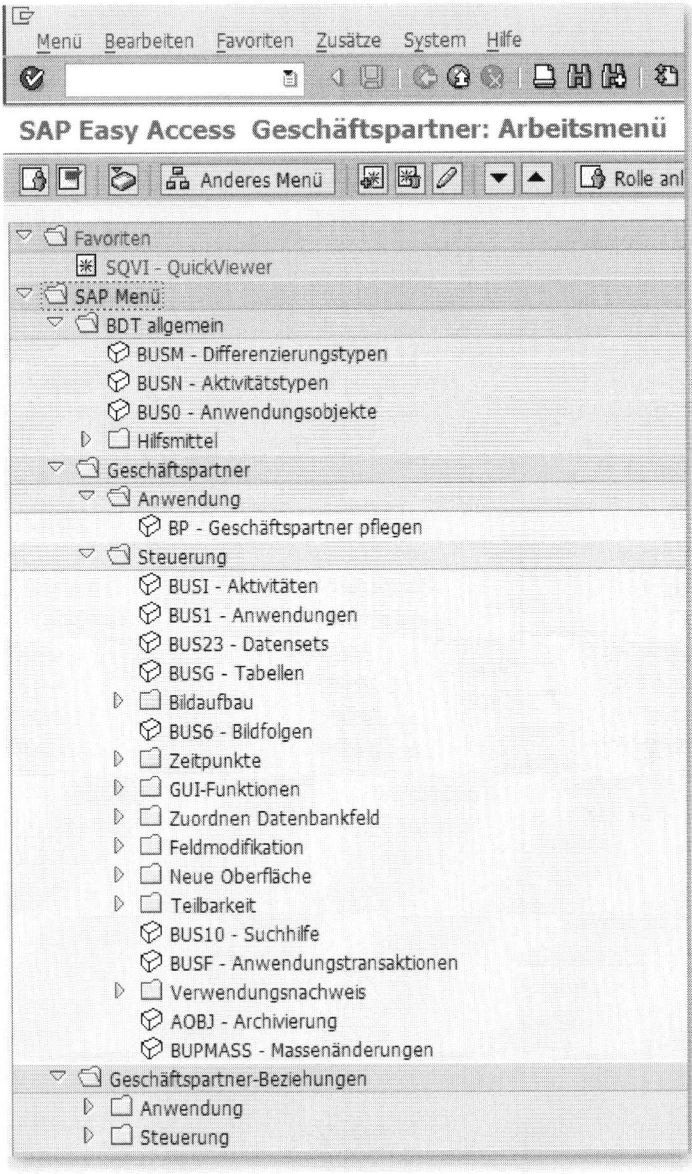

Abbildung 3.49: Transaktionen im Bereichsmenü BUPT

Erweiterungen zum Geschäftspartner

Zur Erläuterung nutze ich das Beispiel aus Kapitel 1: In den Transaktionen zur Geschäftspartner-Verwaltung soll dem Anwender in einem zusätzlichen Feld angezeigt werden, ob es sich um einen »First-Customer«-Kunden handelt. Die Eigenschaft des »First-Customer«-Kunden wird über die Kontoklasse festgelegt. Die Kontoklasse ist eine Eigenschaft des Vertragskontos. Für die Anzeige dieser Eigenschaft im Geschäftspartner müssen alle Vertragskonten des Geschäftspartners selektiert werden. Besitzt nur ein Vertragskonto die Kontoklasse »First Customer«, dann soll diese Eigenschaft im Geschäftspartner angezeigt werden.

Die Kundenanforderung wurde dergestalt erweitert, dass in den Kontenklassen eine Hierarchie zu berücksichtigen ist. Es soll in dem Geschäftspartner die hochwertigste Kontoklasse angezeigt werden, die die Vertragskonten eines Geschäftspartners haben. Dies trifft für die Kontoklasse »First Customer« zu.

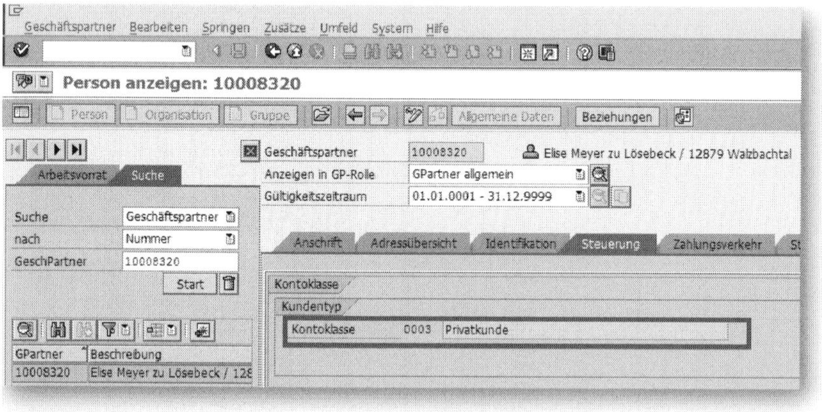

Abbildung 3.50: Kontoklasse im Geschäftspartner

Um die geforderte Ausgabe (siehe Abbildung 3.50) zu erhalten, kann der Entwickler über die Transaktionen im *Bereichsmenü BUPT* eine modifikationsfreie Erweiterung erstellen. Für deren Realisierung sind folgende Arbeitsschritte durchzuführen:

- Erstellen einer Funktionsgruppe mit einem kundeneigenen Subscreen, der die Kontoklasse und deren Bezeichnung beinhaltet.
- Aktivitäten im Bereichsmenü Bupt • Geschäftspartner • Steuerung • Bildaufbau:
  - Erstellen einer neuen Feldgruppe (Transaktion BUS2),
  - Erstellen einer neuen Sicht (Transaktion BUS3),
  - Erstellen eines neuen Abschnitts (Transaktion BUS4),
  - Zuordnung des Abschnitts zu einem Bild (Transaktion BUS5),
  - Prüfung der Zuordnung des Bildes zu einer Bildfolge (Transaktion BUS6).
- Ein Funktionsbaustein, der vor der Anzeige des neuen Sub-Dynpros aufgerufen wird, soll die Kontoklasse mit der höchsten Relevanz aus allen Vertragskonten eines Geschäftspartners selektieren.

Im Folgenden gehe ich näher auf die einzelnen Arbeitsschritte ein. Für das anzuzeigende Sub-Dynpro und den Funktionsbaustein zur Selektion der Kontoklasse wird die Funktionsgruppe ZCU_FIRST_CUSTOMER_KONTOKL in der Entwicklungsumgebung (Transaktion SE80) angelegt. In dieser Funktionsgruppe wird mit der rechten Maustaste auf ihren Namen das Dynpro »0100« angelegt (siehe Abbildung 3.51).

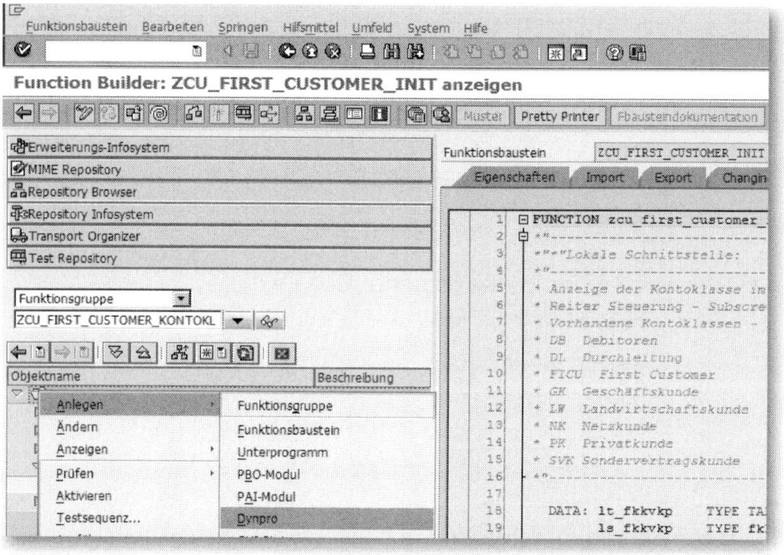

Abbildung 3.51: Anlegen eines Dynpros für die Funktionsgruppe ZCU_FIRST_CUSTOMER_KONTOKL

Mit einem Doppelklick auf das Dynpro können Sie sich dessen Ablauflogik anzeigen lassen. Über den Button Layout werden der Screen Painter aufgerufen und dort folgende Elemente dem neuen Sub-Dynpro hinzugefügt:

- Rahmen mit der Bezeichnung »Kundentyp«,
- Textfeld mit der Bezeichnung »Kontoklasse«,
- das Datenelement »FKKVKP-KTOKL« für die Kontoklasse aus dem Data Dictionary,
- das Datenelement »KONTOKLASSET-KTOTX« für die Bezeichnung der Kontoklasse aus dem Data Dictionary.

Abbildung 3.52 zeigt den fertiggestellten Subscreen im Screen Painter.

Nachdem dieses Sub-Dynpro mit dem Icon aktiviert wurde, kann der Screen Painter über das Icon verlassen werden.

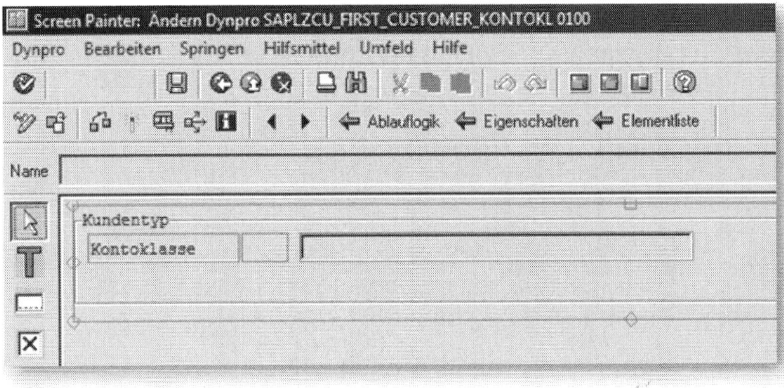

Abbildung 3.52: Sub-Dynpro zur Anzeige der Kontoklasse im Geschäftspartner

Auf dem Reiter EIGENSCHAFTEN (siehe Abbildung 3.53) des Dynpros »0100« wird der Radiobutton SUBSCREEN gewählt. Damit kann dieses Sub-Dynpro in ein normales Dynpro eingebettet werden.

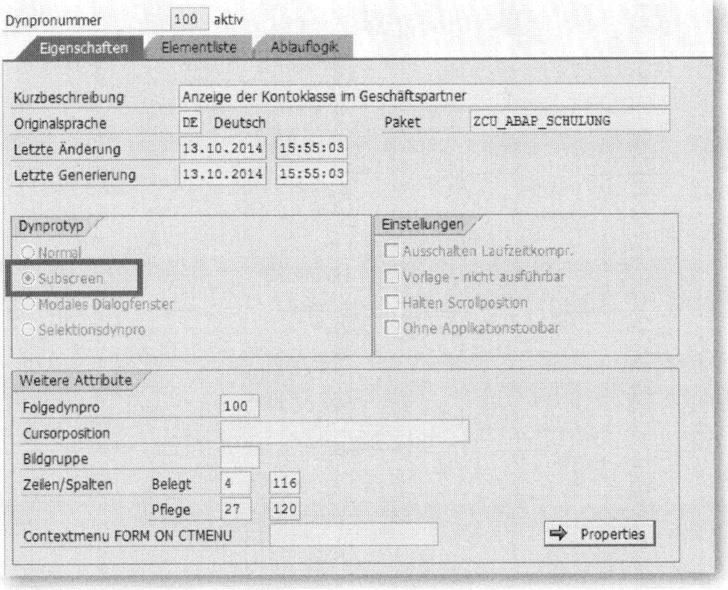

Abbildung 3.53 : Kundeneigenes Dynpro als Sub-Dynpro

Im Anschluss rufen Sie die Transaktion BUPT auf, um das soeben erstellte Sub-Dynpro im SAP-Standardbildschirm zum Geschäftspartner darzustellen.

Hier wird als Erstes eine neue *Feldgruppe* definiert, die der Definition neuer Variablen in der Anzeige des Geschäftspartners dient.

Im Bereichsmenü BUPT navigieren Sie über den Menü-Baum in die Feldgruppen, d. h. SAP-MENÜ • GESCHÄFTSPARTNER • STEUERUNG • BILDAUFBAU • FELDGRUPPEN.

Mit einem Doppelklick auf den Bereichsmenü-Ast FELDGRUPPEN wird die Transaktion BUS2 (Feldgruppen ändern) aufgerufen.

Durch einen Mausklick auf den Button [Neue Einträge] wird die FELDGRUPPE 610 mit der Bezeichnung KUNDENTYP angelegt (siehe Abbildung 3.54).

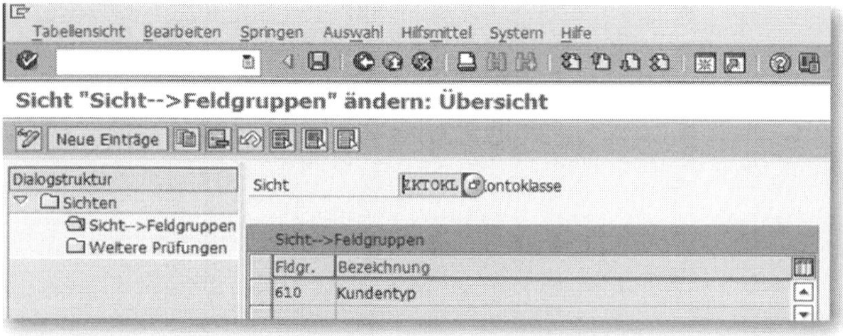

Abbildung 3.54: Anlegen einer »Feldgruppe«

Durch einen Doppelklick auf den Zweig FELDGRUPPE • FELDER werden der Feldgruppe 610 KUNDENTYP die Felder FKKVKP-KTOKL und KONTOKLASSET-KTOTX zugeordnet (siehe Abbildung 3.55).

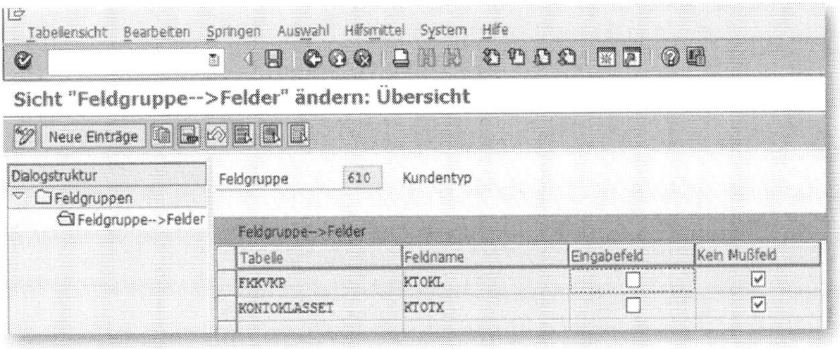

Abbildung 3.55: Zuordnen von »Feldern« zur »Feldgruppe«

Im nächsten Schritt wird die *Sicht* ZKTOKL über einen Wechsel zum Bereichsmenü-Ast SICHTEN (SAP-MENÜ • GESCHÄFTSPARTNER • STEUERUNG • BILDAUFBAU • SICHTEN) angelegt. Dabei wird das im ersten Arbeitsschritt erstellte SUB-DYNPRO 0100 der Funktionsgruppe ZCU_FIRST_CUSTOMER_KONTOKL verwendet. Aus der Anforderung geht hervor, dass vor der Anzeige der Kontoklasse des Geschäftspartners die höchstwertigste aus all seinen Vertragskonten – und zwar vor dem Aufruf des neuen Sub-Dynpros 0100 – ermittelt werden muss. Dazu wird zunächst ein leerer Funktionsbaustein mit dem Namen ZCU_FIRST_CUSTOMER_INIT in der gleichen Funktionsgruppe wie das Dynpro angelegt und aktiviert. Bei den ersten Tests kann die Selektion der Daten in diesem Funktionsbaustein mithilfe des Debuggers realisiert werden.

Entscheidend für die Erstellung der Sicht ist die Auswahl der Anwendung (hier ZENTRALER GEPA: STEUERUNG) und des Datasets. Wir wählen hier das *Dataset* BUB010 – BEZIEHUNGEN, da es kein passendes Dataset für die Steuerungsdaten des Geschäftspartners gibt (siehe Abbildung 3.56).

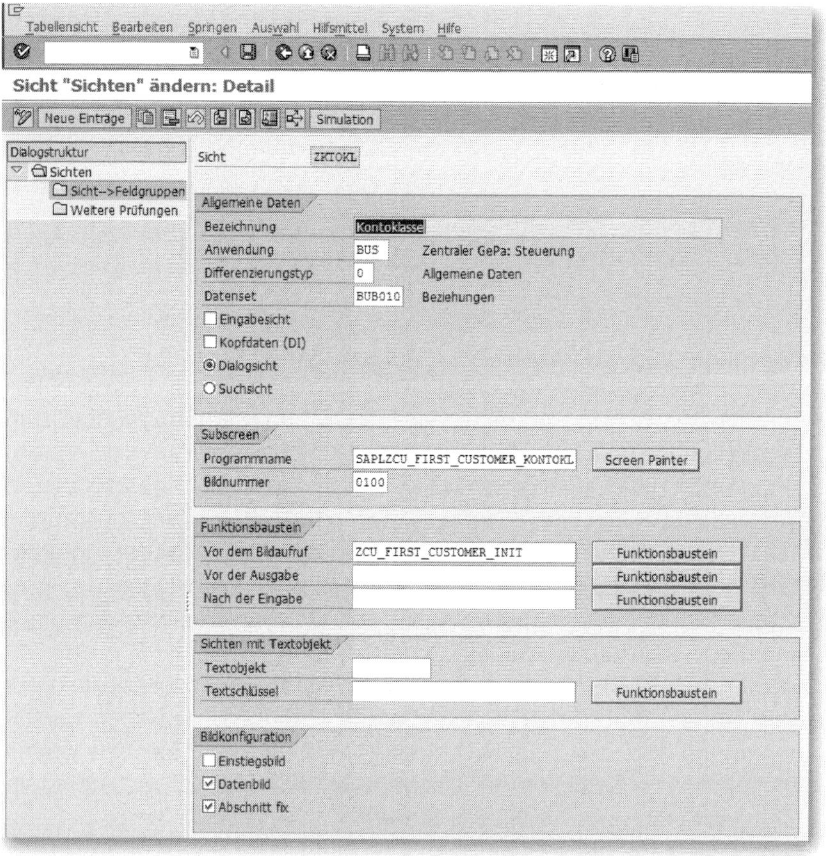

Abbildung 3.56: Definition der »Sicht« ZKTOKL für die Anzeige der Kontoklasse

Dieser Sicht wird sodann durch einen Doppelklick auf den Bereichsmenü-Ast SICHT • FELDGRUPPEN die zuvor erstellte Feldgruppe ZKTOKL zugeordnet (siehe Abbildung 3.57). Diese Einstellungen werden mit dem Icon gesichert.

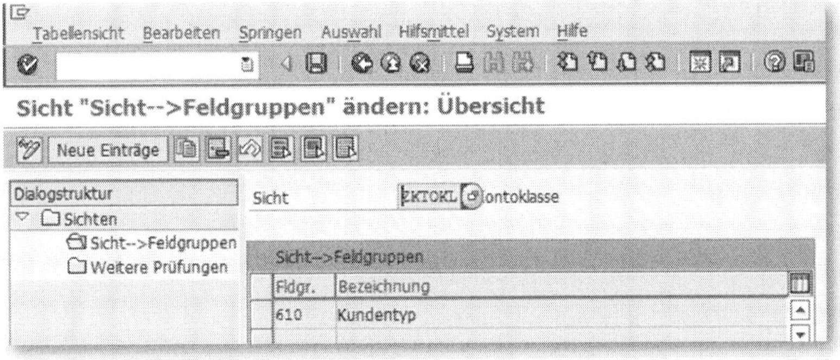

Abbildung 3.57: Zuordnung der »Sicht« zur »Feldgruppe«

Zurück im Bereichsmenü BUPT können Sie die Erweiterung des Datasets BUB010 unter SAP-MENÜ • GESCHÄFTSPARTNER • STEUERUNG • DATENSETS überprüfen. Dazu markieren Sie das Dataset BUB010 und betätigen den Button Simulation (siehe Abbildung 3.58).

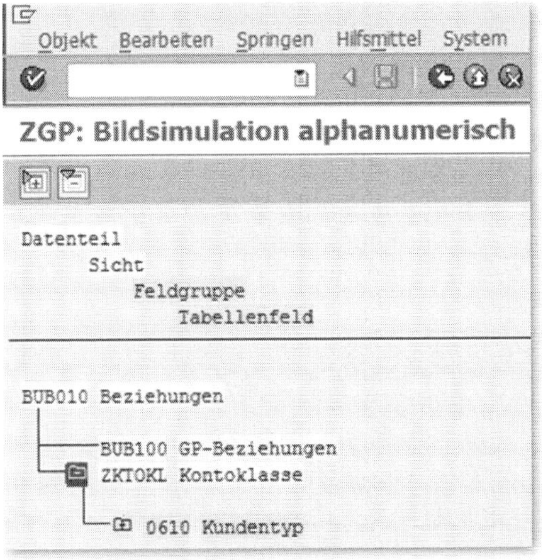

Abbildung 3.58: Bildsimulation des »Dataset« BUB010

Über SAP-MENÜ • GESCHÄFTSPARTNER • STEUERUNG • ABSCHNITTE (Transaktion BUS4) im Bereichsmenü BUPT werden ein neuer *Abschnitt* mit der Bezeichnung ZKTOKL (Kontoklasse im Geschäftspartner) angelegt und diesem die zuvor definierte Sicht ZKTOKL zugeordnet (siehe Abbildung 3.59).

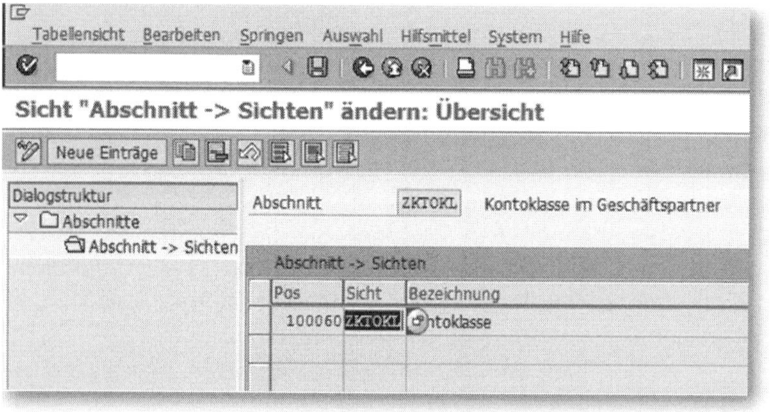

Abbildung 3.59: Zuordnung »Abschnitt« zur »Sicht«

Warum an dieser Stelle die POSITION 10060 verwendet wird, erklärt sich durch die nächste Aktion, bei welcher der Abschnitt einem *Bild* zugeordnet wird. Über SAP-MENÜ • GESCHÄFTSPARTNER • STEUERUNG • BILDER (Transaktion BUS5) wird die Anzeige und Änderung der Bildschirmbilder zum Geschäftspartner ermöglicht. Hier wählen Sie das Bildschirmbild BUP030 (STEUERUNG), um ein Anzeigen der Kontoklasse im Reiter STEUERUNG der Geschäftspartner-Verwaltung zu erreichen (siehe Abbildung 3.60).

Da die Kontoklasse direkt unterhalb der Kopfdaten des Geschäftspartners im Reiter STEUERUNG angezeigt werden soll, wird die Position 10060 verwendet (siehe Abbildung 3.61).

Abbildung 3.60: »Bilder« ändern

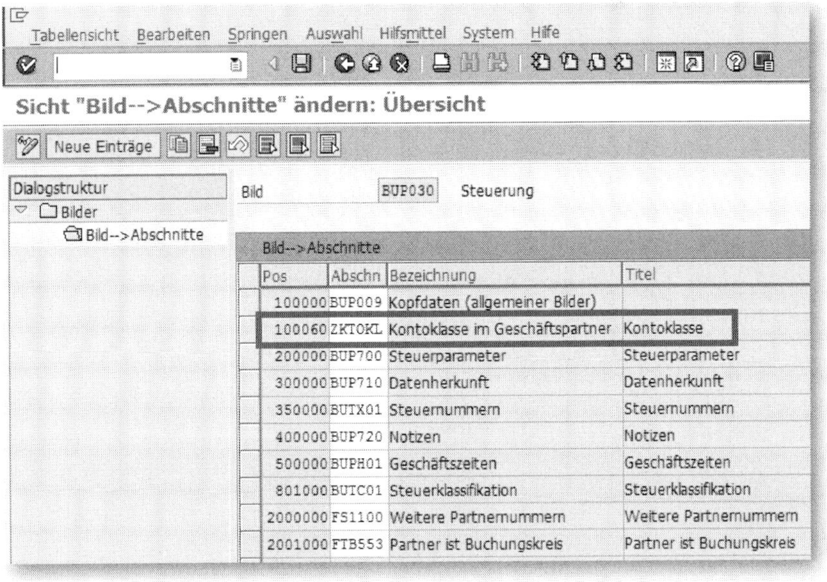

Abbildung 3.61: Zuordnung »Abschnitt« zum »Bild«

Die Simulation des Bildes BUP030 (siehe Abbildung 3.62) bestätigt, dass die vorgenommen Einstellungen in dem Bereichsmenü BUPT bisher folgerichtig durchgeführt wurden.

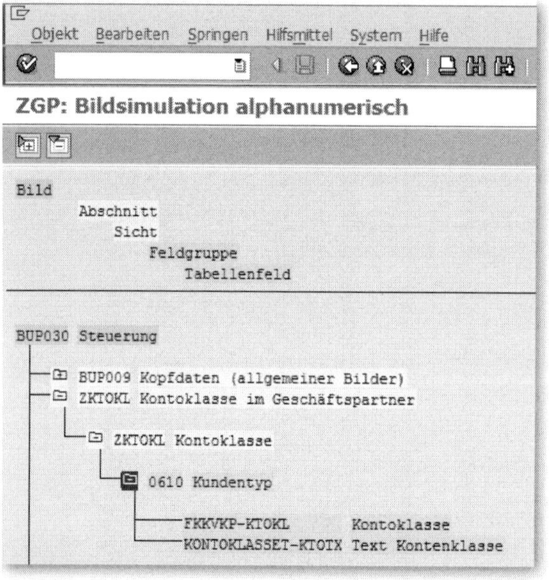

Abbildung 3.62: Simulation des »Bildes« BUP030 Steuerung

Da das Bild STEUERUNG bereits als Reiter im Geschäftspartner angezeigt wird, erübrigt sich eine Änderung von dessen Zuordnung zur Standard-Bildfolge (BUP1 STANDARD).

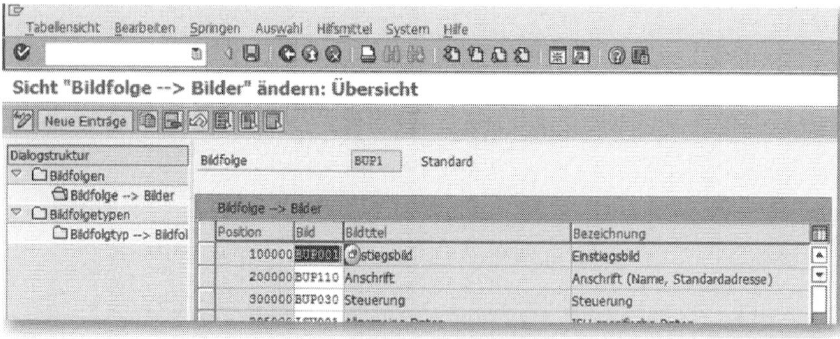

Abbildung 3.63: Zuordnung »Bild« zur »Bildfolge«

Bei Zusatzentwicklungen, die ein Speichern eingegebener Daten in einer Dynpro-Erweiterung erfordern, muss zuvor ein *Zeitpunkt-Funktionsbaustein* erstellt und dem entsprechenden Zeitpunkt zugeordnet werden. Die notwendigen Einstellungen können unter SAP-MENÜ • GESCHÄFTSPARTNER • STEUERUNG • ZEITPUNKTE (Transaktion BUS7) vorgenommen werden. In derartigen Fällen genügt oft die Konfiguration eines Funktionsbausteins zum ZEITPUNKT DCHKCK – PRÜFUNGEN VOR DEM SICHERN (siehe Abbildung 3.64).

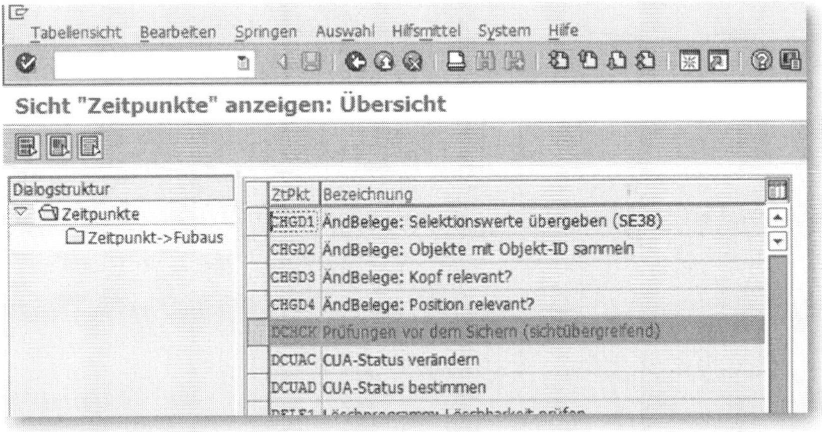

Abbildung 3.64: Anlegen von Funktionsbausteinen für bestimmte Zeitpunkte

Ein solcher Zeitpunkt-Funktionsbaustein ist in unserem Fall nicht notwendig, da die Kontoklasse hier lediglich ausgegeben wird, ihre Änderung jedoch nicht möglich ist.

Die erforderlichen Einstellungen für die Bildschirmerweiterung zum Geschäftspartner sind damit abgeschlossen. Dieses Verfahren mutet sehr umständlich und altertümlich an, es ist aber die einzige Möglichkeit, zusätzliche Felder im Geschäftspartner modifikationsfrei einzubauen.

Zum Abschluss der Entwicklungen muss der Funktionsbaustein ZCU_FIRST_CUSTOMER_INIT ausgeprägt werden. Dieser soll aus allen Vertragskonten zum Geschäftspartner die Kontoklasse mit der höchsten Präferenz selektieren und im Geschäftspartner anzeigen.

Dazu setzen Sie im Funktionsbaustein einen Breakpoint. Daraufhin wird ein Geschäftspartner, z. B. mit der Transaktion BUG3, angezeigt. Durch den Breakpoint im Funktionsbaustein ZCU_FIRST_

CUSTOMER_INIT hält der Debugger noch vor der Anzeige des Geschäftspartners (siehe Abbildung 3.65).

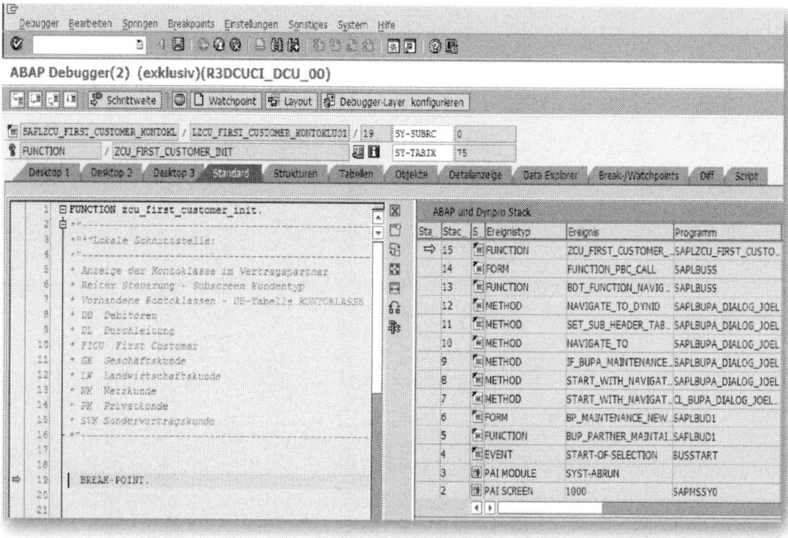

Abbildung 3.65: Debugger im Funktionsbaustein

Eine Analyse der Variablen zeigt, dass an dieser Stelle die Geschäftspartner-Nummer nicht verfügbar ist. Diese suchen wir nun im ABAP-Stack und finden sie in der globalen Struktur BUT000 im Funktionsbaustein BP_MAINTENANCE_NEW_UI (siehe Abbildung 3.66).

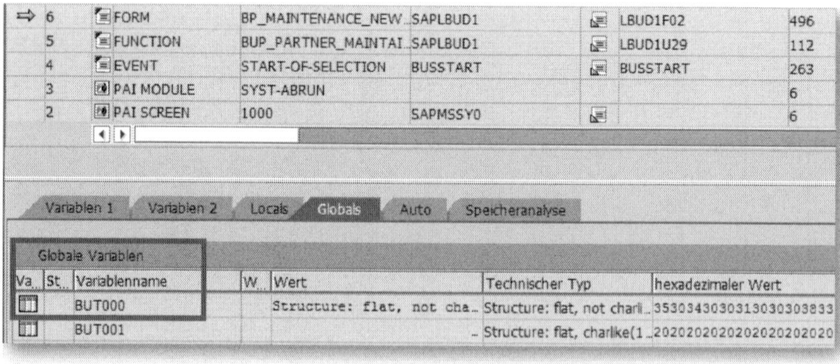

Abbildung 3.66: Globale Struktur BUP000 im Funktionsbaustein »BP_MAINTENANCE_NEW_UI«

Diese globale Struktur wird mit dem sogenannten *Dirty-Assign-Verfahren* (siehe »SAP Praxishandbuch ABAP – Teil 1«) im Funktionsbaustein ZCU_FIRST_CUSTOMER_INIT verfügbar gemacht (siehe Abbildung 3.67), sodass dort alle Vertragskonten zum Geschäftspartner selektiert werden können. Der vollständige Quellcode des Funktionsbausteins kann von der Internet-Seite des Verlags Espresso Tutorials heruntergeladen werden (siehe Anhang B).

```
DATA: lt_fkkvkp      TYPE TABLE OF fkkvkp,
      ls_fkkvkp      TYPE fkkvkp,
      lv_ktokl_001 TYPE kennzx,
      lv_ktokl_002 TYPE kennzx,
      lv_ktokl_003 TYPE kennzx,
      lv_ktokl_004 TYPE kennzx,
      lv_ktokl_005 TYPE kennzx,
      lv_ktokl_006 TYPE kennzx,
      lv_ktokl_007 TYPE kennzx,
      lv_ktokl_008 TYPE kennzx.

FIELD-SYMBOLS <but000> TYPE but000.

ASSIGN ('(SAPLBUD1)BUT000') TO <but000>.

IF sy-subrc = 0.
  gs_but000_old = <but000>.

  SELECT *
    FROM fkkvkp
    INTO TABLE lt_fkkvkp
    WHERE gpart = <but000>-partner.

  IF sy-subrc = 0.
*     Die Kontoklasse mit dem höchten LV_KTOKL hat
*     die höchste Relevanz
    LOOP AT lt_fkkvkp INTO ls_fkkvkp.
      IF ls_fkkvkp-ktokl = 'DL'.
        lv_ktokl_001 = 'X'.
```

Abbildung 3.67: Quellcode-Ausschnitt des Funktionsbaustein ZCU_FIRST_CUSTOMER_INIT

Für die Selektionen in diesem Funktionsbaustein wurden im Top-Include der Funktionsgruppe ZCU_FIRST_CUSTOMER_KONTOKL die benötigten globalen Variablen deklariert (siehe Abbildung 3.68).

Include LZCU_FIRST_CUSTOMER_KONTOKLTOP aktiv

```
FUNCTION-POOL zcu_first_customer_kontokl.

* Anzeige der Kontoklasse im Vertragspartner
TABLES: fkkvkp,
        kontoklasset.

DATA: gs_but000_old TYPE but000,
      gv_ktokl_old  TYPE ktoklasse,
      gv_ktokl_new  TYPE ktoklasse.
```

Abbildung 3.68: Deklarationen im »Top-Include«

Die notwendigen Entwicklungsschritte für die Anzeige der Kontoklasse im Geschäftspartner sind mit der Selektion der Vertragskonten im Funktionsbaustein ZCU_FIRST_CUSTOMER_INIT abgeschlossen. Unter dem Reiter STEUERUNG des Geschäftspartners wird nun die gewünschte Kontoklasse angezeigt (siehe Abbildung 3.69).

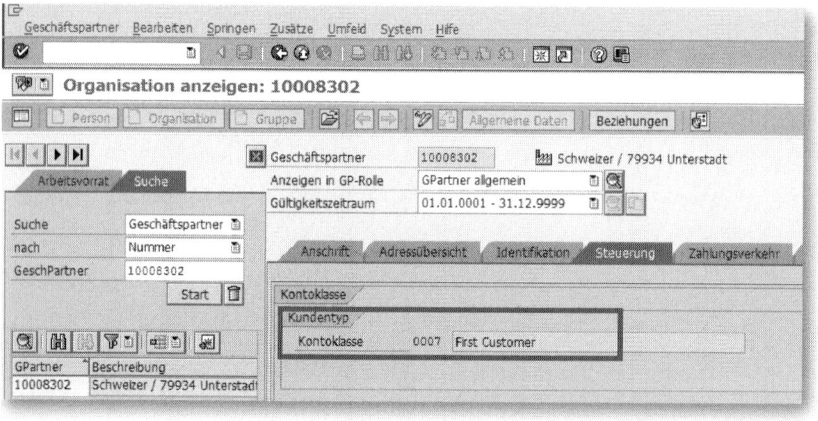

Abbildung 3.69: Anzeige der Kontoklasse im Geschäftspartner

Die mithilfe des Bereichsmenüs BUPT vorgenommenen Einstellungen sind mandantenabhängig, d. h., sie gelten nur in dem Mandanten, in dem sie erstellt wurden. Über einen Customizing-Transport können diese Einstellungen produktiv gesetzt werden.

Stimmt die Darstellung von Geschäftspartnern in anderen Mandanten überein, können Sie durch einen Import des Customizing-Transportes diese vorgenommenen Einstellungen auch in anderen SAP-Mandanten zur Verfügung stellen. In der Regel weicht aber die Darstellung ab. Daher sollten die Einstellungen dort aus Sicherheitsgründen manuell erfolgen. Ansonsten besteht die Gefahr, die in den anderen Mandanten bereits existierenden Einstellungen zu überschreiben.

3.5 Erweiterung der Dienste zum Objekt

Für einige SAP-Objekte, wie z. B. das Vertragskonto, der Vertrag oder die Anlage, gibt es die sogenannten *Dienste zum Objekt* (siehe Abbildung 3.70). Diese stellen spezifische Funktionen für SAP-Objekte, wie z. B. das Vertragskonto oder den Vertrag, zur Verfügung. Im SAP-Standard werden zusätzliche Funktionen angeboten, wie z. B. das Versenden von Objektinformationen an einen Mail-Empfänger oder das Hinzufügen persönlicher Notizen.

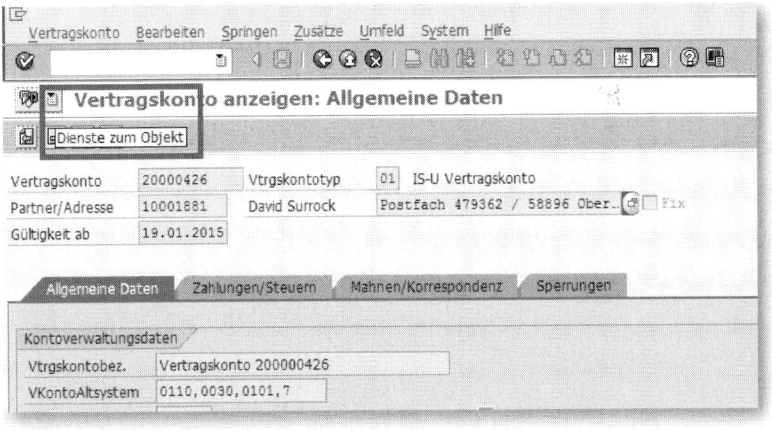

Abbildung 3.70: Dienste zum Objekt

Dienste zum Objekt können ohne Modifikationen an SAP-Standard-Programmen ergänzt werden.

Ein Dienst zum Objekt »Vertragskonto«

Zur Veranschaulichung verwende ich an dieser Stelle das Buchen einer Prämie für ein Vertragskonto. Mithilfe der Dienste zum Objekt soll ermöglicht werden, über die Anwendung eines Menüs eine Prämie zu buchen (siehe Abbildung 3.71).

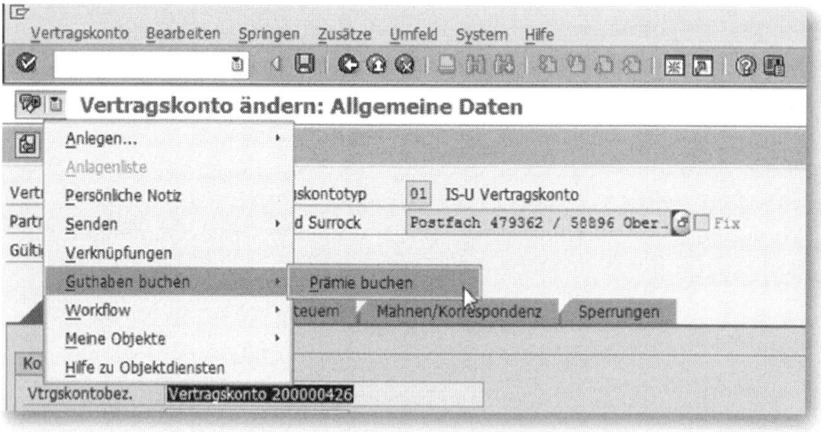

Abbildung 3.71: Erweitertes Auswahlmenü »Guthaben buchen« mit »Prämie buchen«

Die Erweiterung zu diesem Beispiel erfordert folgende Arbeitsschritte, die ich anschließend genauer zeige:

1. Anlegen einer Customizing-Tabelle, damit der Kunde die Höhe der Prämie einstellen kann.
2. Anlegen eines Funktionsbausteins, der das Buchen der Prämie ermöglicht.

3. Anlegen einer neuen Klasse, um den Dienst »Prämie Buchen« zur Verfügung zu stellen.
4. Vererben der Eigenschaften der SAP-Standardklasse CL_GOS_SERVICE.
5. Redefinieren der Methoden CHECK_STATUS und EXECUTE.
6. Entwicklung von eigenem Coding zum Aufruf der Methoden CHECK_STATUS und EXECUTE.
7. Aufrufen der neuen Dienste durch Erweiterung der Customizing-Tabelle SGOSATTR.

Im ersten Schritt wird die Customizing-Tabelle ZCU_PRAEMIE mithilfe der Transaktion SE11 erstellt (siehe Abbildung 3.72).

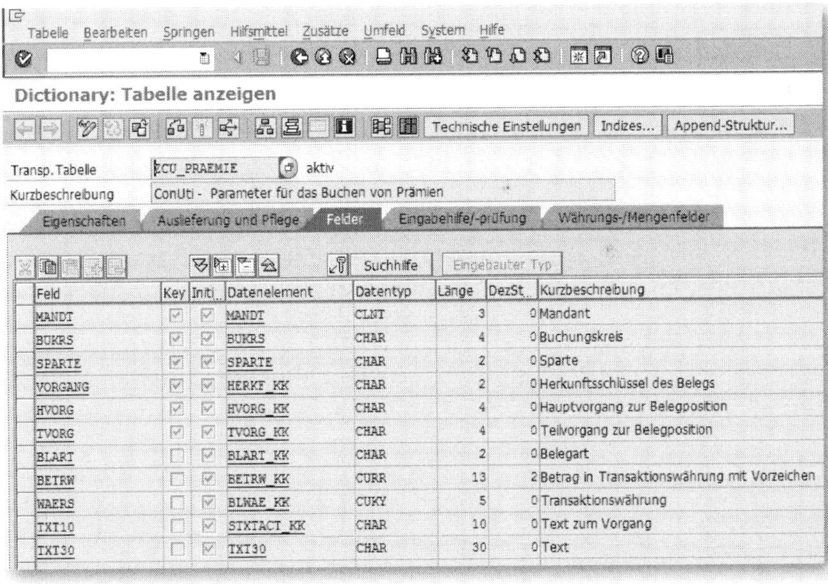

Abbildung 3.72: Customizing-Tabelle »ZCU_PRAEMIE«

Die Tabelle enthält neben der Höhe der Prämie auch einstellbare Parameter für die Buchung, wie den VORGANG, den HAUPTVORGANG, den TEILVORGANG, die BELEGART und den TEXT ZUM VORGANG.

Für das Buchen der Prämie werden die in Abbildung 3.73 gezeigten Datensätze eingetragen.

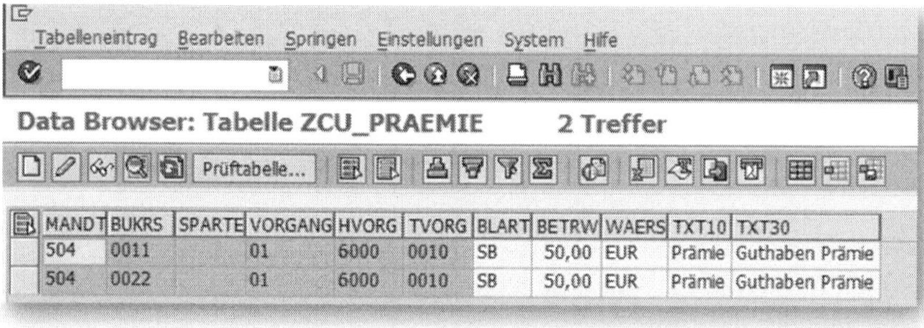

MANDT	BUKRS	SPARTE	VORGANG	HVORG	TVORG	BLART	BETRW	WAERS	TXT10	TXT30
504	0011		01	6000	0010	SB	50,00	EUR	Prämie	Guthaben Prämie
504	0022		01	6000	0010	SB	50,00	EUR	Prämie	Guthaben Prämie

Abbildung 3.73: Datensätze in Tabelle »ZCU_PRAEMIE«

Mit diesen Einstellungen können, abhängig vom Buchungskreis und der Sparte für definierte betriebswirtschaftliche Vorgänge, Prämien in Höhe von 50 EUR gebucht werden.

Im nächsten Schritt wird der Funktionsbaustein für das Buchen der Prämie entwickelt. Dieser besitzt lediglich die Import-Parameter VERTRAGSKONTO und GESCHÄFTSPARTNER. Der vollständige Quellcode des Funktionsbausteins ZCU_DIENST_PRAEMIEN_BUCHEN kann von der Internet-Seite des Verlags Espresso Tutorials heruntergeladen werden (siehe Anhang B).

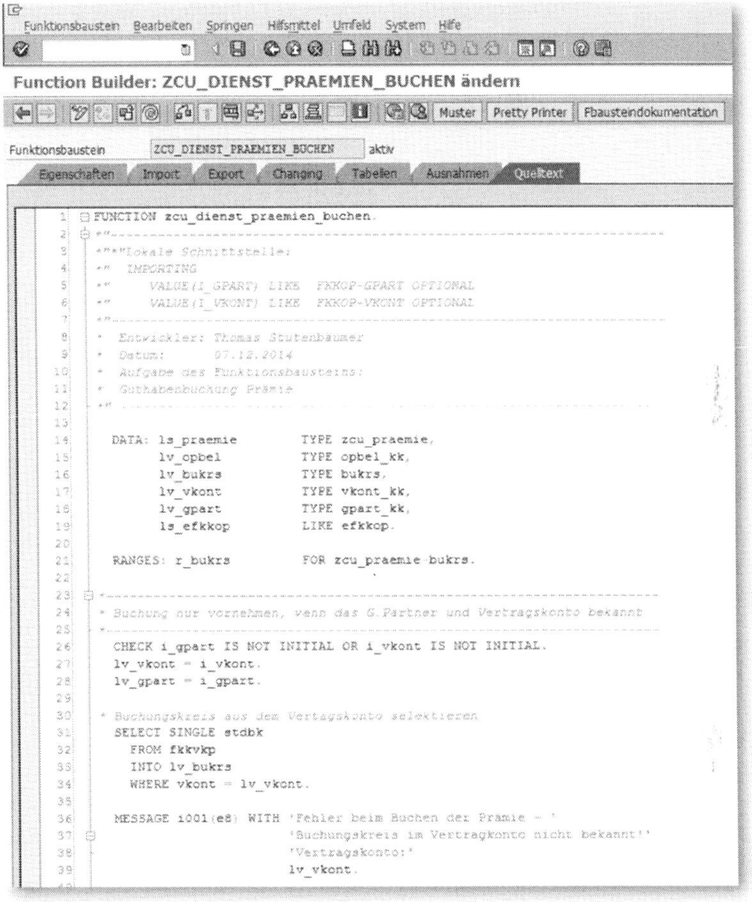

Abbildung 3.74: Funktionsbaustein zum Buchen der Prämie

Jetzt folgt mithilfe der Transaktion SE24 das Anlegen der KLASSE ZCU_CL_PRAEMIEN_BUCHEN.

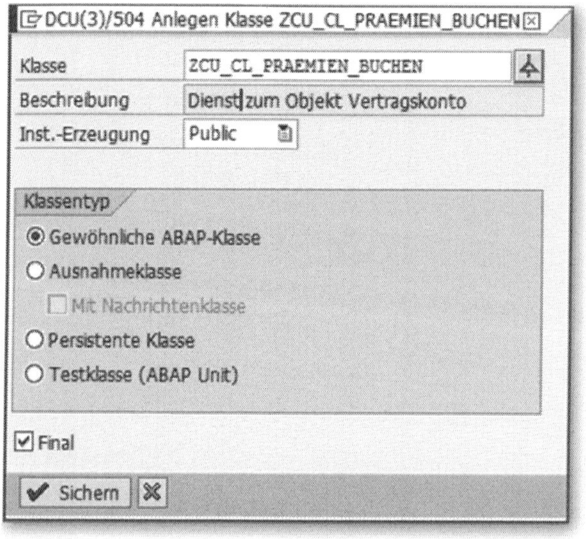

Abbildung 3.75: Anlegen der Klasse ZCU_CL_PRAEMIEN_BUCHEN

Um die Eigenschaften (Attribute und Methoden) der Klasse *CL_GOS _SERVICE* zu erhalten, legen wir diese SAP-Standard-Klasse als *Oberklasse* der neuen Klasse ZCU_CL_PRAEMIEN_BUCHEN an. Durch einen Mausklick auf den Button Oberklasse öffnet sich das entsprechende Eingabefeld (siehe Abbildung 3.76).

Dadurch werden die Attribute und Methoden der Oberklasse CL_GOS_SERVICE an die neue Klasse ZCU_CL_PRAEMIEN _BUCHEN vererbt. Diese Aktivitäten werden nun mit einem Mausklick auf das Icon gesichert. Mit der Definition einer Oberklasse stehen deren Attribute und Methoden in der Klasse ZCU_CL_ PRAEMIEN_BUCHEN zur Verfügung. Die beiden Methoden CHECK_ STATUS und EXECUTE sind zu redefinieren. Dadurch kann in ihnen ein eigenes Coding hinterlegt werden. Ruft man sie anschließend auf, wird anstelle des Quellcodes der Oberklasse derjenige der *redefinierten Methode* verwendet.

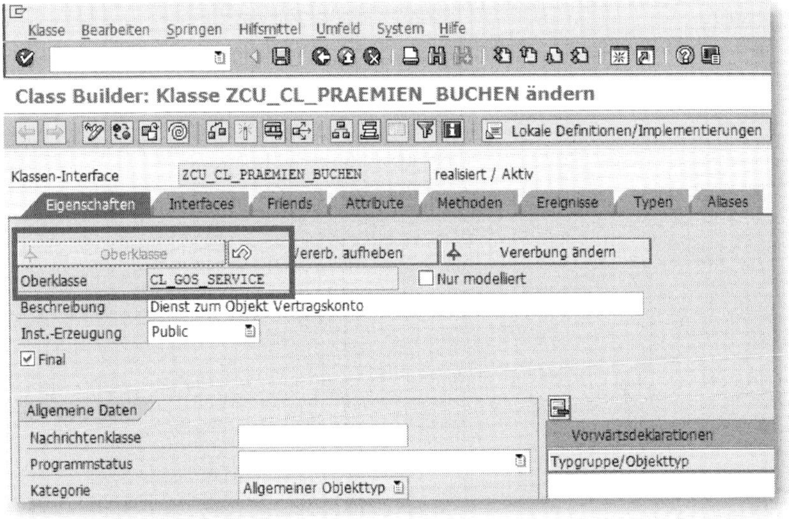

Abbildung 3.76: Anlegen der Oberklasse »CL_GOS_SERVICE«

Setzen Sie hierfür als Erstes den Cursor auf die Methode CHECK_STATUS. Anschließend wird das Icon (Redefinition) betätigt (siehe Abbildung 3.77).

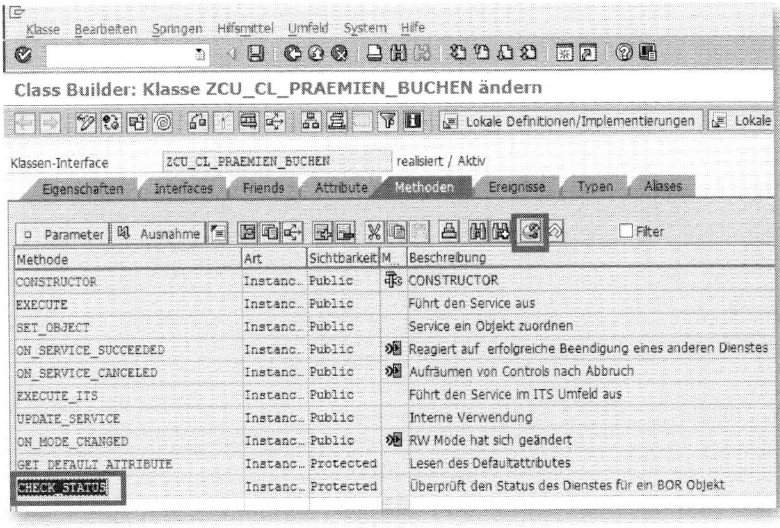

Abbildung 3.77: Redefinieren der Methode CHECK_STATUS

Die Methode CHECK_STATUS stellt sicher, dass dieser Dienst zum Objekt nur beim Vertragskonto angezeigt wird. Den entsprechenden Quellcode sehen Sie in Abbildung 3.78.

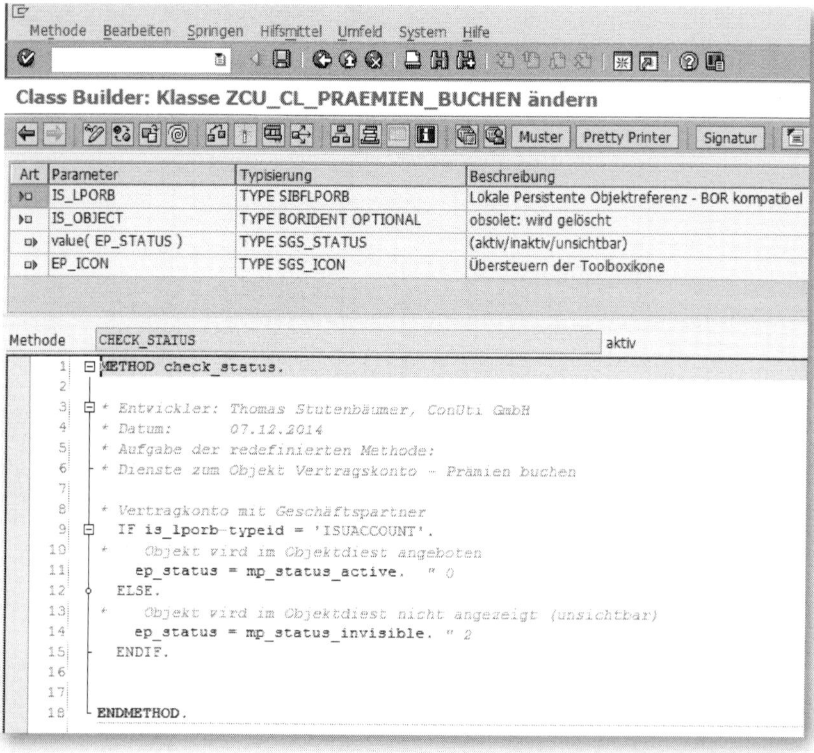

Abbildung 3.78: Quellcode der redefinierten Methode CHECK_STATUS

Nachdem Sie die Redefinition dieser Methode mit dem Icon  gesichert haben, erfolgt dasselbe Vorgehen für die Methode EXECUTE (siehe Abbildung 3.79).

Die Methode EXECUTE übernimmt aus der globalen Variablen GS_IPORB die Vertragskonto- und die Geschäftspartner-Nummer. Anschließend findet eine Sicherheitsabfrage statt, ob eine Prämie für dieses Vertragskonto gebucht werden soll. Wird diese vom Anwender mit »Ja« bestätigt, dann wird der Funktionsbaustein ZCU_DIENST_PRAEMIEN_BUCHEN zum Buchen der Prämie aufgerufen.

```
METHOD execute.
* Entwickler: Thomas Stutenbäumer, ConUti GmbH
* Datum:       07.12.2014
* Aufgabe der redefinierten Methode:
* Dienste zum Objekt Vertragskonto - Prämien buchen

  DATA: gs_lporb TYPE sibflporb,
        i_gpart  TYPE gpart_kk,
        i_vkont  TYPE vkont_kk,
        lv_answer TYPE c.

  gs_lporb = me->gs_lporb.

  i_vkont = gs_lporb-instid(12).
  i_gpart = gs_lporb-instid+12(10).

  CALL FUNCTION 'POPUP_TO_CONFIRM'
    EXPORTING
      titlebar              = 'Prämien-Guthaben'
      text_question         = 'Sollen Prämien-Guthaben gebucht werden?'
      text_button_1         = 'Ja'
      icon_button_1         = 'ICON_OKAY '
      text_button_2         = 'Abbrechen'
      icon_button_2         = 'ICON_CANCEL '
      display_cancel_button = space
    IMPORTING
      answer                = lv_answer.

  IF lv_answer = '1'. " 1 = JA

    CALL FUNCTION 'ZCU_DIENST_PRAEMIEN_BUCHEN'
      EXPORTING
        i_gpart = i_gpart
        i_vkont = i_vkont.

  ELSE.
    MESSAGE i001(zcu_isu) WITH
         'Die Buchung von Prämien-Guthaben wurde abgebrochen'.
  ENDIF.

ENDMETHOD.
```

Abbildung 3.79: Quellcode der redefinierten Methode EXCECUTE

In der Transaktion SE24 mit der Klasse ZCU_CL_PRAEMIEN_BUCHEN werden diese Entwicklungen durch das Icon [icon] aktiviert (siehe Abbildung 3.80).

Im letzten Schritt wird der Dienst zum Objekt in der *Tabelle SGOSATTR* mit der Tabellenpflegetransaktion SM30 eingestellt.

Über die SM30 für die DB-Tabelle SGOSATTR werden zusätzlich Einträge für die Tabelle SGOSSTXT erzeugt, da die »Dienste zum Objekt« ohne diese zugehörigen Einträge nicht funktionieren (zum besseren Überblick wähle ich hier für die Tabellenpflege die Transaktion SE16N).

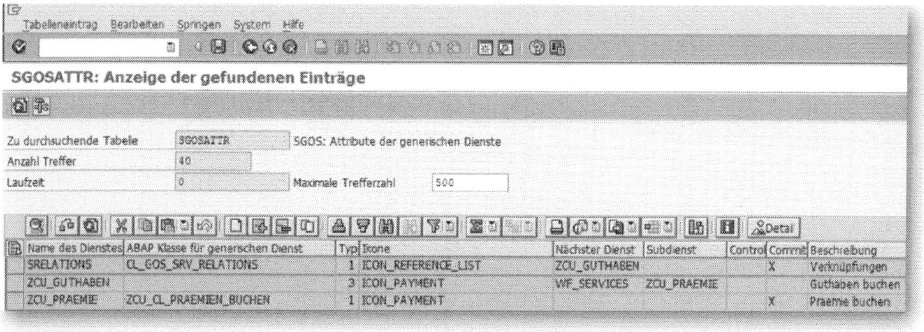

Abbildung 3.80: Einträge in der DB-Tabelle SGOSATTR

Wie bereits beschrieben, gibt es im SAP-Standard eine Reihe vordefinierter »Dienste zum Objekt«. In diese muss der neue Dienst zum Buchen von Prämien integriert werden, und zwar soll er zwischen den Menüpunkten VERKNÜPFUNGEN und WORKFLOW zur Verfügung gestellt werden (siehe Abbildung 3.71).

Die Tabelle SGOSATTR beschreibt einen Dienst mit dem Namen und der zugehörigen Klasse zum generischen Dienst. In der dritten Spalte ist der TYP des Dienstes anzugeben (siehe Abbildung 3.81). Dabei bedeutet eine »1«, dass es sich um einen Einzelservice handelt, eine »3« stellt eine Serviceliste dar, d. h. ein Menü mit weiteren Services in Untermenüs.

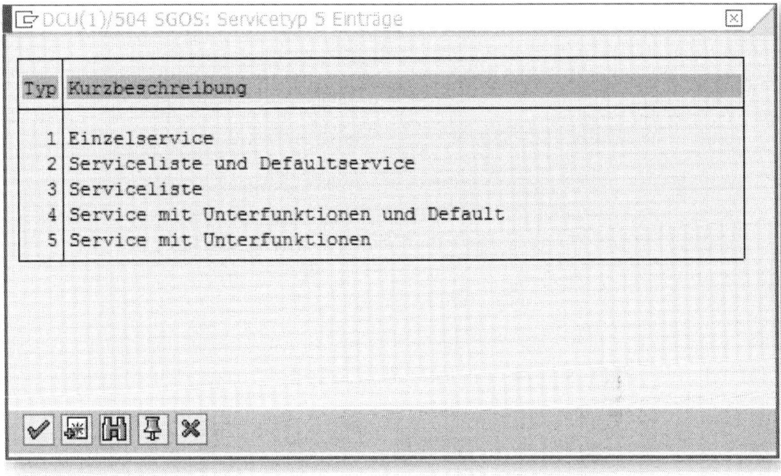

Typ	Kurzbeschreibung
1	Einzelservice
2	Serviceliste und Defaultservice
3	Serviceliste
4	Service mit Unterfunktionen und Default
5	Service mit Unterfunktionen

Abbildung 3.81: Servicetypen in der Tabelle SGOSATTR

In der vierten Sparte der Tabelle wird das anzuzeigende Icon aufgeführt und in der fünften der nächste Dienst, also der, der dem aktuellen Dienst in der Diensteliste folgt; das wäre in diesem Fall Wf_services, das Menü zum Workflow.

Der Vorgänger des Dienstes Guthaben Buchen ist der Dienst Verknüpfungen, folglich muss Guthaben buchen als Folgedienst des Dienstes Srelations definiert werden.

Damit der Dienst Prämie Buchen unter dem Menüpunkt Guthaben Buchen erscheint, muss er in der sechsten Spalte als Subdienst des Dienstes Guthaben Buchen eingetragen werden. Bei dem Dienst Prämie Buchen handelt es sich um einen Einzelservice. Deshalb ist in der dritten Spalte Typ die »1« einzutragen. Damit eine Buchung bei der Wahl dieses Dienstes durchgeführt wird, muss in der achten Spalte Commit ein »X« gesetzt werden.

Mit diesen Einstellungen wird dieser Dienst immer dann im SAP angezeigt, wenn das Objekt »Vertragskonto« als Hauptobjekt in einem Bildschirm angezeigt wird (siehe Abbildung 3.71).

Es erscheint die Sicherheitsabfrage »Sollen Prämien-Guthaben gebucht werden?«. Wenn Sie diese mit einem Mausklick auf den Button [Ja] bestätigen, wird im Hintergrund die Buchung der Prämie durchgeführt. Der Funktionsbaustein gibt dem Anwender eine *Erfolgs- oder Fehlermeldung.*

Diese »Dienste zum Objekt« sind mit den gegebenen Einstellungen immer dann verfügbar, wenn das Vertragskonto das Hauptobjekt der aktuellen Transaktion ist. Bei der Anzeige eines Geschäftspartners im *Customer Interaction Center* (CIC) (Transaktion `CICO`) werden die Vertragskonten im rechten Bildteil dargestellt. Mit Klick der rechten Maustaste auf das Vertragskonto sind auch in der Transaktion CIC0 die »Dienste zum Objekt« verfügbar (siehe Abbildung 3.82).

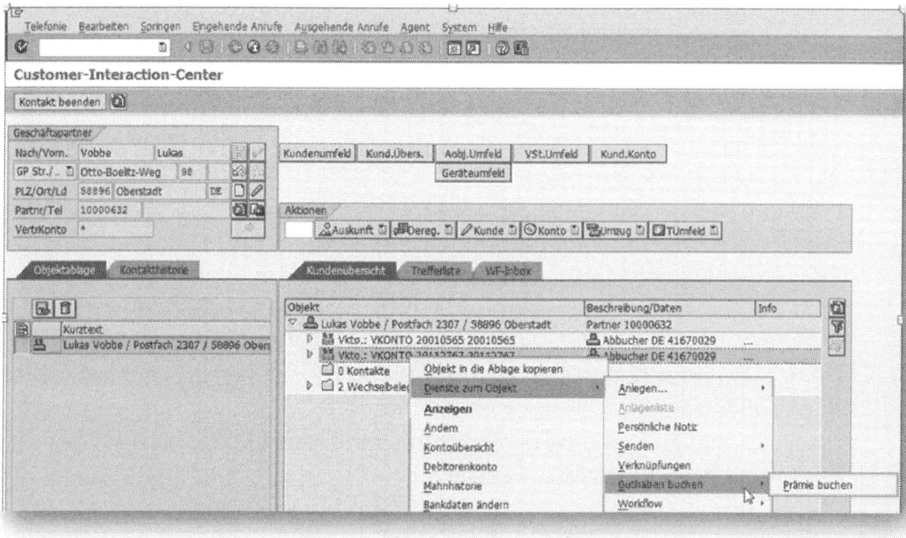

Abbildung 3.82: Dienste zum Objekt Vertragskonto im CIC

3.6 Erweiterungen im Customer Interaction Center

Nicht in jedem Fall ist die Verfügbarkeit einer Funktion in den »Diensten zum Objekt« sinnvoll. So arbeiten Kundenberater häufig ausschließlich mit dem CIC, weshalb die Funktion des Buchens einer Prämie dann auch im CIC zur Verfügung zu stellen ist.

Um die Funktion »Prämie buchen« im *Kontextmenü* zum Vertragskonto des CIC einzustellen, sind folgende Arbeitsschritte erforderlich:

1. Anlegen einer Customizing-Tabelle, um die Höhe der Prämie und Buchungsdetails einzustellen;
2. Anlegen eines Funktionsbausteins, der das Buchen der Prämie ermöglicht;
3. Erstellen eines Business-Objekttyps, der die Daten aus dem CIC an den Funktionsbaustein übermittelt, sowie Test des Business-Objekttyps;
4. Customizing des CIC-Navigationsbereiches um eine weitere Funktion im Kontextmenü zum Vertragskonto.

Anlegen der Customizing-Tabelle

Als Customizing-Tabelle verwenden wir die im Abschnitt 3.5 (siehe Abbildung 3.72) erstellte Tabelle ZCU_PRAEMIE.

Anlegen eines Funktionsbausteins zum Buchen der Prämie

Den Funktionsbaustein zum Buchen der Prämie ZCU_PRAEMIE_BUCHEN kopieren wir aus dem ebenfalls im Abschnitt 3.5 erstellten Funktionsbaustein ZCU_DIENST_PRAEMIEN_BUCHEN. Anschließend wird der Funktionsbaustein ZCU _PRAEMIE_BUCHEN mithilfe des SAP-Standard-Funktionsbausteins POPUP_TO_CONFIRM um eine Sicherheitsabfrage erweitert. Der Quellcode dieses Funktionsbausteins kann von der Internet-Seite des Verlags Espresso Tutorials heruntergeladen werden (siehe Anhang B).

Erstellen eines Business-Objekttyps

Fahren wir mit Schritt drei, der Erstellung eines *Business-Objekttyps* (kurz *BOR-Objekt* genannt), fort. Dazu wird die Transaktion `SW01` aufgerufen. Mit dieser Transaktion wird der Business-Objekttyp Z_PRAEMIE angelegt (siehe Abbildung 3.83).

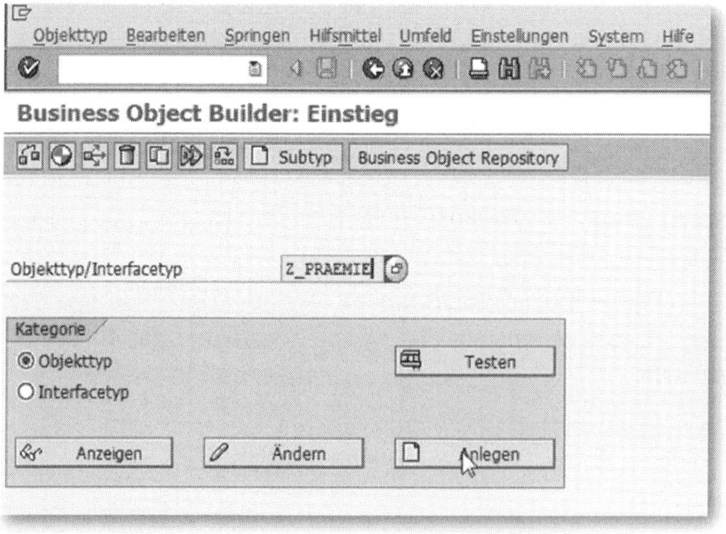

Abbildung 3.83: Anlegen eines Business-Objekttyps

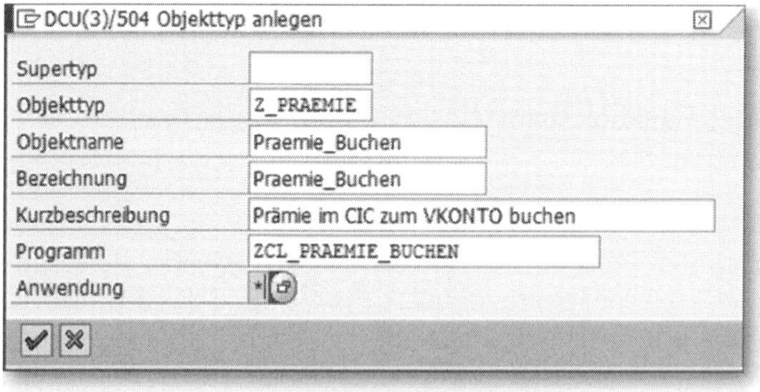

Abbildung 3.84: Eigenschaften des Business-Objekttyps

In Abbildung 3.84 sehen Sie die Eigenschaften des Business-Objekttyps »Z_PRAEMIEN«. Bei seiner Anlage mit der Transaktion `SW01` wird ein Template für den Objekttypen angelegt (siehe Abbildung 3.85).

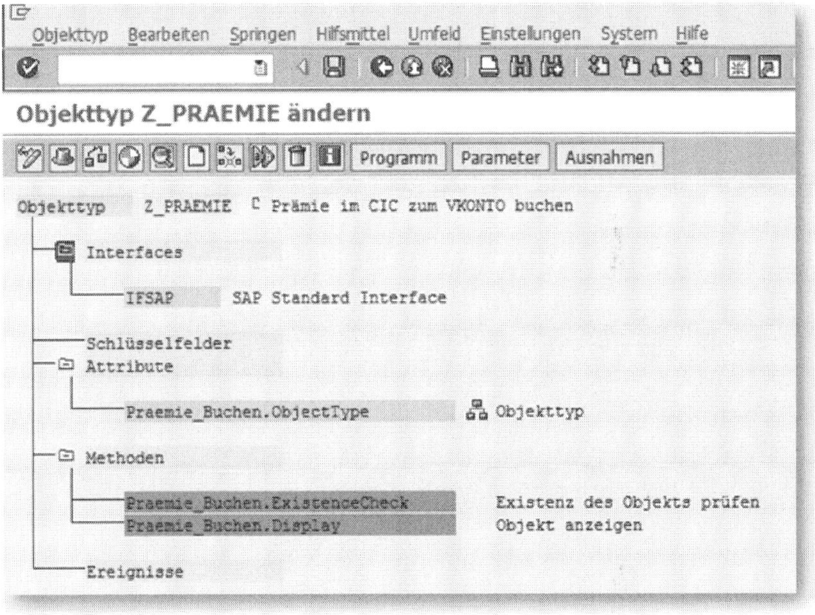

Abbildung 3.85: Angelegter, nicht aktiver Business-Objekttyp

Wir beginnen mit dem Anlegen von Schlüsselfeldern (siehe Abbildung 3.86). Schlüsselfelder sind Attribute des Business-Objekttyps, die eine Objektinstanz eindeutig identifizieren. Im vorliegenden Fall wird eine zu buchende Prämie dem Vertragskonto eines Geschäftspartners eindeutig zugeordnet.

Wir nutzen hier keine methodenspezifischen Ein- und Ausgabeparameter. Werden diese jedoch benötigt, so können sie definiert werden, indem der Cursor auf eine Methode positioniert und der Button [Parameter] gedrückt wird. Beim Anlegen dieser Parameter wird festgelegt, ob es sich um einen Import- oder Exportparameter handelt und ob der Importparameter obligatorisch ist. Darüber hinaus kann ein Parameter aus einem Wert, einer Struktur oder aus einer Tabelle (mehrzeiliger Parameter) bestehen. Wurden Parameter für eine Methode definiert, so sind diese beim Aufruf der Methode zu berücksichtigen.

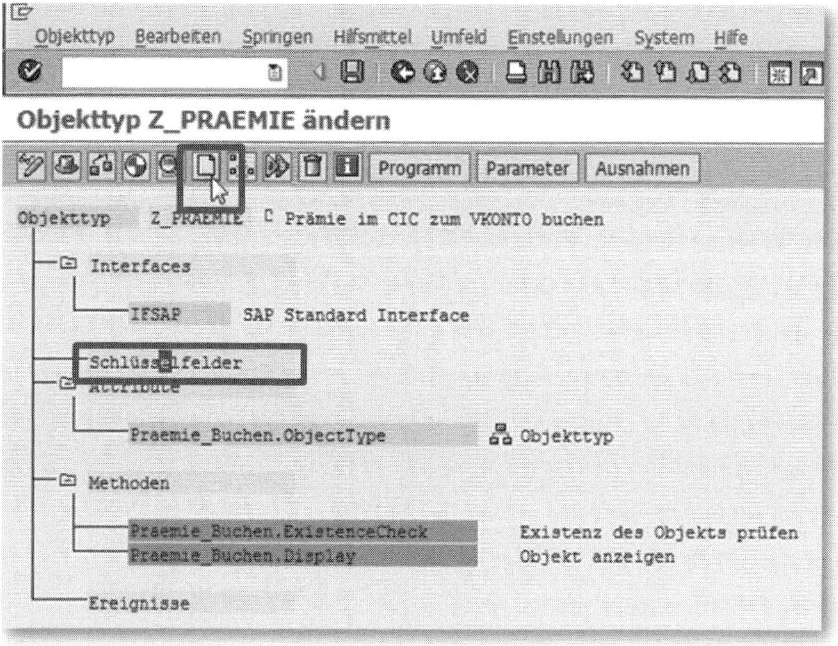

Abbildung 3.86: Anlegen von »Schlüsselfeldern«

Das SAP-System fragt nun, ob beim Anlegen der Schlüsselfelder Bezug auf das Data Dictionary genommen werden soll.

Diese Abfrage wird mit einem Mausklick auf den Button Ja bestätigt. Im nächsten Bild muss die Tabelle eingetragen werden, auf die die Schlüsselfelder Bezug nehmen sollen. Hier wählen wir die Tabelle FKKVKP (Vertragskonto partnerspezifisch). Das System selektiert nach einem Enter die Schlüsselfelder zu dieser Tabelle. Die Felder VKONT und GPART sind in der ersten Zeile zu markieren, und die Auswahl ist mit dem Icon ✔ zu bestätigen (siehe Abbildung 3.87).

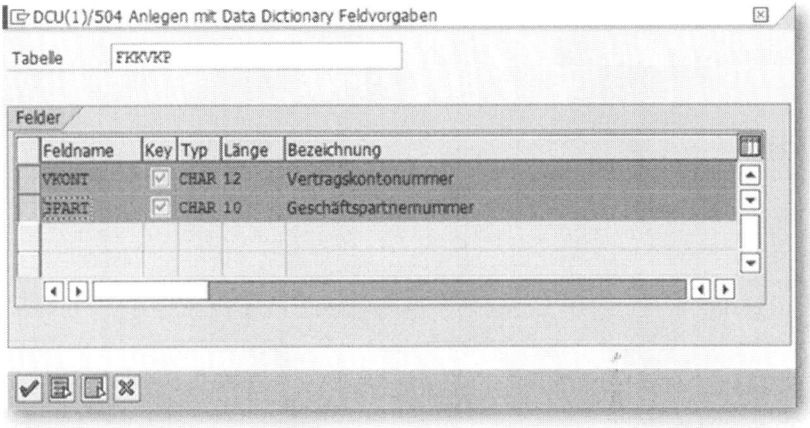

Abbildung 3.87: Schlüsselfelder aus der DB-Tabelle FKKVKP

Die folgenden Abfragen zu den Eigenschaften der Schlüsselfelder VKONT und GPART werden ebenfalls bestätigt.

Das System legt damit die gewählten Schlüsselfelder an. Sie werden beim Aufruf der Gebührenbuchung aus dem Kontext-Menü zum Vertragskonto mit der Geschäftspartnernummer und der Vertragskontonummer gefüllt, stellen also die Schnittstelle zwischen dem CIC und der Gebührenbuchung dar.

Als Nächstes wollen wir die Attribute I_VKONT und I_GPART für den Objekttypen anlegen. Diesen Feldern wird der Wert der *Import-Parameter* übergeben und mit ihnen der Funktionsbaustein zum Buchen der Prämie aufgerufen. Bei beiden Attributen wird kein Bezug auf das Data Dictionary genommen. Beide verwenden die DATENTYP-REFERENZ ISUACCOUNT.

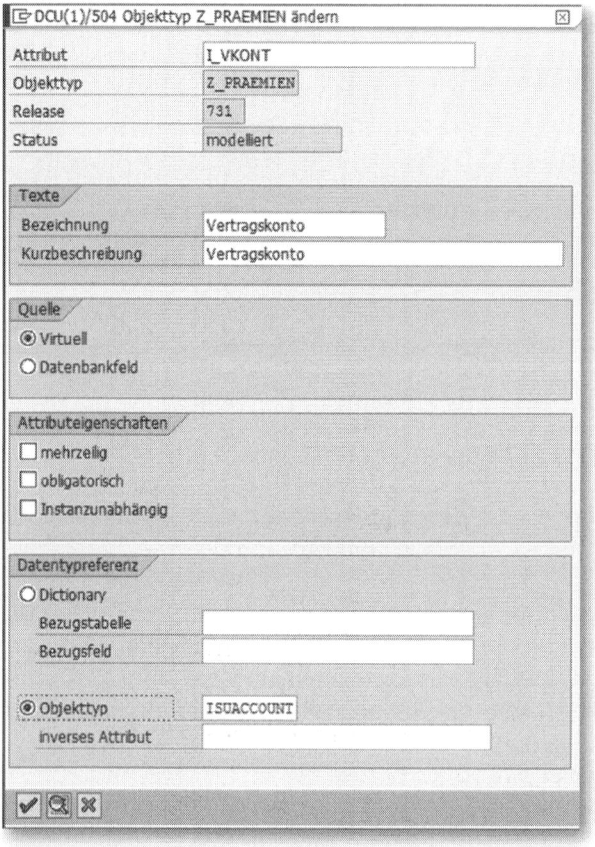

Abbildung 3.88: Attribut I_VKONT mit Datentypreferenz ISUACCOUNT

In nächsten Schritt legen wir die Methode ZCU_PRAEMIE_BUCHEN zum Buchen der Prämie an. Analog zum Anlegen der Schlüsselfelder wird nun der Cursor auf die Zeile METHODEN gesetzt und das Icon mit einem Mausklick betätigt.

Die Frage, ob ein Funktionsbaustein als Vorlage verwendet werden soll, wird mit dem Button Ja bestätigt. Anschließend wählen wir den Namen des Funktionsbausteins zum Buchen der Prämie ZCU_PRAEMIE_BUCHEN und geben dann die Eigenschaften der anzulegenden Methode an (siehe Abbildung 3.89).

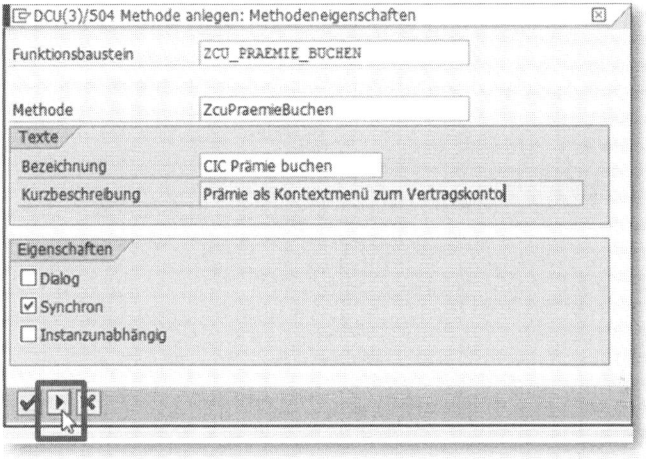

Abbildung 3.89: Eigenschaften der »BOR-Methode«

Um alle Eigenschaften der Methode einzugeben, muss dieses Dynpro mit dem Icon ▶ fortgesetzt werden. Als Nächstes werden die Parameter der Methode angezeigt (siehe Abbildung 3.90).

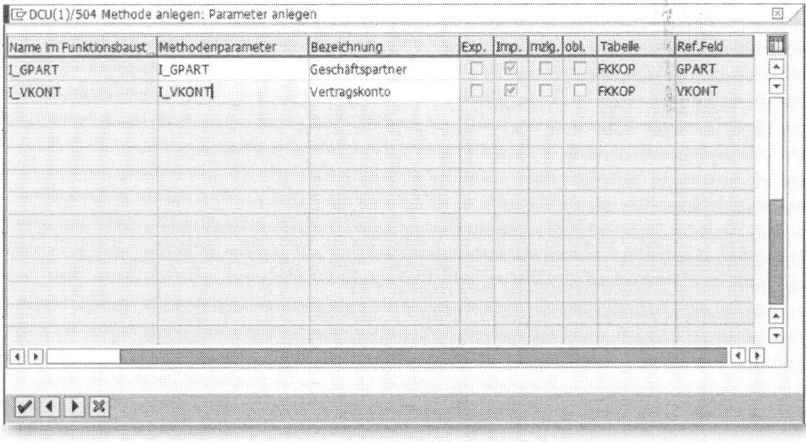

Abbildung 3.90: Parameter der »BOR-Methode«

Wieder bestätigen wir die Eingaben für das Dynpro durch das Icon ▶. Die nun noch fehlenden Teile werden mit dem Button Ja automatisch generiert (siehe Abbildung 3.91).

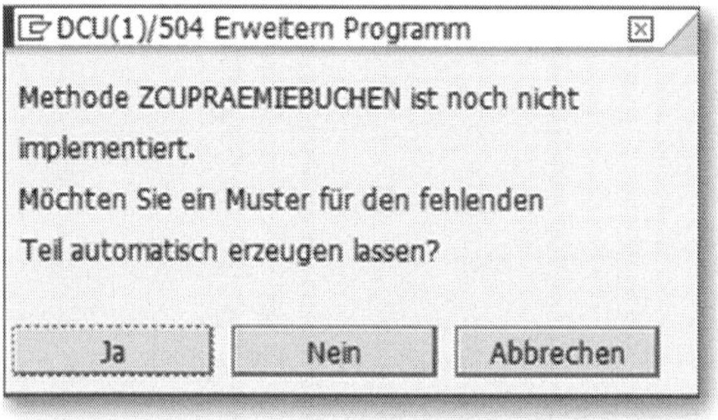

Abbildung 3.91: Automatische Implementierung der Methode

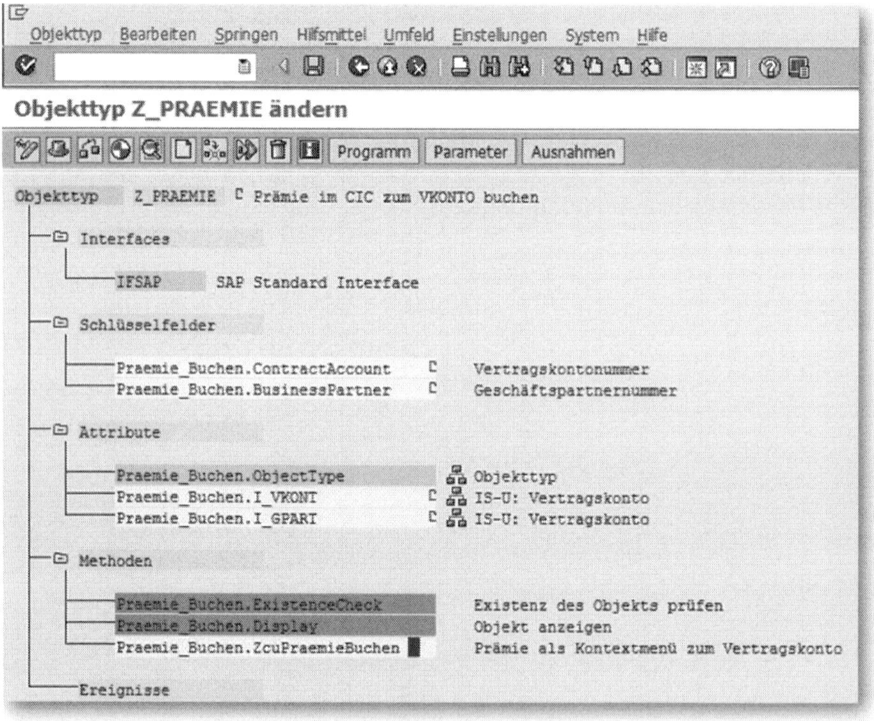

Abbildung 3.92: »BOR-Objekt« mit Schlüsselfeldern, Attributen und Methoden

Nach diesen Arbeiten hat der Objekttyp Z_PRAEMIE das in Abbildung 3.92 dargestellte Aussehen. Um die fehlenden roten Elemente (Methoden EXISTENCECHECK und DISPLAY) anzulegen, wird der Cursor auf den Namen der Methode gesetzt, und über BEARBEITEN • ÜBERDEFINIEREN werden daraufhin beide Methoden für dieses Business-Objekt erzeugt.

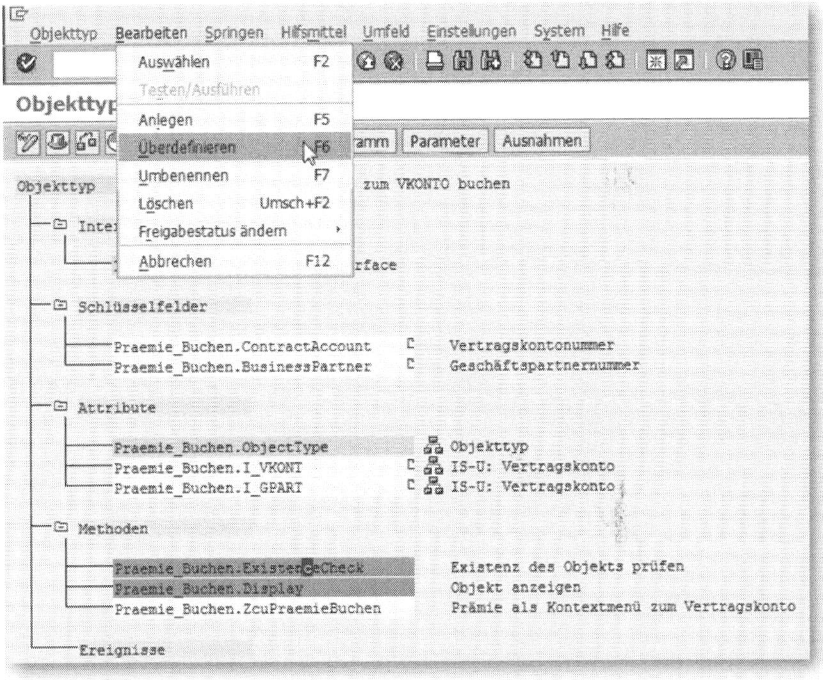

Abbildung 3.93: Überdefinieren einer Methode

Das Attribut PRAEMIE_BUCHEN.OBJECTTYPE wird nicht überdefiniert, da es nicht benötigt wird (Anmerkung: Sollte das Objekt versehentlich angelegt worden sein, so kann es später mithilfe des Kontextmenüs im Objekttyp Z_PRAEMIE wieder gelöscht werden).

Die Transaktion SWO1 zeigt nun das in Abbildung 3.94 dargestellte Bild vom Objekttypen Z_PRAEMIE.

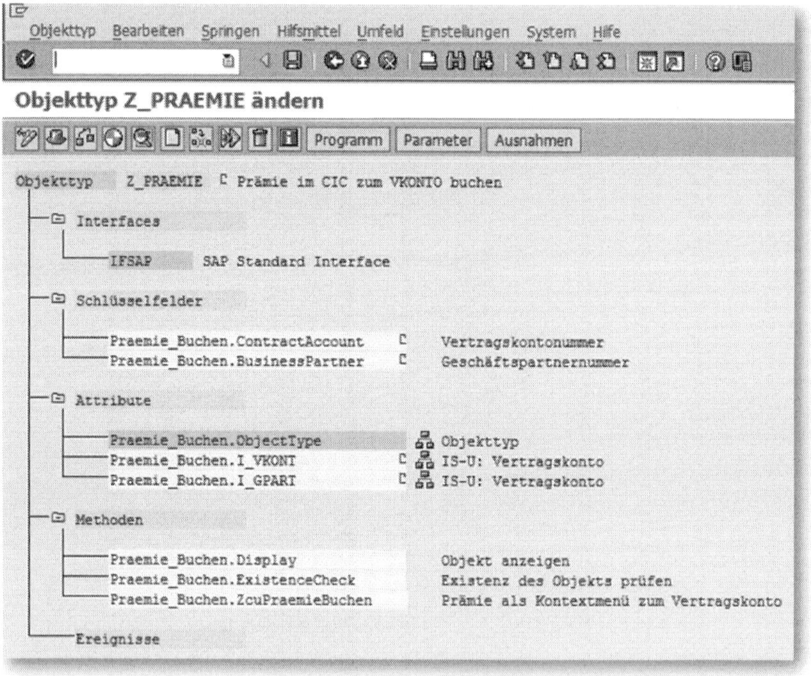

Abbildung 3.94: Modellierte Elemente des BOR-Objekttyps Z_PRAEMIE

Die bisherigen Entwicklungen werden an dieser Stelle mit dem Icon gesichert. Hinter den angelegten Schlüsselfeldern und Attributen befindet sich jeweils das Zeichen C. Dieser symbolische »Klammeraffe« weist darauf hin, dass das Element den STATUS MODELLIERT besitzt, wie durch einen Doppelklick auf das jeweilige Element in den aktuellen Eigenschaften des Objektes zu sehen (siehe Abbildung 3.95).

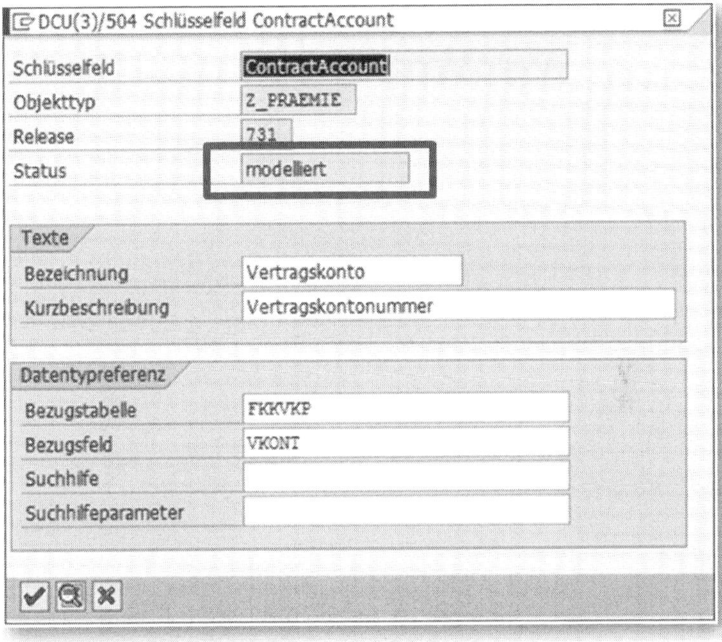

Abbildung 3.95: Freigabestatus »modelliert« des Schlüsselfelds ContractAccount

Im nächsten Schritt werden alle Elemente des Objekttyps Z_PRAEMIE vom Status MODELLIERT auf den Freigabestatus IMPLEMENTIERT gesetzt. Der Cursor wird auf das entsprechende Element positioniert und der Freigabestatus über das Pull-down-Menü BEARBEITEN • FREIGABESTATUS ÄNDERN • OBJEKTTYPKOMPONENTE • IN IMPLEMENTIERT gesetzt.

Mit dem Icon  prüfen wir den Objekttypen Z_PRAEMIE. Obwohl der symbolische Klammeraffe für keine der Komponenten mehr angezeigt wird (d. h., alle Komponenten haben den Status IMPLEMENTIERT), erscheint die Fehlermeldung »Der Objekttyp Z_PRAEMIE enthält 4 Fehler«. Über das Pull-down-Menü SPRINGEN • FEHLERLISTE werden diese angezeigt (siehe Abbildung 3.96).

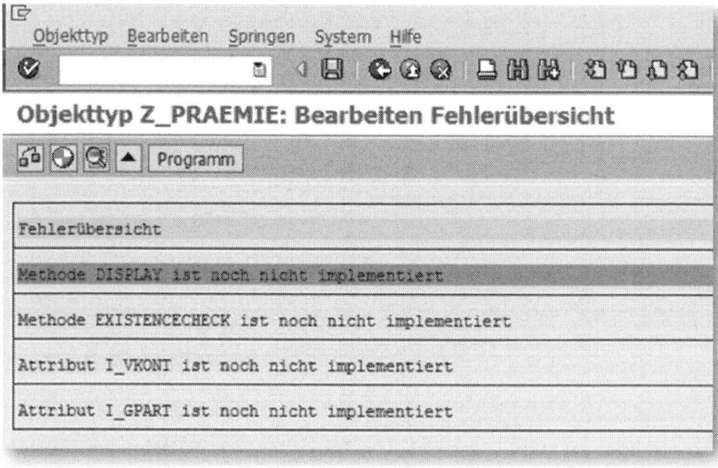

Abbildung 3.96: Fehler im »BOR-Objekttyp« Z_PRAEMIE

Um die Fehler zu beseitigen, wird der Cursor nacheinander auf den jeweils obersten gesetzt, ein Doppelklick ausgeführt und dieser damit automatisiert korrigiert. Das entsprechende Pop-up (wie in Abbildung 3.91) wird bei allen Fehlern mit dem Button Ja quittiert.

Nach jeder Generierung wird der Quellcode angezeigt. Dieser Bildschirm wird mit dem Icon verlassen. Anschließend prüfen wir den Objekttypen Z_PRAEMIE erneut und rufen die Fehlerliste auf. Alle angezeigten Fehler wurden auf diese Weise automatisch beseitigt. Nun sollte bei der Prüfung des Objekttyps die Erfolgsmeldung »Der Objekttyp Z_PRAEMIE enthält keine Fehler« angezeigt werden. Diese Arbeiten werden mit dem Icon gesichert.

Jetzt wird mit dem Icon der Objekttyp Z_PRAEMIE generiert. In der Statuszeile sollte die Erfolgsmeldung »Der Objekttyp Z_PRAEMIE wurde erfolgreich generiert« angezeigt werden.

Abbildung 3.97 zeigt den fehlerfreien generierten Quellcode des BOR-Objekts Z_PRAEMIE.

```
*****           Implementation of object type Z_PRAEMIE
INCLUDE <OBJECT>.
BEGIN_DATA OBJECT. " Do not change.. DATA is generated
* only private members may be inserted into structure private
DATA:
" begin of private,
"   to declare private attributes remove comments and
"   insert private attributes here ...
" end of private,
  BEGIN OF KEY,
      CONTRACTACCOUNT LIKE FKKVKP-VKONT,
      BUSINESSPARTNER LIKE FKKVKP-GPART,
  END OF KEY,
      I_VKONT TYPE SWC_OBJECT,
      I_GPART TYPE SWC_OBJECT.
END_DATA OBJECT. " Do not change.. DATA is generated

BEGIN_METHOD ZCUPRAEMIEBUCHEN CHANGING CONTAINER.
DATA:
      I_GPART TYPE FKKOP-GPART,
      I_VKONT TYPE FKKOP-VKONT.
  SWC_GET_ELEMENT CONTAINER 'I_GPART' I_GPART.
  SWC_GET_ELEMENT CONTAINER 'I_VKONT' I_VKONT.
  CALL FUNCTION 'ZCU_PRAEMIE_BUCHEN'
    EXPORTING
      I_GPART = I_GPART
      I_VKONT = I_VKONT
    EXCEPTIONS
      OTHERS = 01.
  CASE SY-SUBRC.
    WHEN 0.            " OK
    WHEN OTHERS.       " to be implemented
  ENDCASE.
END_METHOD.

BEGIN_METHOD DISPLAY CHANGING CONTAINER.
END_METHOD.

BEGIN_METHOD EXISTENCECHECK CHANGING CONTAINER.
END_METHOD.

GET_PROPERTY I_VKONT CHANGING CONTAINER.
  SWC_SET_ELEMENT CONTAINER 'I_VKONT' OBJECT-I_VKONT.
END_PROPERTY.

GET_PROPERTY I_GPART CHANGING CONTAINER.
  SWC_SET_ELEMENT CONTAINER 'I_GPART' OBJECT-I_GPART.
END_PROPERTY.
```

Abbildung 3.97: Generiertes Programm zum Business-Objekttypen Z_PRAEMIE

Testen des Business-Objekttyps

An dieser Stelle können wir die Methoden testen. Dazu betätigen wir im Bildschirm des Business-Objekttyps Z_PRAEMIE das Icon.

Im ersten Bild muss für den *Test* ein Objekt für den Business-Objekttypen Z_PRAEMIE instanziiert werden. Dazu wird ein beliebiges VERTRAGSKONTO mit zugehöriger GESCHÄFTSPARTNERnummer eingegeben (siehe Abbildung 3.98).

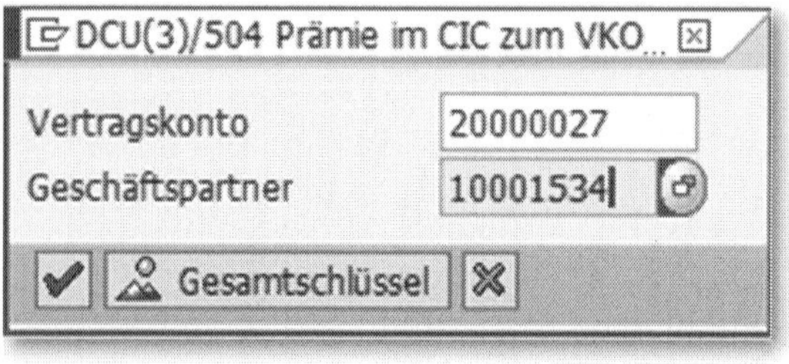

Abbildung 3.98: Instanziieren eines Objektes

Nach der Instanziierung eines Objektes können die einzelnen Methoden des BOR-Objekts getestet werden (siehe Abbildung 3.99).

Durch einen Mausklick auf das Icon hinter der Methode ZCUPRAEMIEBUCHEN kann diese getestet werden. Dazu müssen im ersten Testbild die Import-Parameter IGPART und IVKONT eingegeben werden (siehe Abbildung 3.100). Anschließend kann der Test mit dem Icon gestartet werden.

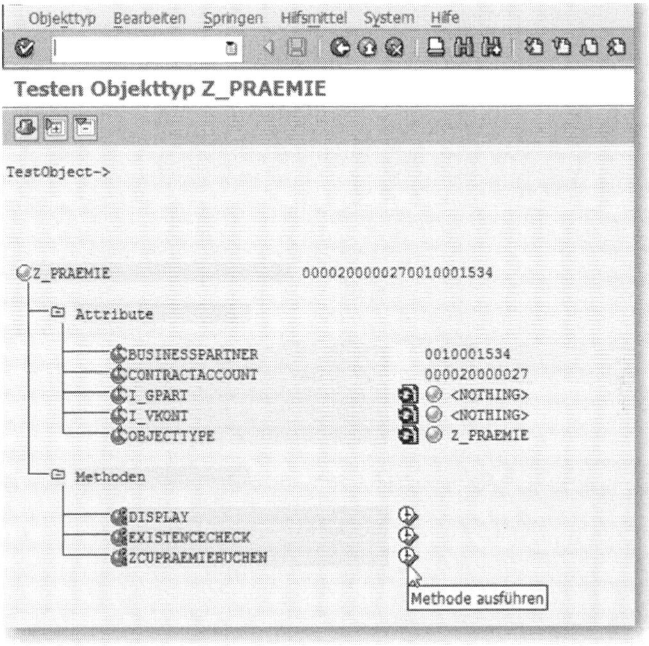

Abbildung 3.99: Test der Methode ZCUPRAEMIEBUCHEN

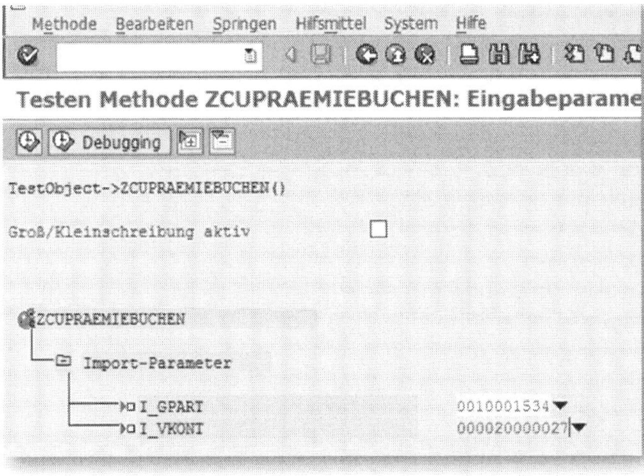

Abbildung 3.100: Eingabe der Import-Parameter für die Methode »ZCUPRAEMIEBUCHEN«

Zunächst erscheint die entwickelte Sicherheitsabfrage, ob Prämien gebucht werden sollen. Beide Alternativen, d. h. Buchen und der Abbruch der Buchung, sind zu testen.

Beim Buchen der Prämie sollte die Buchungsbestätigung ausgegeben werden (siehe Abbildung 3.101).

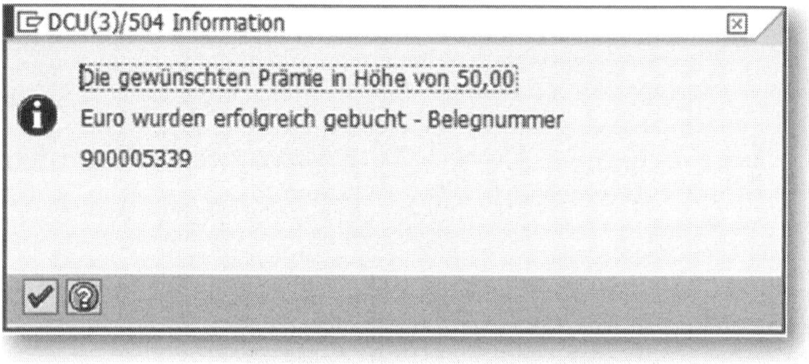

Abbildung 3.101: Bestätigung der Prämienbuchung

Bei einem Abbruch der Prämienbuchung wird die Meldung, dass die Buchung abgebrochen wurde, ausgegeben.

Wurde der Test erfolgreich abgeschlossen, sollte der Freigabestatus der Schlüsselfelder, Attribute und Methoden des Business-Objekttyps Z_PRAEMIE über das Pull-down-Menü BEARBEITEN • FREIGABESTATUS ÄNDERN • OBJEKTTYPKOMPONENTE • IN FREIGEGEBEN gesetzt werden.

Hinter jedem freigegebenem Element zeigt der Objekttyp Z_PRAEMIE einen Haken (siehe Abbildung 3.102).

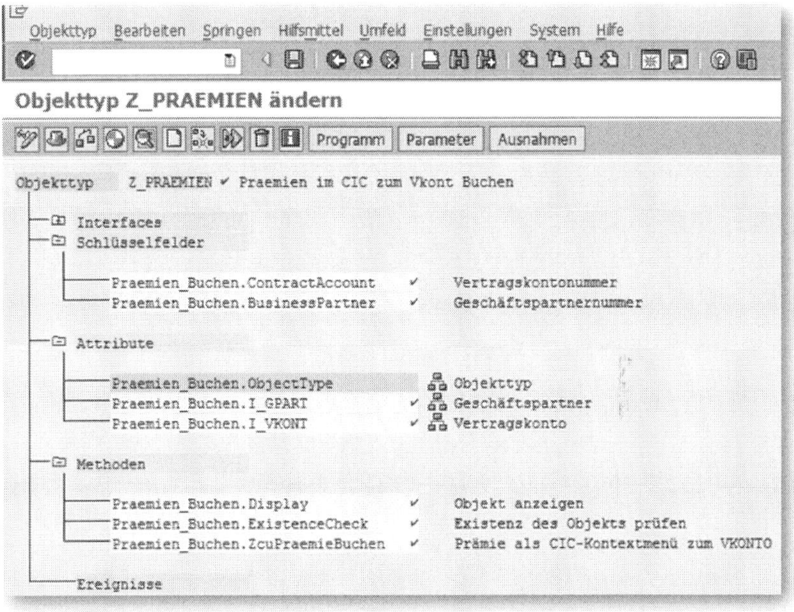

Abbildung 3.102: Freigegebene Objekte des BOR-Objekts

Customizing des CIC-Navigationsbereiches

Im vierten und letzten Schritt der Entwicklung ist das *Customizing des CIC-Navigationsbereiches* durchzuführen. Dazu wird die Transaktion SPRO (CUSTOMIZING • PROJEKTBEARBEITUNG) aufgerufen und der Button [SAP Referenz-IMG] betätigt. Hier ist im Regelfall der Menüpfad BRANCHENKOMPONENTE • KUNDENSERVICE • CUSTOMER INTERACTION CENTER • DATENUMFELD FÜR NAVIGATIONSBEREICH DEFINIEREN zu wählen.

Die Bezeichnung des aktuell eingesetzten *CIC-Datenumfeldes* sollte dem Entwickler bekannt sein (in unserem Beispiel heißt das DATENUMFELD Z_DRG_V, siehe Abbildung 3.103).

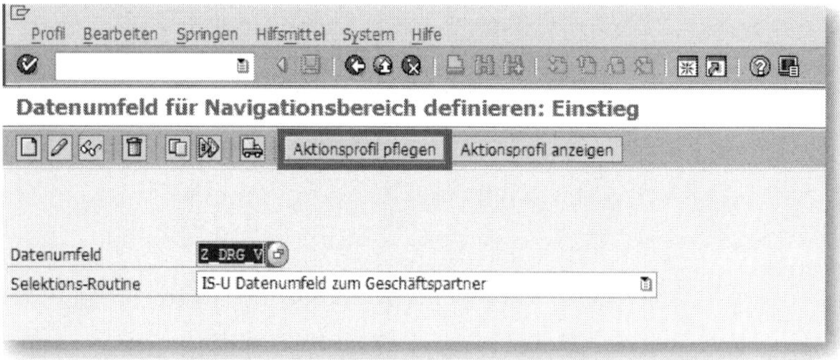

Abbildung 3.103: Customizing des CIC-Datenumfelds

Durch einen Mausklick auf den Button Aktionsprofil pflegen werden die möglichen *Action-Boxen* angezeigt. Da die Buchung von Prämien über ein Kontextmenü zum Vertragskonto ermöglicht werden soll, wählen wir in der Abbildung 3.104 die ACTION-BOX-KONFIGURATION der TRANSAKTIONSGRUPPE 0003 ACCOUNT.

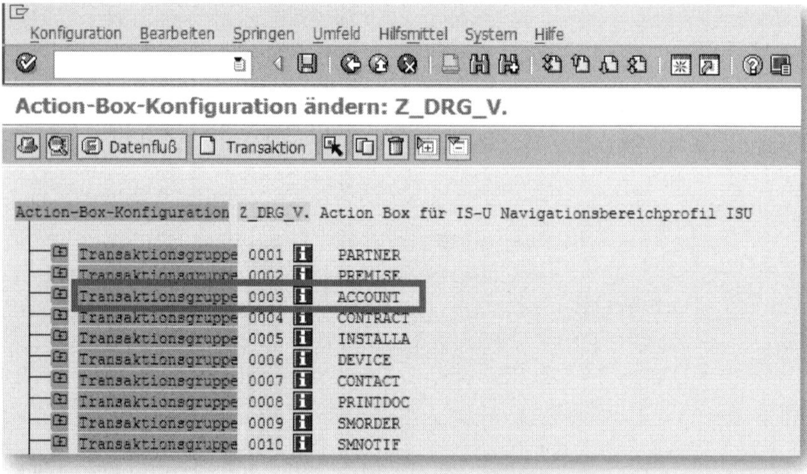

Abbildung 3.104: Action-Box-Konfiguration für das IS-U Navigationsprofil im CIC

Mit einem Mausklick auf das PLUS-ZEICHEN vor der TRANSAKTIONSGRUPPE 0003 (ACCOUNT) werden die bisher verfügbaren Menüs im Kontextmenü des Vertragskontos angezeigt (siehe Abbildung 3.105).

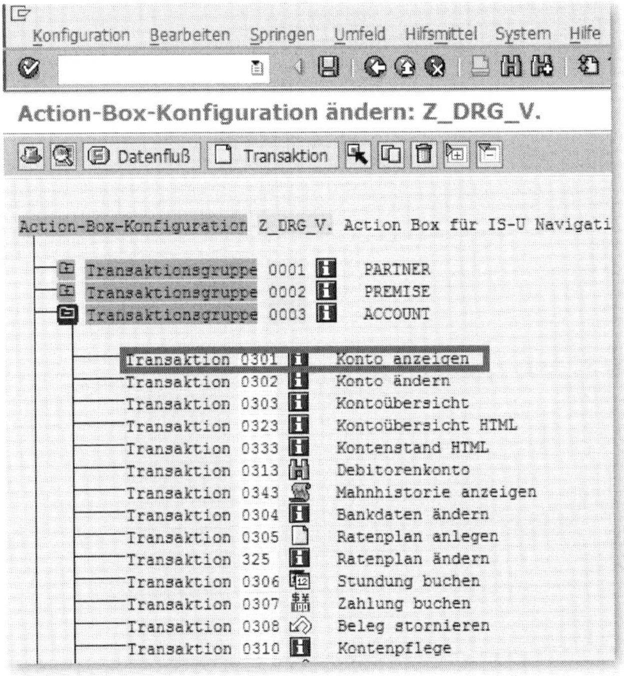

Abbildung 3.105: CIC-Kontextmenü zum Vertragskonto

Für die Buchung von Prämien erstellen wir eine neue Transaktion mit der Nummer »0320«. Um die Position der neuen Funktion im Kontextmenü zu bestimmen, muss der Cursor auf eine bestehende Transaktion gesetzt werden, unter der die neue Transaktion zur Verfügung gestellt wird. In diesem Beispiel wurde der Cursor auf die TRANSAKTION 301 (KONTO ANZEIGEN) platziert. Dadurch sollte die Funktion »Prämien buchen« an zweiter Stelle des Kontextmenüs erscheinen. Anschließend klicken wir auf den Button [Transaktion].

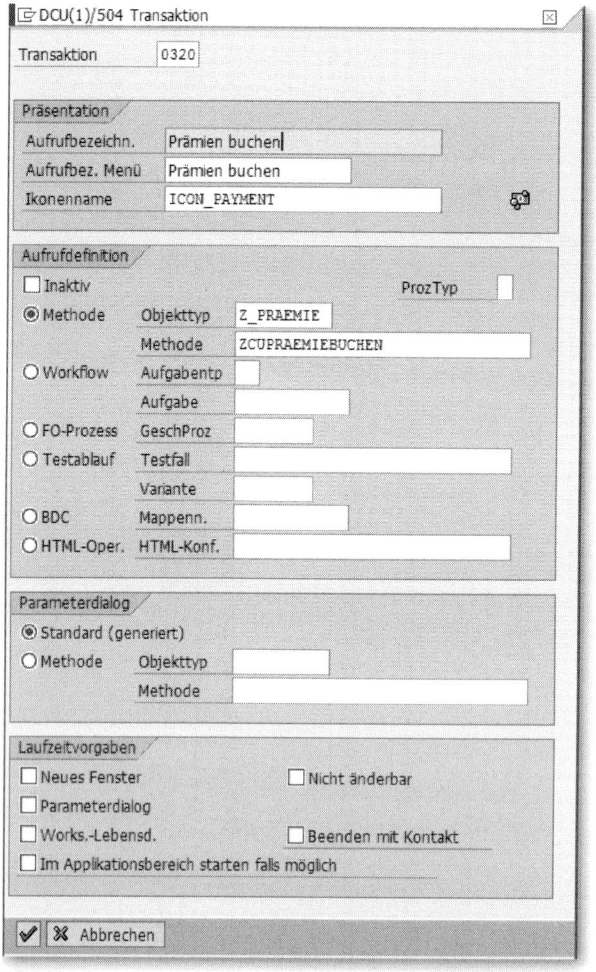

Abbildung 3.106: Neue Transaktion in der Action-Box zur Transaktionsgruppe ACCOUNT

Mit den Angaben zur Darstellung, Bezeichnung und zum Icon der neuen Funktion wird diese im CIC-Kontextmenü zum Vertragskonto angelegt (siehe Abbildung 3.106). Anschließend ist der Datenfluss zwischen dem CIC und dem Business-Objekttypen Z_PRAEMIE zu definieren.

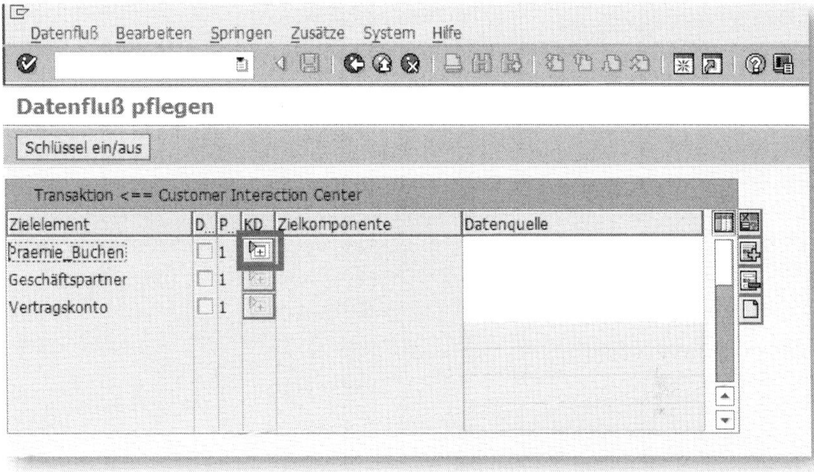

Abbildung 3.107: Anzeige aller zu definierender Parameter im Datenfluss

Bei der Definition des *Datenflusses* werden durch einen Mausklick auf das PLUS-ZEICHEN in der vierten Spalte der ersten Zeile (siehe Abbildung 3.107) alle zu definierenden Schnittstellenparameter angezeigt (siehe Abbildung 3.108).

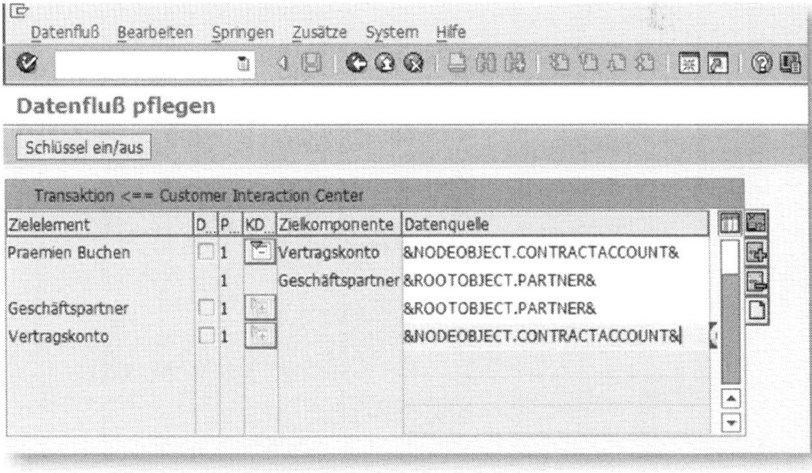

Abbildung 3.108: Datenfluss zwischen CIC und dem Business-Objekttypen Z_PRAEMIE

Dem Vertragskonto wird die Datenquelle &NODEOBJECT. CONTRACTACCOUNT& und dem Geschäftspartner die Datenquelle &NODEOBJECT.PARTNER& zugeordnet.

Verwenden Sie hierzu die F4-Hilfe im Feld DATENQUELLE.

Diese Zuordnung ist mit dem Icon zu verlassen. Anschließend wird die Action-Box-Konfiguration wieder angezeigt. In diesem Stadium ist die Einstellung der neuen Action-Box zur Buchung von Prämien noch nicht gesichert. Erst wenn die Action-Box-Konfiguration mit dem Icon gespeichert wird, fragt das System nach einem Transportauftrag.

Damit ist die Entwicklung abgeschlossen. In der Transaktion `CICO` ist als Kontextmenü das Buchen von Prämien an der zweiten Stelle des Kontextmenüs zum Vertragskonto möglich (siehe Abbildung 3.109).

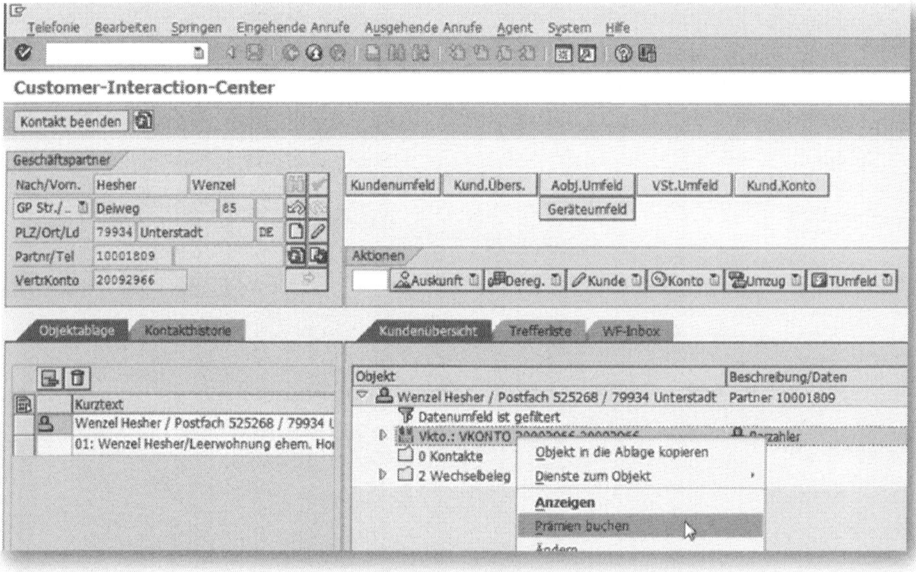

Abbildung 3.109: Prämien buchen im CIC-Kontextmenü zum Vertragskonto

3.7 Erweiterungen mit dem Enhancement Framework

Mit dem *SAP Netweaver Application Server 7.0* wurde im SAP-System das *Enhancement Framework* zur Verfügung gestellt. Dieses setzt sich aus den folgenden Erweiterungstechniken zusammen:

- Enhancement Points:
  - implizite Enhancement Points,
  - explizite Enhancement Points;
- Enhancement Sections;
- neue BAdI-Technologie;
- klassische BAdI-Technologie.

Die expliziten Enhancements, die Enhancement-Sections und die neuen BAdI wurden in sogenannten *Enhancement Spots* zusammengefasst und können über diese verwaltet werden.

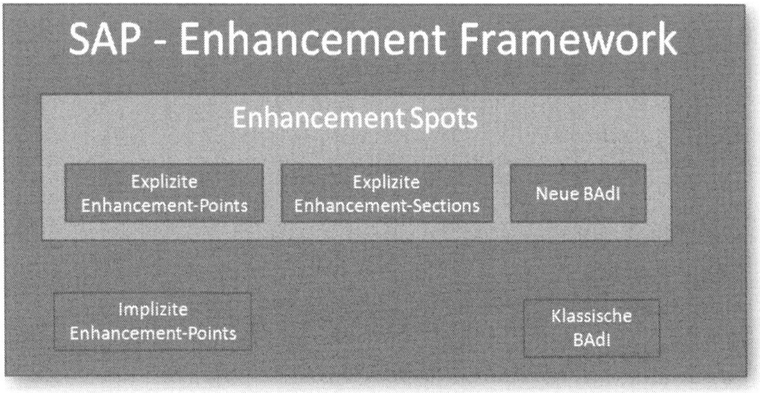

Abbildung 3.110: SAP Enhancement Framework

Die in Abbildung 3.110 dargestellte *Enhancement-Spots-Technologie* stellt eine Erweiterungstechnologie zur Verfügung, um in SAP-Standardprogrammen, -Funktionsbausteinen und -Klassen modifikationsfrei zusätzlichen Quelltext sowie Variablen- und Parameterdeklarationen hinzuzufügen.

Die *expliziten Enhancement-Points* sind – analog zu den User-Exits – vorbereitete Stellen im SAP-Standard-Coding, an denen Erweiterungen vorgenommen werden können.

Auch *implizite Enhancement-Points* sind bestimmte Stellen im SAP-Coding, an denen Erweiterungen vorgenommen werden können. Diese Stellen müssen jedoch nicht – wie bei den expliziten Enhancement-Points – im SAP-Coding vorbereitet sein.

Explizite Enhancement-Sections sind vorbereitete Stellen im SAP-Standard-Coding, an denen SAP-Standard-Quellcode ersetzt werden kann.

Zusammengesetzte Enhancement Spots bzw. *zusammengesetzte Erweiterungen* sind solche, bei denen z. B. aufgrund ihrer inhaltlichen Nähe mehrere Enhancement Spots bzw. -Erweiterungen zusammengefasst wurden.

Es gibt verschiedene Möglichkeiten, auf die Erweiterungen zuzugreifen bzw. sie zu verwalten: zum einen durch die Transaktion `SE20` – Enhancements Einstieg (siehe Abbildung 3.111).

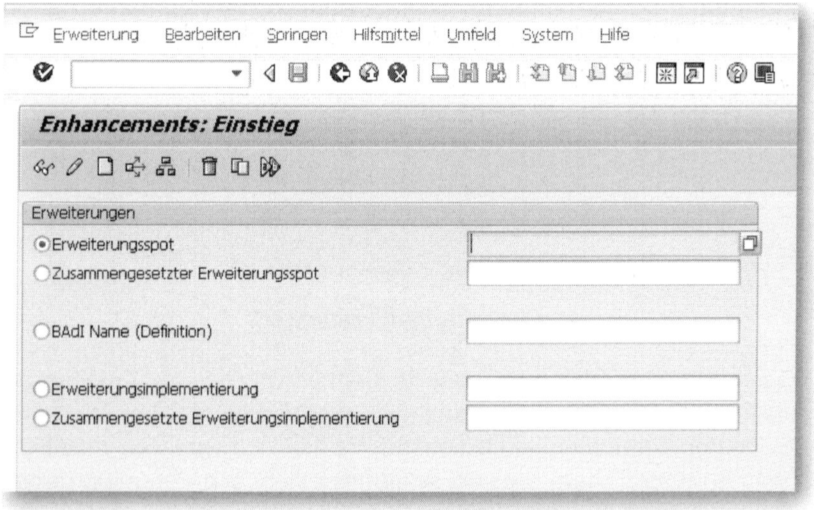

Abbildung 3.111: Transaktion SE20 – Enhancements Einstieg

Dazu muss jedoch der Name der Erweiterung bekannt sein. Eine weitere Möglichkeit, auf Erweiterungen zuzugreifen, ist die Transaktion SE80. Um die Enhancements in der SE80 (ABAP-Workbench) verwalten zu können, muss hier über das Pull-down-Menü Hilfsmittel • Einstellungen im Reiter Workbench Allgemein in der Rubrik Browser-Auswahl vor dem Begriff Enhancement/Erweiterungs-Infosystem ein Haken gesetzt und diese Auswahl mit dem Icon bestätigt werden (siehe Abbildung 3.112).

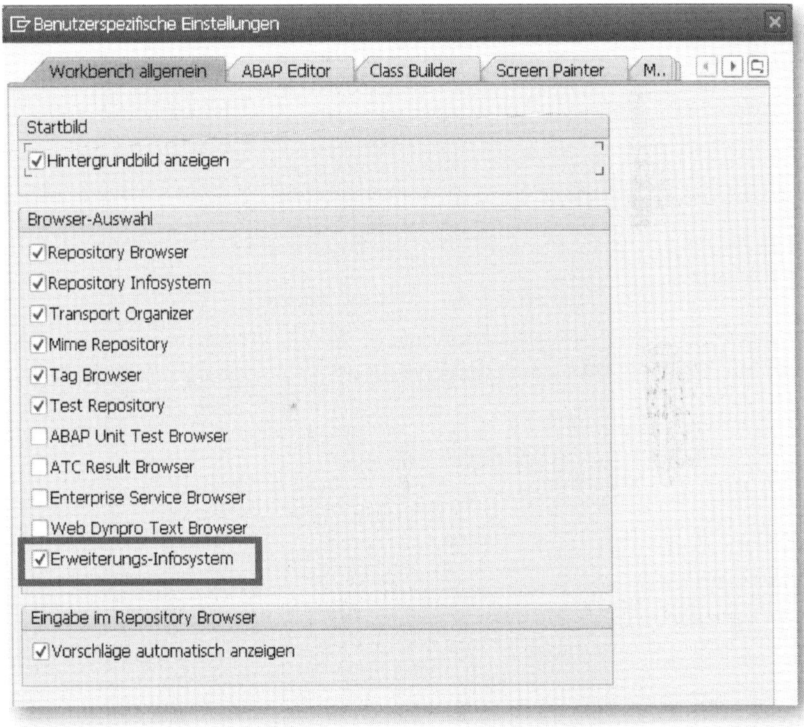

Abbildung 3.112: Einstellung zur Verwaltung von Enhancements in der ABAP-Workbench

Anschließend wird in der ABAP-Workbench oben links im Bild der Zugriff auf das *Enhancement-Infosystem* ermöglicht (siehe Abbildung 3.113).

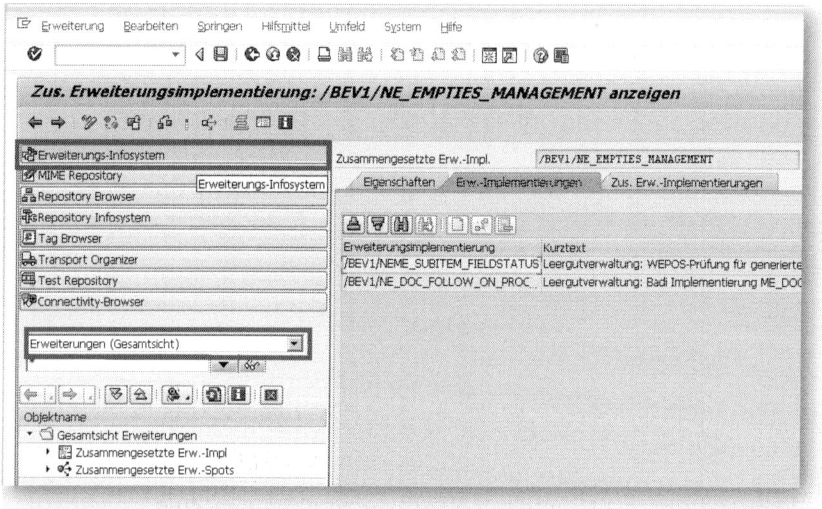

Abbildung 3.113: Verwaltung von Enhancements in der ABAP-Workbench

Abbildung 3.114 zeigt einen Ausschnitt aus Abbildung 3.113. Hier können Sie detailliert nach verschiedenen *Erweiterungsarten* suchen.

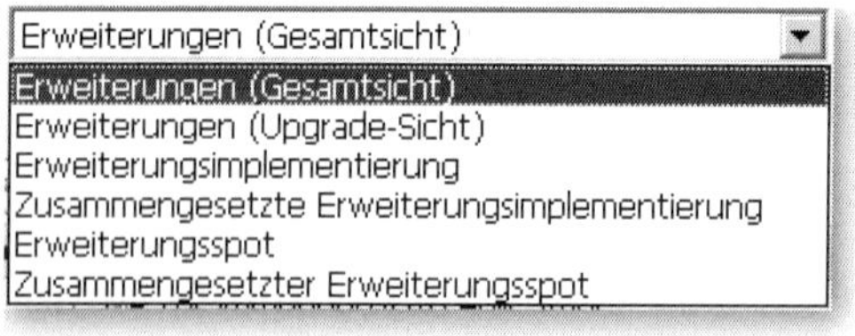

Abbildung 3.114: Einschränkungen für die Suche nach Erweiterungen in der Transaktion SE80

Eine dritte Alternative zu dieser Suche bietet die Transaktion `SE84` – Repository Infosystem (siehe Abbildung 3.115).

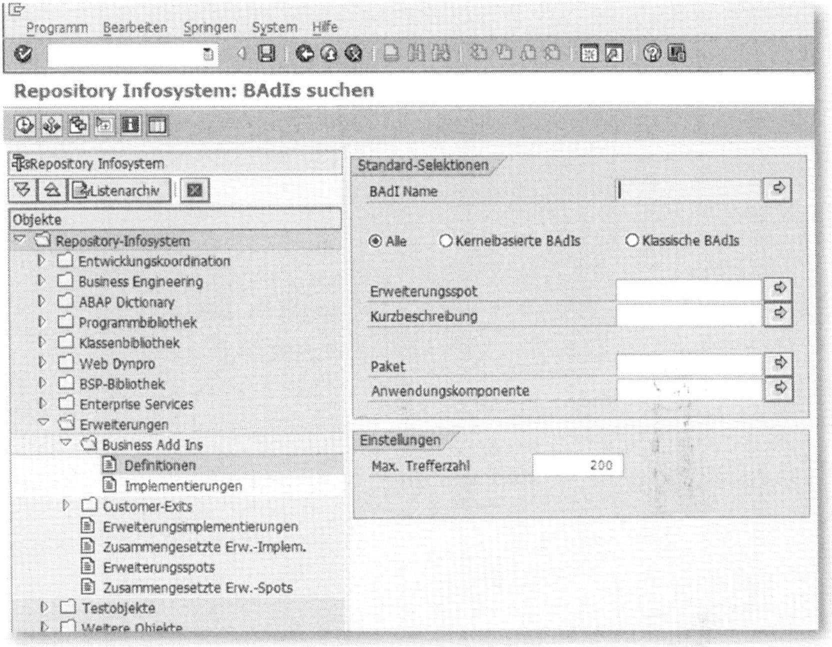

Abbildung 3.115: Suche nach Erweiterungen mit der Transaktion SE84

3.7.1 Enhancement Spots, explizite Enhancement Points und Enhancement Sections

Explizite Enhancement-Points und Enhancement-Sections sind in den sogenannten *Enhancement Spots* eingebettet. Man nennt sie *dynamisch,* wenn durch sie SAP-Standard-Quellcode und *statisch*, wenn durch sie Deklarationen erweitert oder ersetzt werden.

In der Transaktion `SE80` werden in der SAP-eigenen Logik die Erweiterungen wie folgt dargestellt.

Abbildung 3.116: Erweiterungen im Object Navigator

Auf der obersten Ebene finden Sie die ZUSAMMENGESETZTEN ERWEITERUNGSIMPLEMENTIERUNGEN und ZUSAMMENGESETZTEN ERWEITERUNGSSPOTS (siehe Abbildung 3.116). Durch einen Mausklick auf das Dreieck vor einer dieser beiden Zeilen werden die jeweiligen Komponenten, in Abbildung 3.117 der zusammengesetzten Erweiterungsspots, angezeigt. An deren Ende schließen sich dann die nicht zusammengesetzten Erweiterungsspots an.

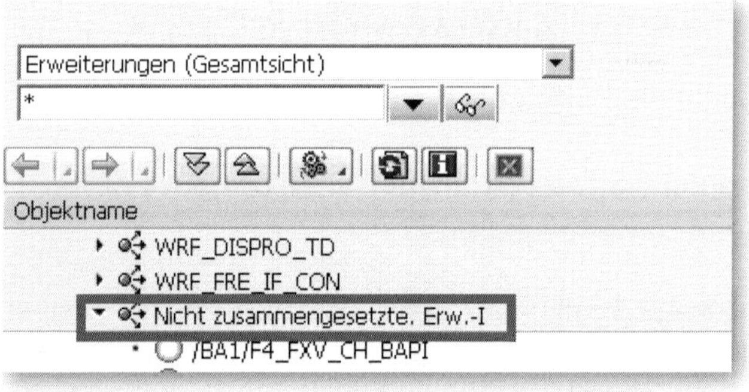

Abbildung 3.117: Nicht zusammengesetzte Erweiterungs-Implementierungen

Zusammengesetzte Erweiterungsspots

Diese Kategorie besteht aus mindestens zwei Erweiterungsspots. Nehmen wir z. B. den zusammengesetzten ERWEITERUNGSSPOT CATS (siehe Abbildung 3.118).

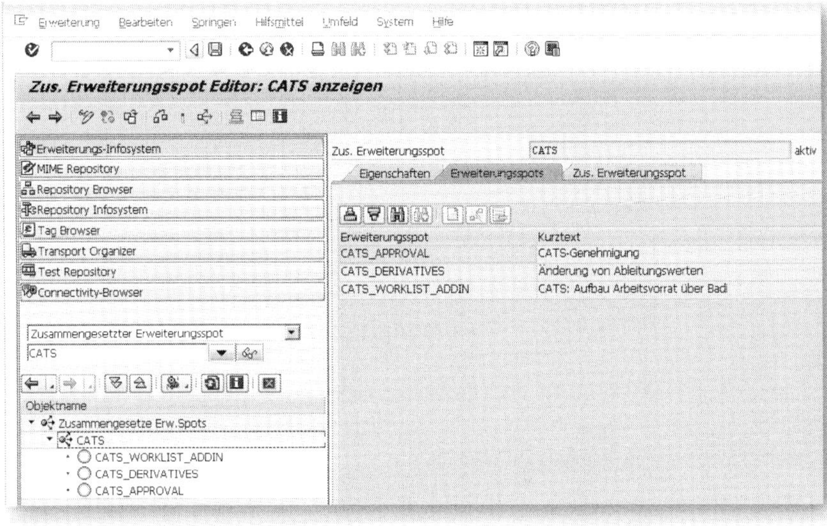

Abbildung 3.118: Zusammengesetzter Erweiterungsspot

Dieser besteht aus den nicht zusammengesetzten Erweiterungsspots CATS_WORKLIST_ADDIN, CATS_DERIVATES und CATS_APPROVAL.

Jeder dieser Erweiterungsspots ist im Menübaum auch unter den nicht zusammengesetzten Erweiterungsspots zu finden, die als Erweiterungskomponente die neue BAdI-Technologie enthalten (siehe Abschnitt 3.7.4).

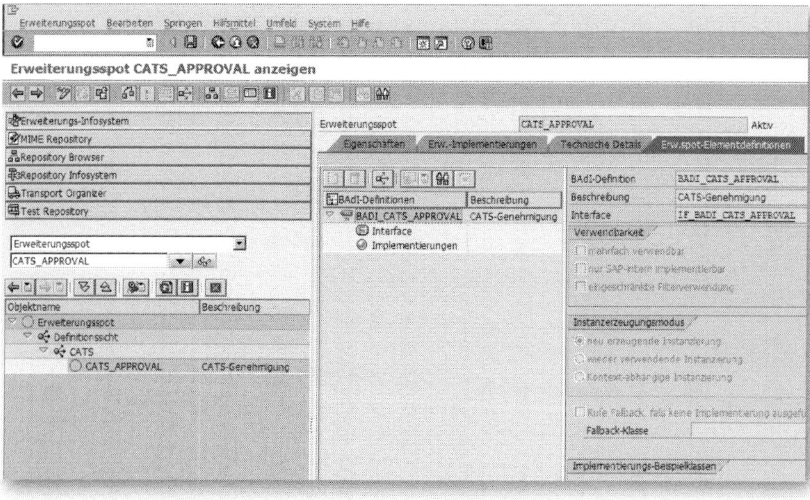

Abbildung 3.119: BAdI im Erweiterungsspot

Die Zusammensetzung von Erweiterungsspots hat also lediglich den Sinn, einzelne logisch bzw. semantisch in Verbindung stehende Erweiterungsspots zu gruppieren.

Nicht zusammengesetzte Erweiterungsspots

Um die Erweiterungstechnik expliziter Enhancement-Points zu erläutern, nehmen wir als Beispiel den Erweiterungsspot ES_SALV09A (siehe Abbildung 3.120). Die Erweiterungsimplementierung beinhaltet einen statischen und einen dynamischen expliziten Enhancement-Point.

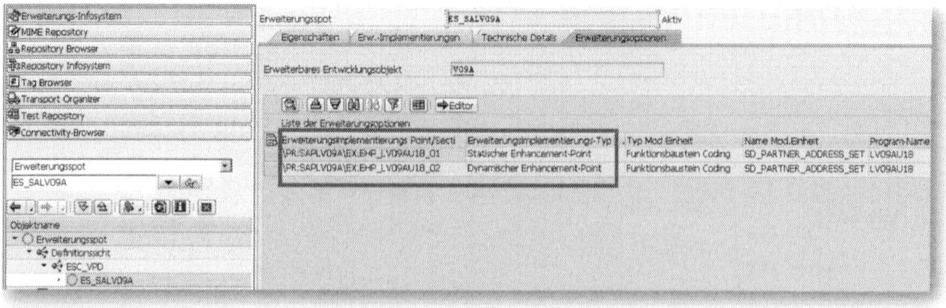

Abbildung 3.120: Anzeige der Elemente eines Erweiterungsspots

Dieser Enhancement-Spot hat die Erweiterungsimplementierung VPD_SFWS_SC1_V09A_SD_ADDR_SET (siehe Abbildung 3.121).

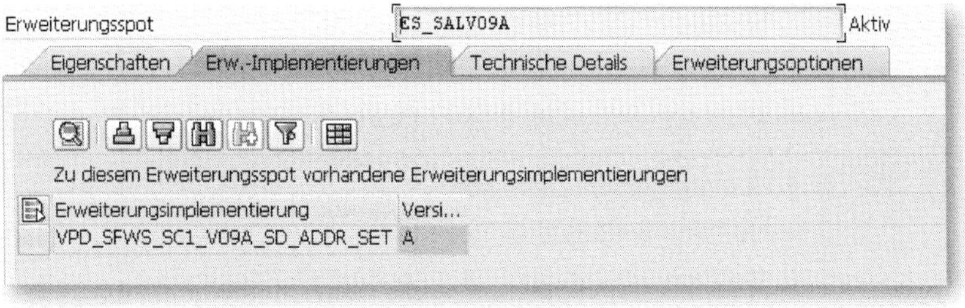

Abbildung 3.121: Erweiterungsimplementierung des Enhancement-Spots

Mit einem Doppelklick auf seinen Namen werden dessen Eigenschaften angezeigt (siehe Abbildung 3.122).

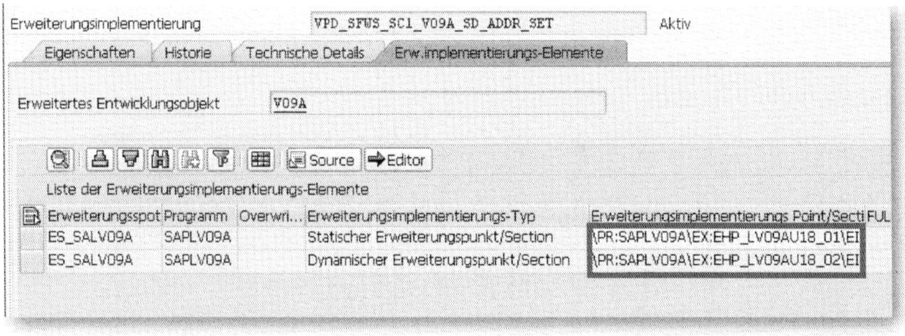

Abbildung 3.122: Eigenschaften der Erweiterungsimplementierung

Mit einem weiteren Doppelklick auf die Spalte ERWEITERUNGSIMPLEMENTIERUNGS POINT/SECT. navigiert das System zum Quellcode der Erweiterungsimplementierung. Hier handelt es sich um eine Stelle im Funktionsbaustein SD_PARTNER_ADDRESS_SET (siehe Abbildung 3.123).

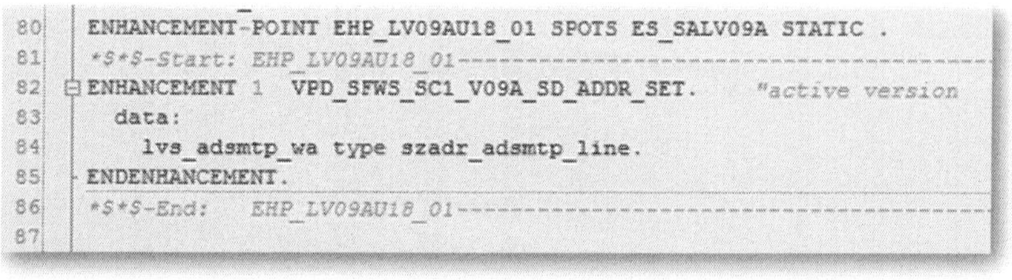

```
ENHANCEMENT-POINT EHP_LV09AU18_01 SPOTS ES_SALV09A STATIC .
*$*$-Start: EHP_LV09AU18_01---------------------------------------
ENHANCEMENT 1  VPD_SFWS_SC1_V09A_SD_ADDR_SET.        "active version
  data:
    lvs_adsmtp_wa type szadr_adsmtp_line.
ENDENHANCEMENT.
*$*$-End:   EHP_LV09AU18_01---------------------------------------
```

Abbildung 3.123: Quellcode des expliziten Erweiterungsspots

In der ABAP-Workbench ist über das Pull-down-Menü FUNKTIONSBAUSTEIN • ERWEITERN eine gewünschte Erweiterung zu ermöglichen. Der ABAP-Editor zeigt nun in den ersten Spalten den Modifikationsmodus.

Jetzt setzt man den Cursor auf die Zeile ENHANCEMENT 1 Z_SD_PARTNER_ADRESS_SET und verwendet die rechte Maustaste, um das Enhancement zu ändern (expliziter Enhancement Point) oder zu ersetzen (Enhancement-Section) (siehe Abbildung 3.124).

Beim dem Versuch, den Enhancement-Point zu ändern, erhält der Entwickler die Aufforderung, einen SSCR-Schlüssel einzugeben.

Damit handelt es sich in diesem Fall nicht um einen Enhancement-Point, sondern um eine Enhancement-Section. Bei der Wahl IMPLEMENTIERUNG ERSETZEN wird der Entwickler aufgefordert, einen Namen für die Implementierung und einen KURZTEXT als Bezeichnung anzugeben (siehe Abbildung 3.125).

Nach Eingabe eines Entwicklungspakets und eines Workbench-Transportauftrags öffnet der Editor den Eingabemodus, ohne einen SSCR-Schlüssel anzufordern.

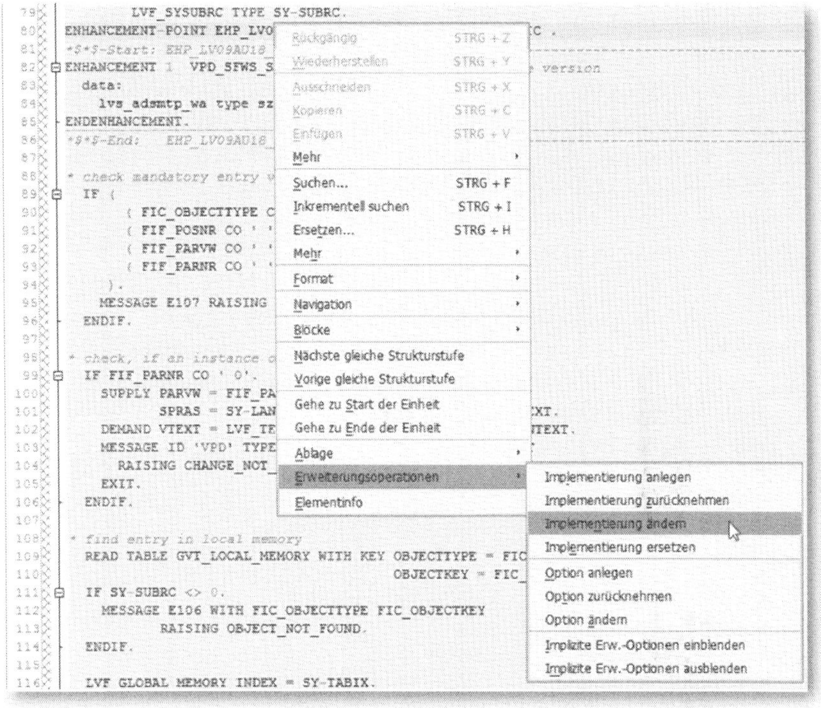

Abbildung 3.124: Erweiterungsimplementierung ändern

Sollte das Kontextmenü die Funktionen zu den Erweiterungsoperationen nicht anzeigen, dann verwenden Sie das Pull-down-Menü BEARBEITEN • ERWEITERUNGSOPERATIONEN.

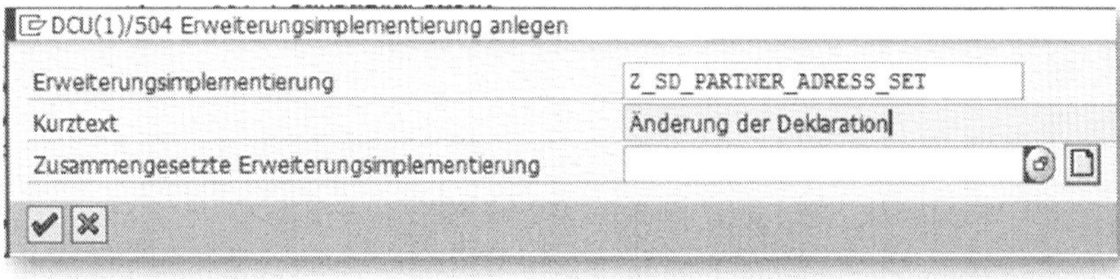

Abbildung 3.125: Anlegen einer Erweiterungsimplementierung

3.7.2 Erweiterung durch implizite Enhancement-Points

Für den Entwickler sind die sogenannten *impliziten Enhancement-Points* von besonderem Interesse. Während die expliziten nur dort verfügbar sind, wo die Erweiterung im SAP-Standard-Quellcode vorgesehen wurde, können implizite Erweiterungen an Stellen vorgenommen werden, die für Erweiterungen im SAP-Quellcode nicht spezifisch präpariert wurden.

Implizite Enhancement-Points können *Variablen-* oder *Parameter-Deklarationen* oder auch *kundeneigenen Quellcode* beinhalten. Sie sind in SAP-Programmen, -Funktionsbausteinen und -Methoden verfügbar, und zwar konkret an folgenden Stellen:

- am Ende einer Struktur(typ)-Deklaration vor »END OF...«; dadurch können zusätzliche Felder in programminterne Strukturen aufgenommen werden;
- am Anfang und Ende von
  - Unterprogrammen,
  - Funktionsbausteinen,
  - Methoden von lokalen und globalen Klassen,

  wodurch kundeneigner Quellcode im SAP-Quellcode ergänzt werden kann;
- am Ende des IMPORTING-, EXPORTING-, CHANGING-Deklarationsblocks von Methoden lokaler Klassen zur Aufnahme zusätzlicher Schnittstellenparameter;
- in Schnittstellendefinitionen von
  - Funktionsbausteinen und
  - Methoden globaler Klassen.

  Dadurch können weitere Schnittstellenparameter am Ende der public, protected und private Section einer lokalen Klasse definiert werden. Dadurch können Zusatzattribute und Zusatzmethoden bestimmt werden.

- Zu globalen Klassen können beliebige
  - Zusatzattribute und
  - Zusatzmethoden

  definiert werden.
- Zu einer Methode einer globalen Klasse können eine
  - Pre-Methode und/oder
  - Postmethode

  deklariert werden.
- Am Ende des »IMPLEMENTATION«-Blocks einer lokalen Klasse können zusätzliche Methoden implementiert und am Ende von beliebigen Includes Zusatzfunktionalitäten hinzugefügt werden.

Diese sehr umfangreichen Erweiterungsmöglichkeiten am SAP-Quellcode – ohne eine Modifikation vorzunehmen und dabei einen SSCR-Schlüssel zu benötigen – eröffnen einem versierten ABAP-Entwickler ungeahnte Möglichkeiten.

Erweiterung des Quellcodes eines Programms

Ich erläutere diese Funktionalität an einem einfachen Beispiel:

Vorbelegen eines Selektionsparameters

zB

Mit der Transaktion `EA13` können Druck- und Abrechnungsbelege storniert werden (siehe Abbildung 3.126).

Der Abschlagsplan zum Druck- bzw. Abrechnungsbeleg soll immer erhalten bleiben. Aus diesem Grund erwartet der Kunde, dass der Stornoparameter beim Aufruf der Transaktion EA13 stets gesetzt ist. Diese Änderung soll ohne eine Modifikation vorgenommen werden.

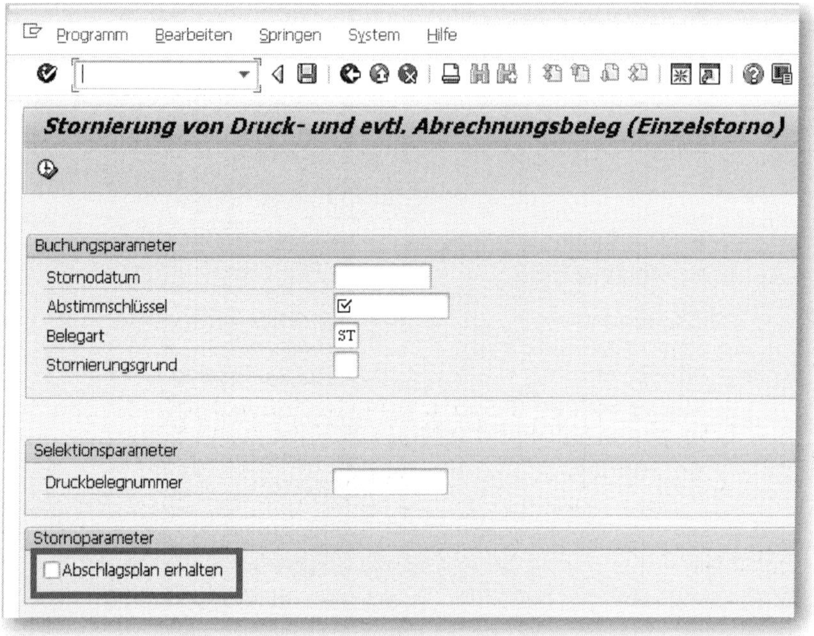

Abbildung 3.126: Transaktion EA13

Hinter der Transaktion `EA13` verbirgt sich das SAP-Standardprogramm REACAN04. Dieses wird in der ABAP-Workbench aufgerufen. Über das Pull-down-Menü PROGRAMM • ERWEITERN wird der Erweiterungsmodus der Enhancement-Technologie eingeschaltet (siehe Abbildung 3.127).

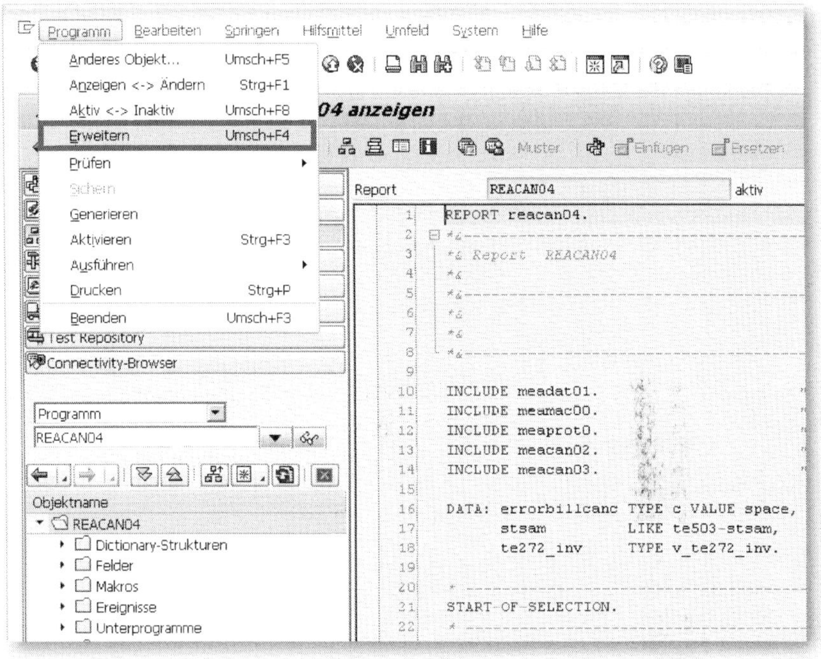

Abbildung 3.127: Erweiterung eines Programms

Das Ankreuzfeld des Selection-Screens wurde im Programm wie in Abbildung 3.128 definiert. Sollte das Kontextmenü auch hier die Funktionen zu den Erweiterungsoperationen nicht anzeigen, dann verwenden Sie wiederum das Pull-down-Menü BEARBEITEN • ERWEITERUNGSOPERATIONEN.

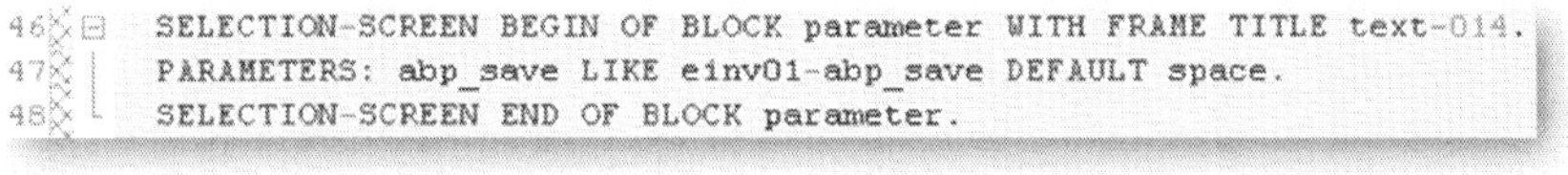

Abbildung 3.128: Ankreuzfeld »abp_save« im Selektionsbild des Programms »REACAN04«

Wir setzen den Cursor auf eine beliebige Stelle im Quellcode des Programms und rufen mit der rechten Maustaste das Kontextmenü auf. Sollte das Kontextmenü auch hier die Funktionen zu den Erweiterungsoperationen nicht anzeigen, dann verwenden Sie wiederum das Pull-down-Menü BEARBEITEN • ERWEITERUNGSOPERATIONEN.

Hier führen wir die Funktion ERWEITERUNGSOPERATIONEN • IMPLIZITE ERW.-OPTIONEN EINBLENDEN aus (siehe Abbildung 3.129).

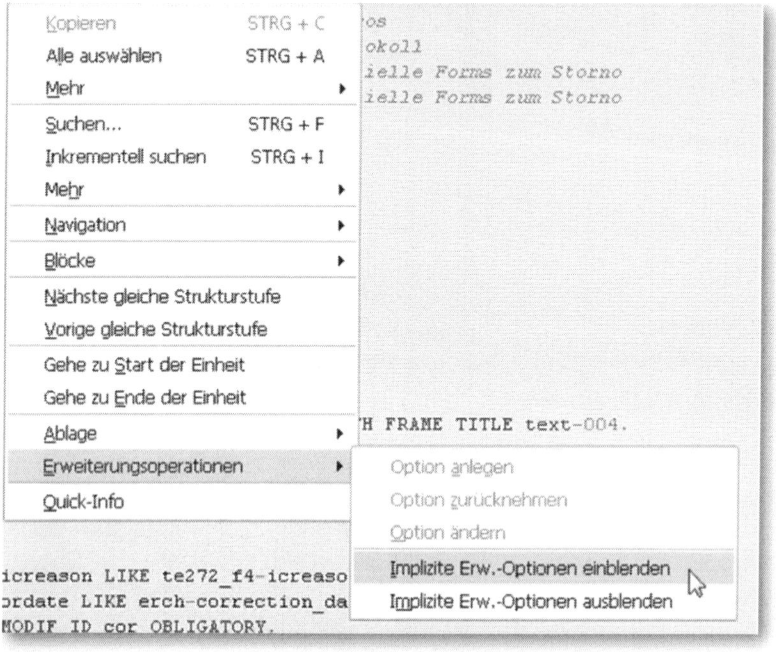

Abbildung 3.129: Anzeigen impliziter Erw.-Optionen

Am Ende des Programms befindet sich jetzt eine Zeile mit Hochkommata. In dieser Form werden alle impliziten Erweiterungsstellen eines Programms, Funktionsbausteins oder einer Methode angezeigt.

In Abbildung 3.130 wird der Cursor auf die Zeile mit den Hochkommata gesetzt, mit der rechten Maustaste erneut das Kontextmenü aufgerufen und die Funktion ERWEITERUNGSOPERATIONEN • IMPLEMENTIERUNG ANLEGEN ausgeführt.

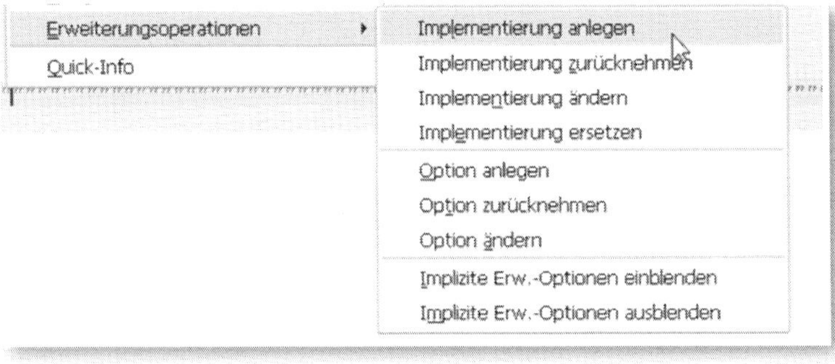

Abbildung 3.130: Anlegen einer impliziten Erweiterung

Der Entwickler wird nun aufgefordert, einen Namen und eine Bezeichnung für diese Erweiterungsimplementierung anzugeben. Wir wählen an dieser Stelle das Anlegen einer Erweiterungsimplementierung mit Coding und als Namen Z_EA13_VORBELEGUNG _ABP_SAVE.

Der ABAP-Editor zeigt unter der Zeile mit den Hochkommata die *Definition der Erweiterungsimplementierung* mit eingabebereiten Zeilen.

Wir befinden uns an dieser Coding-Stelle im ABAP-Programmereignis »AT SELECTION-SCREEN OUTPUT«. Hier kann der gewünschte Parameter ABP_SAVE (Abschlagsplan beim Löschen von Druck- bzw. Abrechnungsplänen erhalten) mit »X« vorbelegt werden.

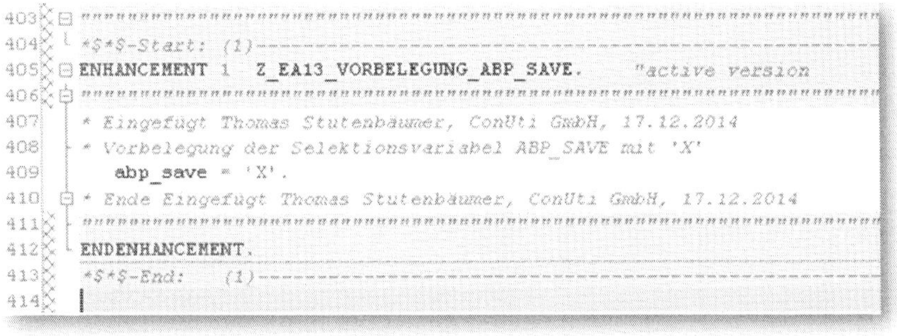

Abbildung 3.131: Kundeneigener Quellcode im impliziten Enhancement

Implizite Enhancements immer aktivieren

Implizite Enhancements sind nach dem Anlegen, Ändern oder Löschen immer mit dem Icon Erweiterungen zu aktivieren. Nicht aktivierte Enhancements sind zwar im Coding vorhanden, werden jedoch im Programmlauf nicht verwendet.

In der Transaktion EA13 wird damit das Feld Abschlagsplan erhalten immer angekreuzt sein – ein versehentliches »Nicht-Ankreuzen« ist nicht mehr möglich.

Analog zu dieser Verfahrensweise können implizite Erweiterungen geändert, zurückgenommen und ersetzt werden.

Erweiterung der Schnittstelle eines Funktionsbausteins

Wesentlich einfacher ist die Erweiterung der Schnittstelle eines Funktionsbausteins oder einer Methode.

Erweitern der Schnittstellen von Funktionsbausteinen

Nehmen wir als Beispiel den Funktionsbaustein ISU_S_CONTRACT_CREATE für das Anlegen von Verträgen. Beim seinem Aufruf soll dem Funktionsbaustein die Vertragskonto-Nummer als Import-Parameter übergeben werden können.

Rufen Sie zunächst mit der Transaktion SE37 den Funktionsbaustein auf (siehe Abbildung 3.132).

Abbildung 3.132: Function Builder (Transaktion SE37)

Mit dem Button Anzeigen lassen Sie sich den Quellcode des Funktionsbausteins anzeigen. Anschließend wechseln Sie auf den Reiter IMPORT und verwenden das Pull-down-Menü FUNKTIONSBAUSTEIN • ERWEITERN (siehe Abbildung 3.133).

Abbildung 3.133: Erweiterung eines Funktionsbausteins

In Abbildung 3.134 werden Sie aufgefordert, einen Namen und eine Bezeichnung für die Erweiterungsimplementierung anzugeben und anschließend einen Transportauftrag für die Erweiterung anzulegen.

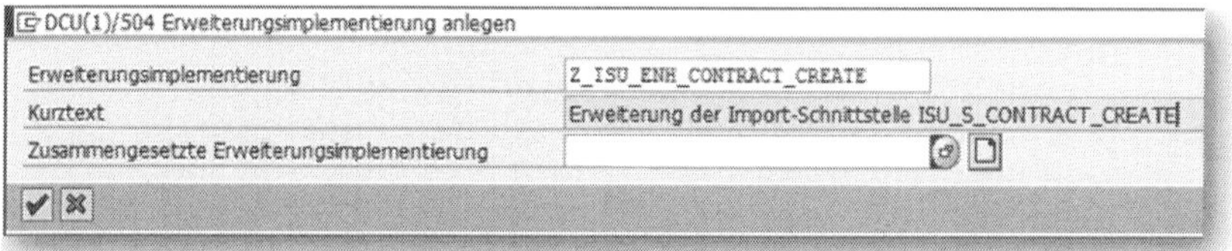

Abbildung 3.134: Eingabe von Namen und Bezeichnung der Erweiterungsimplementierung

Anschließend können Sie die Schnittstelle des SAP-Standard-Funktionsbausteins um einen *optionalen Import-Parameter* erweitern (siehe Abbildung 3.135).

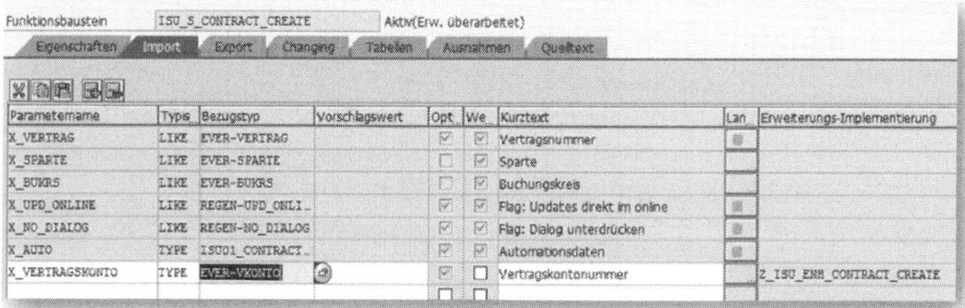

Abbildung 3.135: Implizites Enhancement mit optionalen Import-Parameter

Mit dem Icon ist die Erweiterung zu aktivieren.

Dieser Funktionsbaustein gehört zur Funktionsgruppe ES20. Wenn Sie sich diese mit dem Object-Navigator SE80 anzeigen lassen, wird die Erweiterungsimplementierung nicht immer unverzüglich angezeigt. Sollte das passieren, setzen Sie den Cursor auf den Namen der Funktionsgruppe, rufen mit der rechten Maustaste das Kontext-Menü auf und nutzen die Funktion WEITERE FUNKTIONEN • OBJEKTLISTE NEU AUFBAUEN. Nach dieser Aktion wird die Erweiterungsimplementierung in der Funktionsgruppe angezeigt.

3.7.3 Abgleich von Enhancements nach einem Import oder Releasewechsel

So ganz ohne Zusatzarbeiten nach einem Releasewechsel oder nach dem Import eines Enhancements in ein anderes SAP-System geht es aber leider doch nicht. Die Transaktion `SPAU_ENH` ermöglicht solche Abgleiche automatisch, Tool-unterstützt oder manuell.

Die Erläuterung der Verfahrensweisen für Abgleiche von Enhancements würde den Rahmen dieses Buches sprengen. Es sei an dieser Stelle jedoch darauf hingewiesen, dass derartige Abgleiche erforderlich sind, auch wenn die SAP die Enhancements als »releasestabil« bezeichnet.

3.7.4 Erweiterung durch die neue BAdI-Technologie

Mit der neuen *BAdI-(Business Add-ins-)*Technologie stellt die SAP eine klassenbasierte Erweiterungstechnologie zur Verfügung. Nach Aussagen der SAP beziehen sich Business Add-ins auf »mögliche Anforderungen von Nutzern des SAP-Systems, die zu speziell sind, um in den Standard aufgenommen zu werden, die aber dennoch häufig benötigt werden und deswegen im R/3 vorgedacht sind« (siehe BAdI-Definition auf der Web-Seite *help.sap.com*).

Für diese Erweiterungstechnologie gewährleistet die SAP eine *Aufwärtskompatibilität,* d. h., der Aufruf eines BAdI und die Aufrufschnittstelle ändern sich bei Releasewechseln nicht. Eine Registrierung über einen SSCR-Schlüssel, wie bei Modifikationen, ist nicht erforderlich.

Die Erweiterungstechnik mit BAdI unterscheidet zwischen Erweiterungen, die höchstens eine Implementierung aufrufen, und solchen, die beliebig viele zeitgleiche Implementierungen nutzen können. Darüber hinaus können BAdIs abhängig von einem Filterwert definiert werden, d. h., darin vorgenommene Implementierungen können z. B. nach dem Filterwert »Land« unterschieden werden.

Ein BAdI besteht aus

- einer BAdI-Definition;
- einem BAdI-Interface, in dem die Daten definiert sind, die an das BAdI übergeben und nach der Verarbeitung aus diesem heraus gesendet werden – diese Interfaces bieten in der Objektorientierung darüber hinaus die Definition der verfügbaren Methoden einer implementierenden Klasse;
- einer implementierenden Klasse, die die Methoden zur Verarbeitung der Daten zur Verfügung stellt.

Es gibt SAP-Standard-BAdIs, die die gleichzeitige Nutzung *mehrerer Implementierungen* und BAdIs, die *nur eine Implementierung* zulassen.

3.7.5 Exkurs: Klassische BAdI-Technologie

In der *klassischen BAdI-Technologie* wird bei der Definition eines BAdIs die sogenannte *BAdI-Adapterklasse* automatisch generiert. Zur Laufzeit eines Programms wird eine Instanz dieser Adapterklasse erzeugt und die Interface-Methode der Adapterklasse aufgerufen. Diese wiederum ruft die Methoden aktiver Implementierungen auf. Die neue BAdI-Technologie funktioniert prinzipiell analog zu dieser Vorgehensweise, nur dass hier die Adapterklasse nicht mehr benötigt wird. An ihrer Stelle wird ein sogenannter *BAdI-Handle* aus dem SAP-Kernel beschafft, der die gleiche Funktion wie die Adapterklasse übernimmt. Dadurch können die implementierenden Klassen wesentlich performanter aufgerufen werden. Darüber hinaus besitzen die klassischen BAdIs keine Filter-Technologie.

Die bisher vorhandenen klassischen BAdIs verbleiben im System. Sie wurden zum Teil in die neue BAdI-Technologie migriert. Zukünftig werden neue BAdIs nur noch über die aktuelle BAdI-Technologie realisiert, d. h. durch explizite Enhancement-Points (Quellcode-Einfügungen) bzw. explizite Enhancement-Sections (Quellcode-Ersetzungen).

Der BAdI-Aufruf

Der Zugriff auf BAdIs erfolgt mithilfe der Transaktion `SE18`. Es genügt an dieser Stelle, die *SAP-Standard-BAdIs* zu betrachten. In SAP-Installationen mit der Zusatzkomponente für Versorgungsunternehmen gibt es über 5.000 solcher SAP-Standard-BAdIs.

Einsatz der BAdI-Technologie

zB

Ein Netzbetreiber erfasst das Ableseergebnis eines Zählers. Dieser Ablesewert muss zur Abrechnung von Verbräuchen dem Energielieferanten übermittelt werden. Die Übermittlung von Ablesewerten geschieht über digitale Nachrichten (sogenannte *EDIFACT*) und unterliegt einem definierten Standard. Die Netzbetreiber und Energielieferanten setzen für den Versand und den Empfang solcher Nachrichten IT-Systeme ein, die in der Lage sind, die Nachrichten im geforderten Format zu senden und empfangene Nachrichten so zu übersetzen, dass die Ablesewerte den richtigen Zählern in ihrem System zugeordnet werden. Die Übertragungsformate wurden in den letzten Jahren von der Bundesnetzagentur alle sechs Monate geändert bzw. erweitert, sodass Netzbetreiber und Energielieferanten ständig ihre Systeme auf die neuen Formatvorschriften anpassen mussten. Betrachten wir im Folgenden nur den Versand eines Ableseergebnisses.

Sobald im SAP-System des Netzbetreibers ein Ablesewert gespeichert wird, wird im System-Hintergrund der Aufruf eines BAdIs veranlasst. Dieses BAdI stellt sicher, dass eine Nachricht für einen Energielieferanten aufgebaut und von anderen Programmen anschließend digital versendet wird. Der Anwender bekommt von dieser Programmfunktion während der Eingabe von Ablesewerten nichts mit.

Der Aufruf eines BAdIs hat im SAP-System das in Abbildung 3.136 dargestellte Coding (Aufrufstelle des BAdIs im Funktionsbaustein ISU_COMEV_MREADING_OUT).

```
PERFORM get_badi_obj CHANGING badi_obj.

CALL BADI badi_obj->datexconnect_mreading_out
  EXPORTING
    x_new_data       = x_new_data
    x_old_data       = x_old_data
    x_mrdoc_buffer   = x_mrdoc_buffer
    x_obj_control    = x_obj_control
    x_reversal       = l_reversal
  EXCEPTIONS
    no_dexproc_found = 1
    error_occurred   = 2
    OTHERS           = 3.
```

Abbildung 3.136: BAdI-Aufruf

Im ersten Schritt wird mit der Subroutine GET_BAdI_OBJ geprüft, ob es zum BAdI ISU_IDE_DATEXCONN002 eine Implementierung gibt (siehe Abbildung 3.137). Falls nicht, kommt es zum Abbruch der weiteren Verarbeitung. Wird eine Implementierung gefunden, dann wird diese mit dem Befehl

```
CALL BADI badi_obj->datexconnect_mreading_out
```

aufgerufen (siehe Abbildung 3.136).

```
*&---------------------------------------------------------------------*
*&      Form  get_badi_obj
*&---------------------------------------------------------------------*
FORM get_badi_obj CHANGING pref_isu_ide_datexconn002 TYPE REF TO isu_ide_datexconn002.

  IF pref_isu_ide_datexconn002 IS INITIAL.
    TRY.
        GET BADI pref_isu_ide_datexconn002.
      CATCH cx_badi_not_implemented INTO l_badi_error.
        IF 1 = 2.
          MESSAGE e191(enhancement) WITH co_badi_isu_ide_datexconn002 RAISING error_occurred.
        ENDIF.
        mac_msg_putx co_msg_error 191 'ENHANCEMENT'
           co_badi_isu_ide_datexconn002 space space space error_occurred.
    ENDTRY.
  ENDIF.
ENDFORM.                    " get_badi_obj
```

Abbildung 3.137: Selektion einer BAdI-Implementierung

Der Aufbau eines neuen BAdIs

Mit der Transaktion SE18 kann ein solches BAdI angelegt, geändert oder angezeigt werden (siehe Abbildung 3.138).

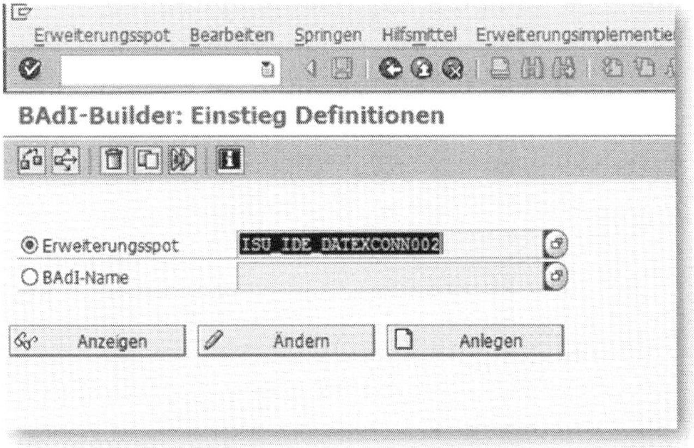

Abbildung 3.138: BAdI-Builder – Transaktion SE18

In dem vorliegenden Fall handelt es sich nicht um ein klassisches BAdI, sondern um einen *expliziten Erweiterungsspot*, Elemente der im vorherigen Abschnitt beschriebenen Enhancement-Technologie. Explizite Erweiterungsspots funktionieren wie die klassischen BAdIs und werden aus diesem Grund auch mit ein und derselben Transaktion SE18 im SAP-System verwaltet.

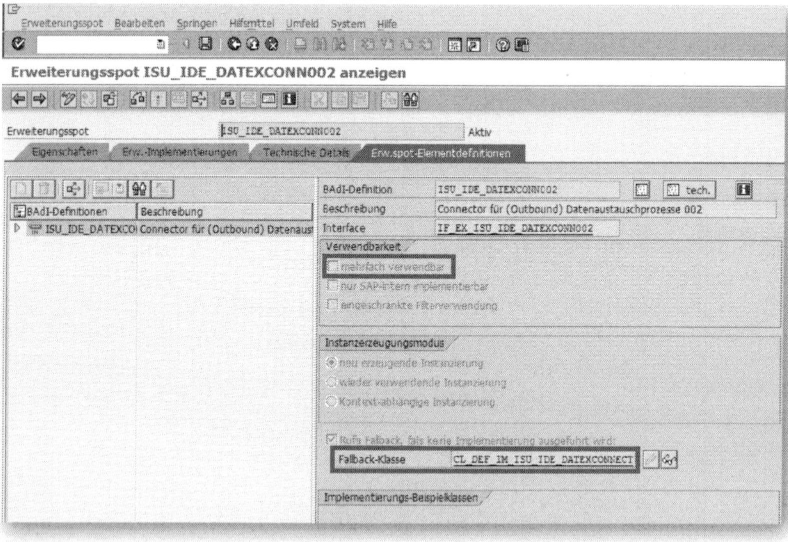

Abbildung 3.139: Eigenschaften des Erweiterungsspots bzw. die der BAdI-Definition

Abbildung 3.139 zeigt, dass es sich um die *BAdI-Definition* ISU_IDE_DATEXCONN002 handelt. Sie besitzt das Interface IF_EX_ISU_IDE_DATEXCONN002. Dieses BAdI kann nicht mehrfach verwendet werden (kein Haken im Feld MEHRFACH VERWENDBAR). Es kann also nur eine Implementierung aktiv sein. Falls keine Implementierung existiert, wird eine sogenannte *Fallback-Klasse* aufgerufen. In unserem Beispiel handelt es sich um die *implementierende Klasse* CL_DEF_IM_ISU_IDE_DATEXCONNECT.

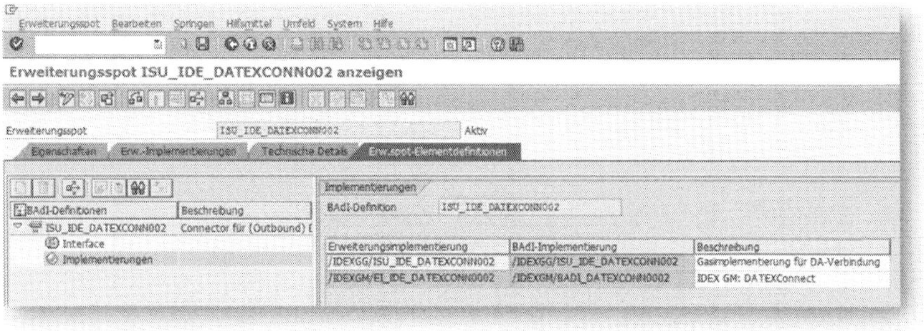

Abbildung 3.140: Implementierungen zum BAdI »ISU_IDE_DATEXCONN002«

Ein Doppelklick auf die Implementierungen im Reiter ERW.SPOT-ELEMENTDEFINITIONEN zeigt, dass für diesen BAdI zwei Implementierungen definiert wurden (siehe Abbildung 3.140). Die gleichen Informationen erhält man im Reiter ERW.-IMPLEMENTIERUNGEN (siehe Abbildung 3.141).

Abbildung 3.141: Erweiterungsimplementierungen zum BAdI ISU_IDE_DATEXCONN002

Die Eigenschaften des BAdI ISU_IDE_DATEXCONN002 zeigen, dass es keine mehrfachen Implementierungen besitzen und demnach auch nur eine Implementierung aufgerufen werden kann.

Bei der Selektion einer BAdI-Implementierung geht das SAP-System wie folgt vor:

1. Als Erstes wird nach aktiven normalen Implementierungen (Default-Flag nicht gesetzt) gesucht.
2. Werden diese nicht gefunden, wird nach aktiven *Default-Implementierungen* gesucht.
3. Nur, wenn weder eine aktive normale noch eine aktive Default-Implementierung gefunden wird, kommt die Fallback-Klasse zum Einsatz.

Mit einem Doppelklick auf die Zeile der Erweiterungsimplementierung /IDEXGG/ISU_IDE_DATEXCONN002 werden in einem weiteren Dynpro die Eigenschaften des BAdIs aufgeführt (siehe Abbildung 3.142).

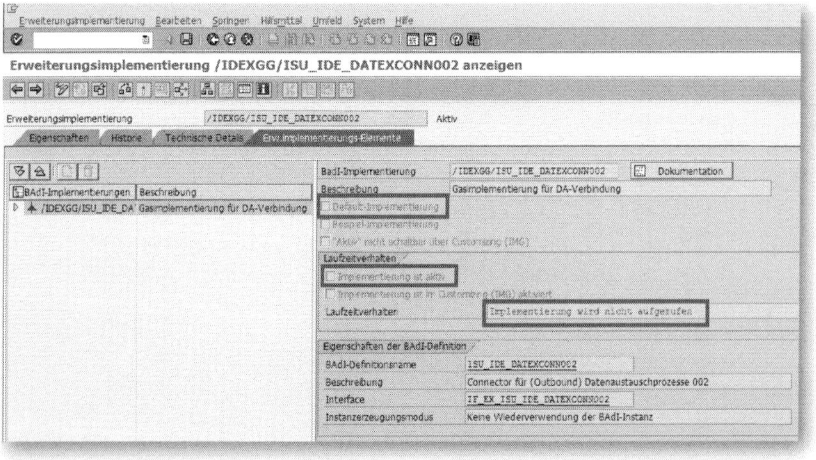

Abbildung 3.142: Eigenschaften einer Erweiterungs-Implementierung

Man erkennt, dass es sich hierbei nicht um eine Default-Implementierung handelt. Sie ist nicht aktiv, und das *Laufzeitverhalten* gibt an, dass diese Implementierung nicht aufgerufen wird.

Prüfen wir also die zweite Erweiterungsimplementierung /IDEXGM/EI _IDE_DATEXCONN002.

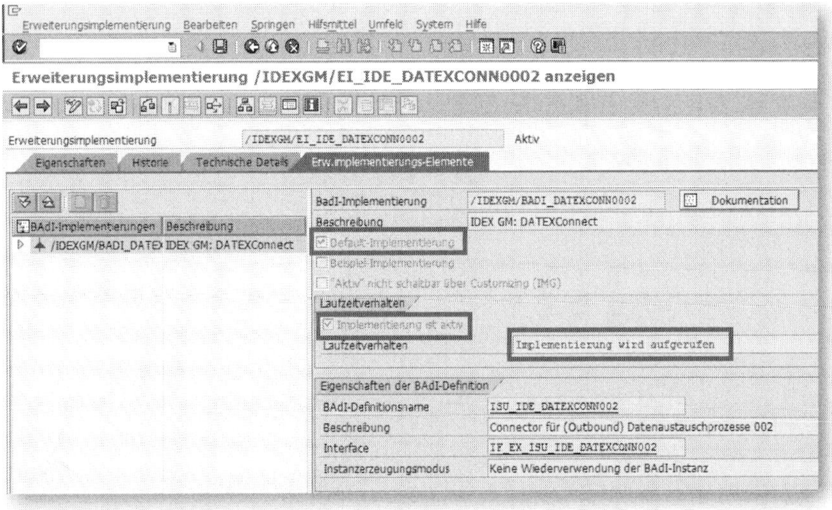

Abbildung 3.143: Die Default-Erweiterungsimplementierung

Wie Abbildung 3.143 zeigt, handelt es sich hierbei um eine Default-Implementierung. Die Angaben im Laufzeitverhalten belegen, dass diese Implementierung aktiv ist und aufgerufen wird.

Deaktivieren einer Implementierung

Soll die Erweiterungsimplementierung /IDEXGM/EI_IDE_DATEXCONN0002 im Weiteren nicht mehr aufgerufen werden, öffnen Sie sie im Änderungsmodus (Icon) und entfernen anschließend den Haken im Feld IMPLEMENTIERUNG IST AKTIV in der Rubrik LAUFZEITVERHALTEN. Diese Änderung ist mit dem Icon zu aktivieren.

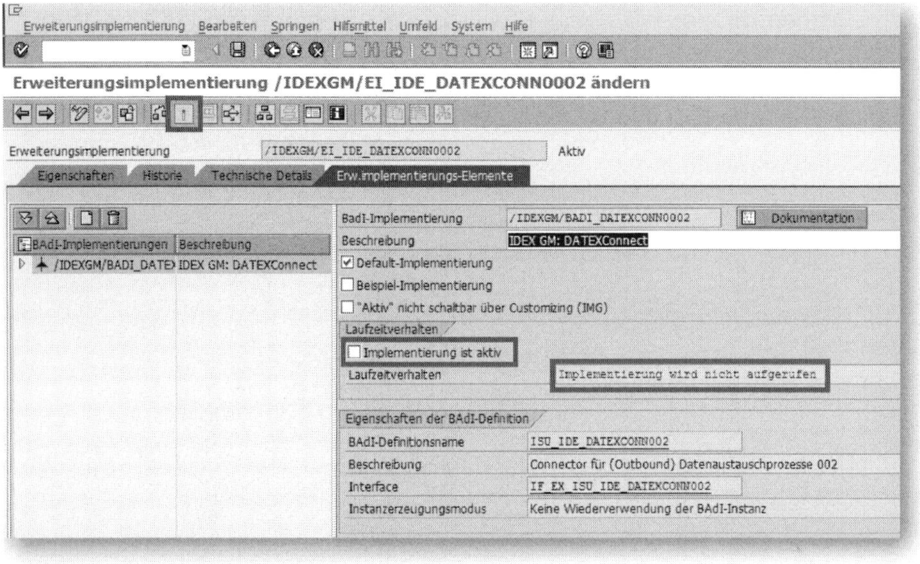

Abbildung 3.144: Deaktivieren einer Erweiterungsimplementierung

Alsdann zeigen die Eigenschaften der Erweiterungsimplementierung, dass sie weder aktiv ist noch aufgerufen wird (siehe Abbildung 3.144).

Aktivieren einer Implementierung

Um eine Implementierung zu aktivieren, wird sie ebenfalls im Änderungsmodus aufgerufen (Icon), der Haken im Feld IMPLEMENTIERUNG IST AKTIV gesetzt und diese Änderung mit dem Icon aktiviert. Ihre Eigenschaften zeigen, dass sie aktiv ist und aufgerufen wird.

Es besteht jedoch die Möglichkeit, dass eine Implementierung über die Transaktion SE18 zwar aktiviert, aber ihr Aufruf dadurch nicht gesteuert wird. Dies ist zu beobachten, wenn der Aufruf der Erweiterungsimplementierung über Customizing-Einstellungen gesteuert wird.

Um zu erfahren, ob dieser Fall vorliegt, muss der Entwickler mit der Transaktion `SE16N` die Tabelle BADIIMPL_ENH aufrufen (siehe Abbildung 3.145).

Mit dem Namen der Erweiterungsimplementierung selektiert er den zugehörigen Datensatz – im oben genannten Beispiel die Erweiterungsimplementierung /IDEXGG/ISU_IDE_DATEXCONN002 (siehe Abbildung 3.145).

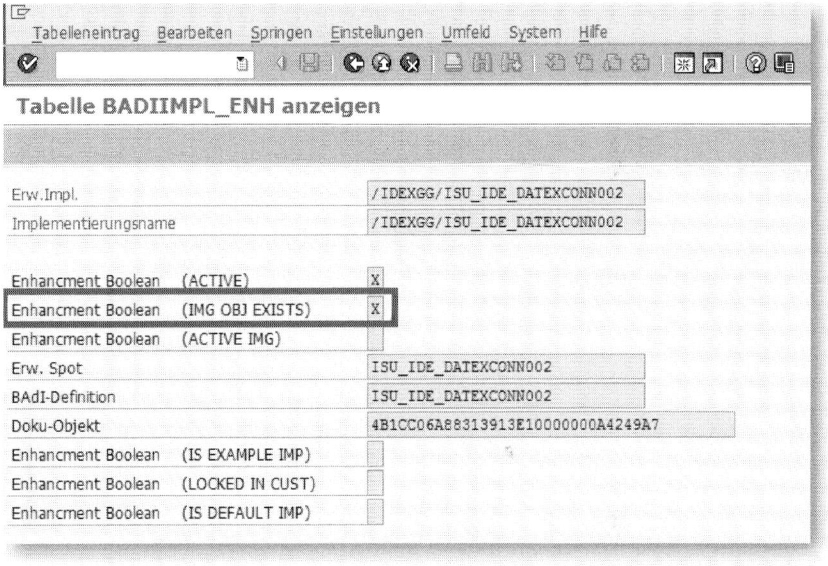

Abbildung 3.145: Aufruf einer Implementierung über das Customizing

Abbildung 3.145 zeigt, dass es zur Erweiterungsimplementierung ein sogenanntes IMG-Objekt gibt, d. h., dass der Aufruf dieser Implementierung über das Customizing gesteuert wird.

Die implementierende Klasse einer Erweiterungsimplementierung

Um in Erfahrung zu bringen, wie der Quellcode der aufgerufenen Methode einer Erweiterungsimplementierung aussieht, muss die sogenannte *implementierende Klasse* durch Doppelklick auf das entsprechende Feld IMPLEMENTIERENDE KLASSE in Abbildung 3.146 aufgerufen werden.

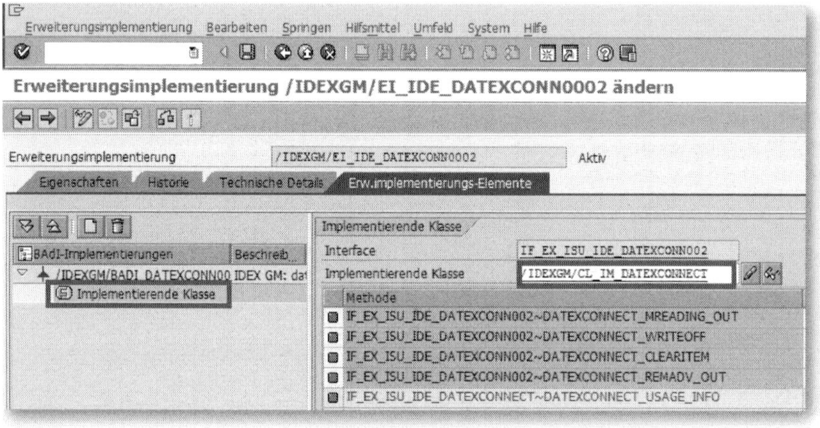

Abbildung 3.146: Implementierende Klasse eines BAdIs

Will man nun den Quellcode z. B. der Methode DATEXCONNECT _MREADING_OUT einsehen, so führt man einen Doppelklick auf diesem Methodennamen aus, woraufhin ein neuer Dynpro den Quellcode anzeigt (siehe Abbildung 3.147).

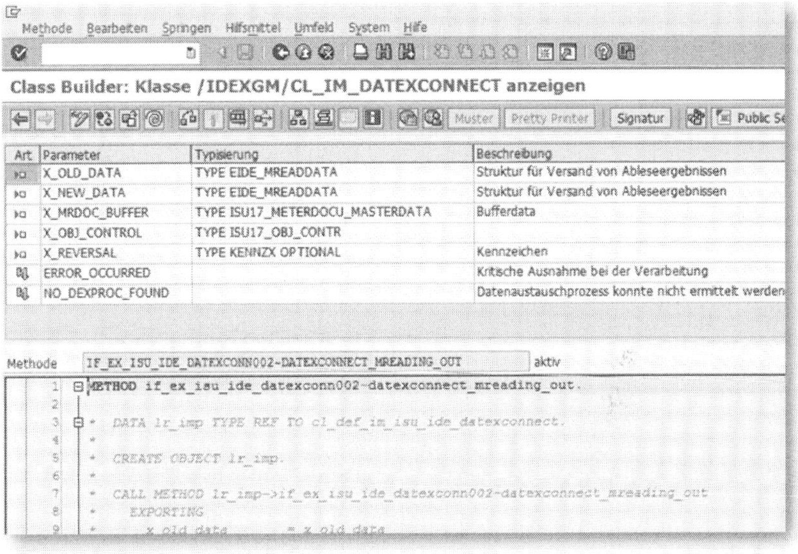

Abbildung 3.147: Quellcode der Methode einer Erweiterungsimplementierung

Modifikationsfreie Änderung des SAP-Standards durch die BAdI-Technologie

Bis jetzt haben wir uns lediglich im SAP-Standard aufgehalten. Im Folgenden zeige ich Ihnen, wie anstelle der SAP-Standardklassen *eigenentwickelte Klassen* aufgerufen werden.

Anlegen einer kundeneigenen BAdI-Implementierung

zB

Im vorliegenden Fall soll die Aufbereitung einer Ablesung für einen neuen Standard im Übertragungsformat ermöglicht werden. Dazu müssen Änderungen an der implementierenden Klasse vorgenommen werden.

Um eine SAP-Modifikation zu umgehen, wird zunächst die implementierende SAP-Standardklasse auf den Kundennamensraum kopiert.

Dazu rufen Sie mit der Transaktion SE80 die Klasse /IDEXGM/CL_IM_DATEXCONNECT auf und kopieren mit der rechten Maustaste auf dem Klassennamen die gesamte Klasse auf die kundeneigene Klasse Z_IDEXGM_CL_IM_DATEXCONNECT (siehe Abbildung 3.148).

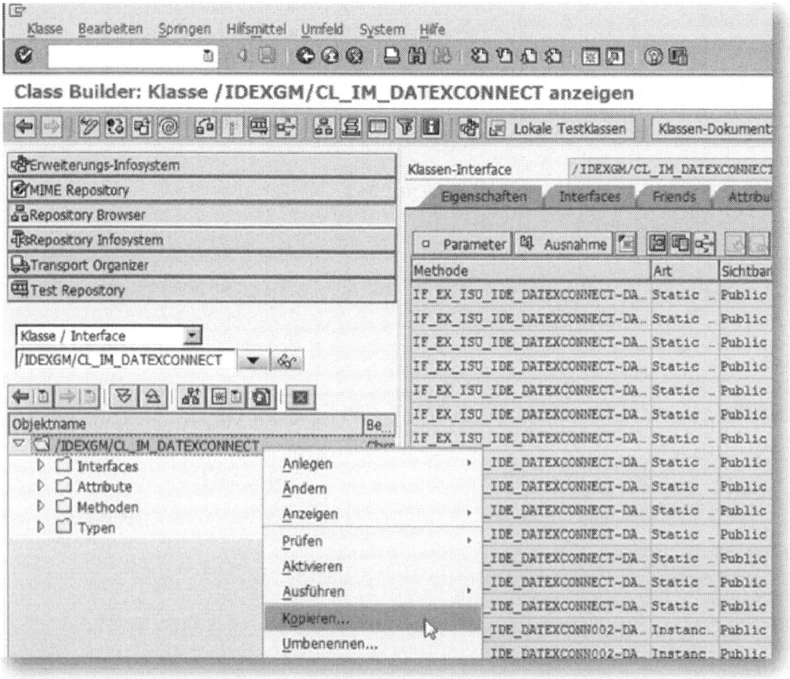

Abbildung 3.148: Kopieren einer SAP-Standard-Klasse

Anschließend wird durch Betätigen des Icons die neue Klasse Z_IDEXGM_CL_IM_DATEXCONNECT aktiviert.

Zurück im BAdI-Builder für das BAdI ISU_IDE_DATEXCON002 wird im Reiter der ERWEITERUNGSIMPLEMENTIERUNGEN mit der rechten Maustaste auf der Zeile IMPLEMENTIERUNGEN eine neue Implementierung angelegt (siehe Abbildung 3.149).

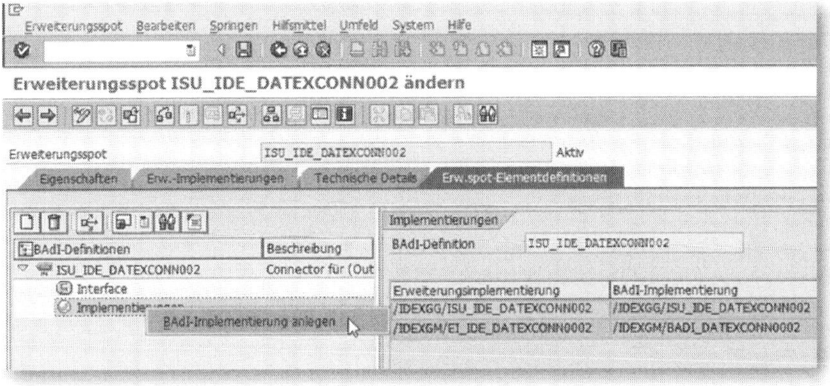

Abbildung 3.149: Anlegen einer neuen BAdI-Implementierung

Wir verwenden als Namen für die neue Erweiterungsimplementierung Z_IDEXGM_CL_IM_DATEXCONNECT.

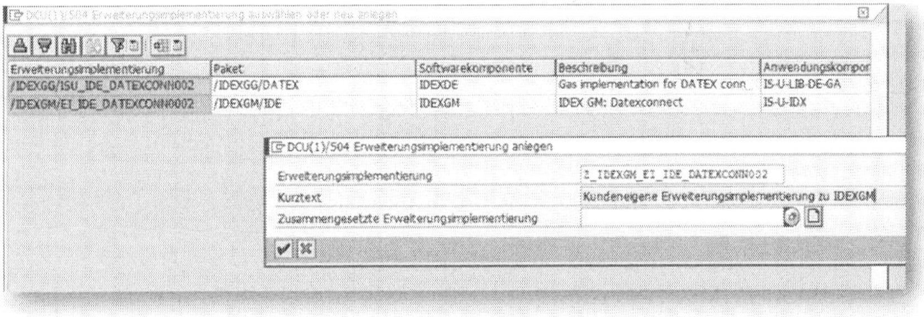

Abbildung 3.150: Definition einer kundeneigenen Erweiterungsimplementierung

Im nächsten Dynpro wird nach der Definition der Erweiterungsimplementierung die IMPLEMENTIERENDE KLASSE Z_IDEXGM_CL_IM _DATEXCONNECT angegeben (siehe Abbildung 3.151).

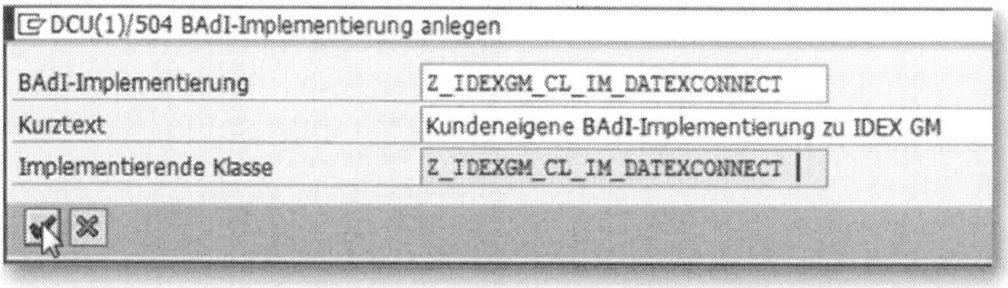

Abbildung 3.151: Implementierende Klasse einer kundeneigenen Erweiterungsimplementierung

In Abbildung 3.152 sehen Sie nun die Eigenschaften dieser kundeneigenen Implementierung.

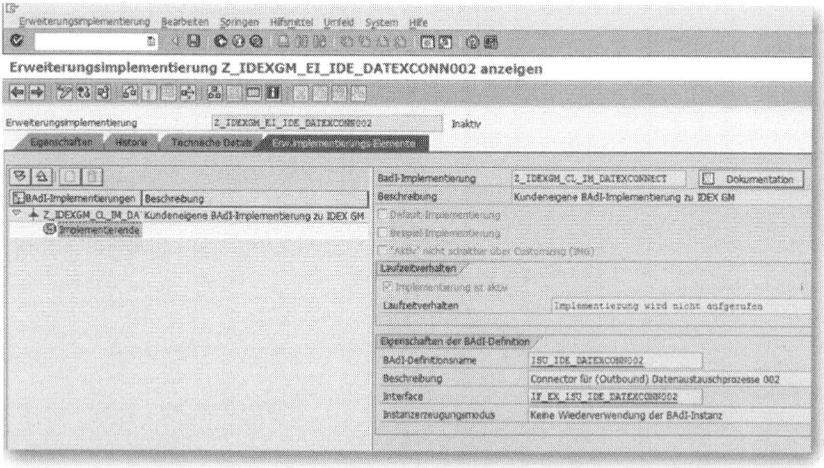

Abbildung 3.152: Eigenschaften der kundeneigenen Erweiterungsimplementierung

Mit dem Icon  wird diese Erweiterungsimplementierung aktiviert.

Wir hatten bereits festgestellt, dass das BAdI ISU_IDE _DATEXCONN002 nur die Verwendung einer einzigen Erweiterungsimplementierung zulässt (siehe Abbildung 3.139 – kein Haken im Feld MEHRFACH VERWENDBAR), da im vorherigen Abschnitt die Default-Erweiterungsimplementierung /IDEXGM/EI_IDE_DATEXCONN0002 aktiviert wurde (vgl. Abbildung 3.143).

Mit der Aktivierung der kundeneigenen Implementierung ändert sich auch die Verwendung der Implementierung zur Laufzeit. Die vorher aktive Default-Implementierung zeigt nun in ihren Eigenschaften ein anderes Laufzeitverhalten: NICHT-STANDARDIMPLEMENTIERUNG WIRD AUFGERUFEN. Die Default-Implementierung ist zwar noch aktiv, aber an ihrer Stelle wird aufgrund der Definition die kundeneigene Implementierung aufgerufen (siehe Abbildung 3.153).

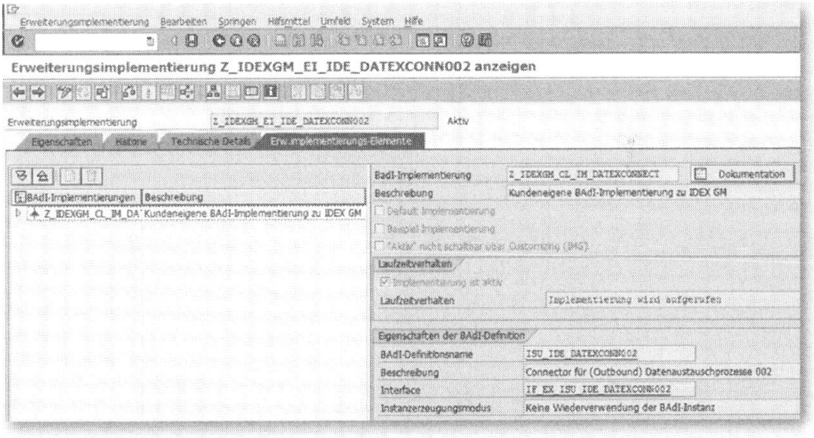

Abbildung 3.153: Aktivierte kundeneigene Erweiterungsimplementierung

Dadurch wird nicht mehr die SAP-Standardklasse, sondern die kundeneigene implementierende Klasse Z_IDEXGM_CL_IM_DATEXCONNECT ausgeführt. An den Methoden dieser Klasse können *modifikationsfrei* Änderungen vorgenommen werden.

Konflikte beim Import neuer BAdIs

Werden neue BAdIs aus einem anderen in das eigene SAP-System importiert oder durch einen Releasewechsel im SAP-System implementiert, kann es zu Konflikten kommen. Folgende Konfliktsituationen sind möglich:

- Für nicht mehrfach nutzbare Business Add-ins existieren mehrere aktive Implementierungen (zum selben Filterwert im Fall der Filterabhängigkeit).
- In Definitionen von Business Add-ins wurden identische Interfaces zugewiesen.
- In Definitionen von Business Add-ins wurden identische Funktionscodes zugewiesen.

Diese Konflikte werden bereits im Import-Protokoll des jeweiligen Transportes angezeigt. In den Langtexten des Transportprotokolls wird beschrieben, wie diese Konflikte behoben werden können. Im Prinzip müssen sich die Verantwortlichen für die Add-in-Definitionen abstimmen, welche Maßnahmen zur Beseitigung von Konflikten unternommen werden.

Ein Hilfsmittel zur Konfliktlösung bietet die Transaktion SE18 (BAdI-Builder) über das Pull-down-Menü HILFSMITTEL • ABGLEICH (siehe Abbildung 3.154).

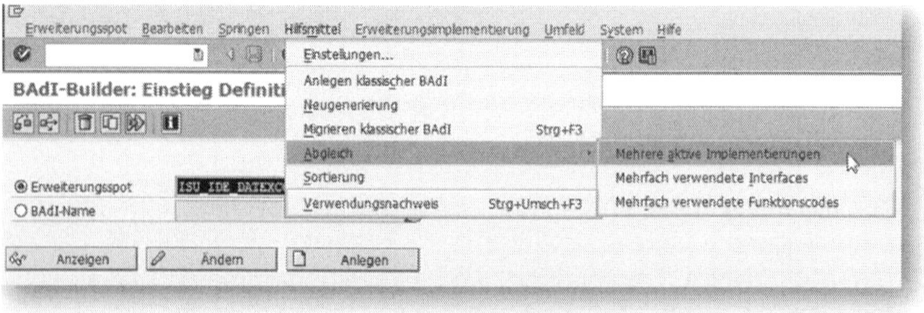

Abbildung 3.154: Abgleich bei Konflikten nach Import neuer BAdI

Idealerweise sollte ein Abgleich von BAdI mit einer der folgenden Statusmeldung beendet werden:

- Es gibt keine Konflikte mehrfach aktiver Implementierungen.
- Es gibt keine Konflikte mehrfach zugeordneter Interfaces.
- Es gibt keine Konflikte mehrfach zugeordneter Funktionscodes.

3.7.6 Erweiterungen und Änderungen mithilfe des Data Dictionaries

Erweiterungen und Änderungen an Data-Dictionary-Objekten wurden bereits ausführlich im ersten Teil des SAP Praxishandbuchs ABAP beschrieben.

Da es sich dabei ebenfalls um Änderungen am SAP-Standard handelt, erwähne ich sie an dieser Stelle der Vollständigkeit halber. Es stellt die Möglichkeit dar, durch Customer Includes Felder in SAP-Standardtabellen zu ergänzen sowie modifikationsfreie Änderungen an SAP-Standardsuchhilfen durchzuführen.

4 Zugriffsschutz und Berechtigungen im SAP

SAP-Systeme besitzen eine sehr umfangreiche und ausgefeilte Benutzer- und Berechtigungsverwaltung. In Zeiten wachsender gesetzlicher Anforderungen an Datensicherheit und Datenschutz wird bei ABAP-Entwicklungen zu Recht darauf geachtet, dass Informationen nicht in falsche Hände geraten können. An dieser Stelle werde ich nicht die SAP-User- und Berechtigungsverwaltung erläutern, sondern lediglich darauf eingehen, wie das SAP-Berechtigungskonzept aufgebaut ist und welche Möglichkeiten ein ABAP-Entwickler hat, um den Datenschutz-Anforderungen gerecht zu werden.

Kunden haben mitunter verschiedene Berechtigungskonzepte, die Anforderungen an ABAP-Entwicklungen beinhalten sollten.

4.1 Das SAP-Berechtigungskonzept

Das *SAP-Berechtigungsmanagement* unterscheidet zwischen einem

- *Benutzerzugriffsmanagement* (User Access Management), dieses Konzept beinhaltet das Anlegen, Ändern und Löschen von Usern und deren Zugriffe auf ein SAP-System, und einem
- *Benutzerkontenmanagement* (User Acount Management), mit den Benutzerkonten wird die Verwaltung von User-Zugriffen (Anlegen, Löschen, Lesen und Ändern) auf bestimmte Transaktionen, Programme, Datenbank-Tabellen und Datenbank-Feldern ermöglicht.

Bei dem Benutzerzugriffsmanagement geht es um die Verwaltung von User-ID, Passwörtern, die Zuordnung zu kundenspezifischen Organisationseinheiten oder die zeitliche Dauer eines Zugriffs.

Das SAP-Benutzerkontenmanagement ist streng hierarchisch aufgebaut (siehe Abbildung 4.1).

- Berechtigungsobjekte werden in Berechtigungen zusammengefasst.
- Berechtigungen werden in Berechtigungsprofilen zusammengefasst.
- Berechtigungsprofile werden Berechtigungsrollen zugeordnet.
- Den Usern werden definierte Rollen zugeordnet.

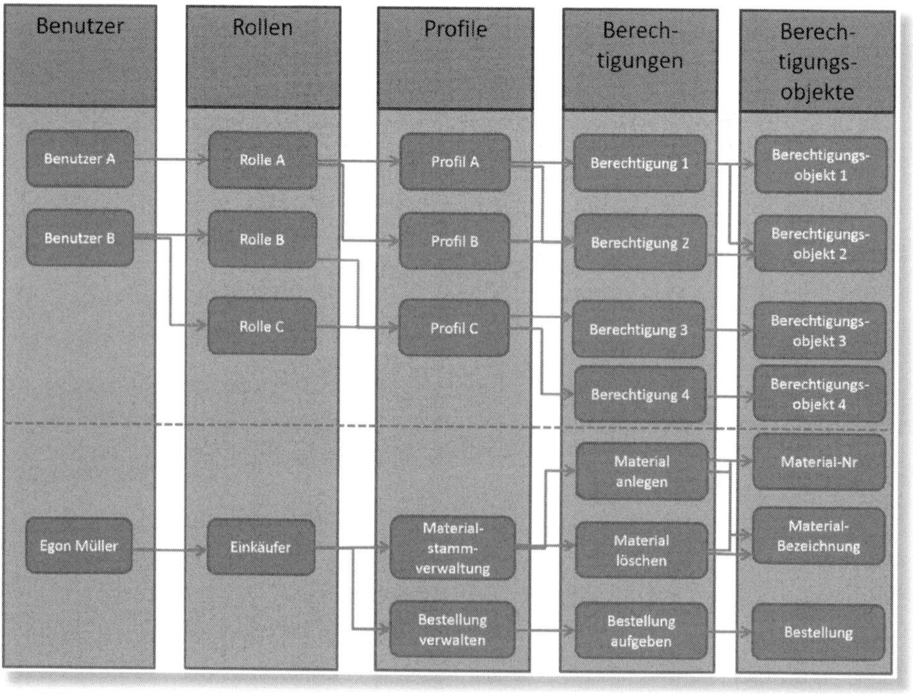

Abbildung 4.1: SAP-Benutzerkontenmanagement

In Anbetracht der Tatsache, dass es im SAP-System über 100.000 Transaktionen gibt (Tabelle TSTC), über 1.000 Programme (DB-Tabelle TADIR) und über 200.000 Tabellen (DB-Tabelle TADIR) kann das Berechtigungsmanagement eines SAP-Systems sehr aufwendig sein.

4.2 Berechtigungen in der ABAP-Entwicklung

Für den ABAP-Entwickler gibt es verschiedene Möglichkeiten, ein ABAP-Programm vor der Verwendung durch nicht berechtigte User zu schützen.

- Im Programm wird »hart« der *User-Name* (sy-uname) des Verwenders abgefragt. Entspricht der User-Name nicht dem Namen des im System als berechtigt hinterlegten Users, wird die Programmausführung mit dem Hinweis auf fehlende Berechtigungen abgebrochen.
- Vergabe eines *Transaktionscodes* für das entwickelte Programm. Diese Transaktion wird den verantwortlichen Mitarbeitern der SAP-Berechtigungsverwaltung mitgeteilt, die die Transaktionsverwendung in das vorhandene Berechtigungskonzept einbauen.
- Die Verwendung des ABAP-Befehls *AUTHORITY-CHECK OBJECT* (siehe Abbildung 4.2) setzt voraus, dass der ABAP-Entwickler Kenntnis über das zu verwendende Berechtigungsobjekt besitzt. Diese Informationen sind mit den verantwortlichen Mitarbeitern für die SAP-Berechtigungsverwaltung abzustimmen. Dieser Befehl prüft die Berechtigung des Users, der aktuell das Programm verwendet.

- Verwendung von SAP-Standard-Funktionsbausteinen; diese beginnen mit dem Namen AUTHORITY_CHECK_<xyz> (siehe Abbildung 4.3). So gibt es z. B. den Funktionsbaustein *AUTHORITY_CHECK* für die allgemeine Berechtigungsprüfung oder *AUTHORITY_CHECK_TCODE* für die Berechtigungsprüfung auf einen bestimmten Transaktionscode. Mit der Transaktion SE37 werden über den Suchstring »AUTHORITY_CHECK*« ca. 70 verschiedene Funktionsbausteine angezeigt. Auch bei der Verwendung der Funktionsbausteine ist in der Regel die Kenntnis des entsprechenden Berechtigungsobjektes erforderlich. Die Funktionsbausteine prüfen die Berechtigungen des im Aufruf des Funktionsbausteins angegebenen Users.

```
*..only for developers
  authority-check object c_s_Develop
                       id 'ACTVT'     field '01'
                       id 'OBJTYPE'   field 'DEBUG'
                       id 'DEVCLASS'  DUMMY
                       id 'OBJNAME'   DUMMY
                       id 'P_GROUP'   DUMMY.
  ld_subrc10 = sy-subrc.
  authority-check object c_s_Develop
                       id 'ACTVT'     field '02'
                       id 'OBJTYPE'   field 'DEBUG'
                       id 'DEVCLASS'  DUMMY
                       id 'OBJNAME'   DUMMY
                       id 'P_GROUP'   DUMMY.
  ld_subrc20 = sy-subrc.
  authority-check object c_s_Develop
                       id 'ACTVT'     field '03'
                       id 'OBJTYPE'   field 'DEBUG'
                       id 'DEVCLASS'  DUMMY
                       id 'OBJNAME'   DUMMY
                       id 'P_GROUP'   DUMMY.
```

Abbildung 4.2: Verwendung des ABAP-Befehls AUTHORITY-CHECK OBJECT

```
*
* Benutzerberechtigungen abfragen. Da diese Abfragen auch für Benutzer
* <> SY-UNAME möglich sein sollen, wird nicht das ABAP-Sprachelement
* AUTHORITY-CHECK sondern der Fubst. AUTHORITY_CHECK verwendet
*
  AUTH_FIELD1 = 'BTCADMIN'.
  AUTH_VALUE1 = 'Y'.
  CLEAR AUTH_FIELD2.
  CLEAR AUTH_VALUE2.
  CLEAR AUTH_FIELD3.
  CLEAR AUTH_VALUE3.
  AUTH_USER   = USERNAME.
  AUTH_OBJECT = 'S_BTCH_ADM'.

  CALL FUNCTION 'AUTHORITY_CHECK'       " Batchadministrator-Berechtigung
       EXPORTING FIELD1  = AUTH_FIELD1
                 FIELD2  = AUTH_FIELD2
                 FIELD3  = AUTH_FIELD3
                 OBJECT  = AUTH_OBJECT
                 USER    = AUTH_USER
                 VALUE1  = AUTH_VALUE1
                 VALUE2  = AUTH_VALUE2
                 VALUE3  = AUTH_VALUE3
       EXCEPTIONS USER_IS_AUTHORIZED =  1
                  USER_DONT_EXIST    =  2
                  OTHERS             = 99.
```

Abbildung 4.3 : Verwendung eines SAP-Standard-Funktionsbausteins

Trotz der umfassenden Möglichkeiten in den Berechtigungskonzepten gibt es in einigen SAP-Systemen kundeneigene Tabellen, die z. B. den Zugriff auf die Daten bestimmter Buchungskreise regeln. Das Erstellen von Inhalten in derartigen Tabellen muss mit dem Eigentümer des SAP-Systems abgestimmt werden.

4.3 Fehlende Berechtigungen

Wird ein Programm ausgeführt und der Anwender erhält die Nachricht, dass er nicht die erforderlichen Berechtigungen besitzt, so kann der Anwender mit der Eingabe der Transaktion `/nsu53` die Eigenschaften der fehlenden Berechtigung ermitteln (siehe Abbildung 4.4).

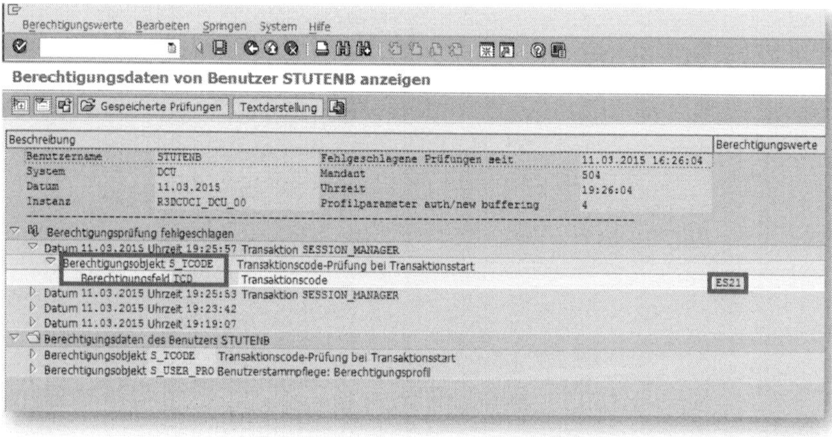

Abbildung 4.4: Auswertung fehlender Berechtigungen

Die Transaktion `SU53` ermittelt bei *fehlenden Berechtigungen* das benötigte *Berechtigungsobjekt*, die Aktivität und das Berechtigungsfeld. Sie zeigt außerdem an, welche Berechtigungsobjekte, Aktivitäten und Berechtigungsfelder dem User zugeordnet wurden.

Fehlende Funktionen durch fehlende Berechtigungen

Nicht selten gibt es in SAP-Systemen das Problem, dass Funktionen nicht oder mangelhaft funktionieren. Zurückzuführen ist dieses Problems nach langer Fehlersuche oft auf eine unzureichende Berechtigung. Nicht immer wird die Information über fehlende Berechtigungen an den Anwender über die Statuszeile oder mittels Messages weitergegeben. Derartige Fehler lassen sich sehr schnell analysieren, wenn die geforderte Funktionalität einem anderen User mit anderen bzw. umfassenderen Berechtigungen fehlerfrei zur Verfügung steht.

5 Customizing im SAP

Mithilfe des *Customizings* werden die meisten kundenspezifischen Einstellungen im SAP-System vorgenommen. Im Regelfall obliegt diese Aufgabe dem Modul-Verantwortlichen und nicht dem ABAP-Entwickler. Dieser wird bei Fehlerfunktionen aber gerne zur Ursachenanalyse hinzugezogen, und nicht selten stellt sich heraus, dass die Fehlfunktionen auf unzureichende oder fehlende Customizing-Einstellungen zurückzuführen sind. Aus diesem Grund muss der ABAP-Entwickler deren grundlegende Prinzipien und das Handling von Customizing-Einstellungen kennen.

Alle Customizing-Aktivitäten werden in den *Customizing-Tabellen* gespeichert. In einem SAP-System gibt es mitunter über 30.000 dieser Tabellen (DB-Tabelle DD02L mit dem Suchkriterium CONTFLAG = »C«).

Im SAP-System wird unterschieden zwischen:

- *mandantenunabhängigem Customizing*, d. h. Einstellungen gelten für alle SAP-Mandanten des SAP-Systems,
- *mandantenabhängigem Customizing*, d. h. Einstellungen gelten nur für den SAP-Mandanten, in dem sie vorgenommen wurden.

Alle Customizing-Tabellen, die das *Datenelement* »Mandt« oder »Client« nicht besitzen, sind mandantenunabhängig (z. B. die Tabelle T100 – Nachrichten). Customizing-Tabellen, die eines dieser Datenelemente als erstes Feld aufweisen, gelten ausschließlich für Mandanten-spezifische Einstellungen (z. B. die Tabelle T001 – Buchungskreise).

Ausnahmen von der Regel

Die Tabelle T000 (SAP-Mandanten) besitzt z. B. das Datenelement MANDT, die Einträge in dieser Tabelle gelten jedoch systemweit. Die vorgenannte Regel trifft also nicht immer zu!

Technisch gesehen, verbirgt sich hinter dem Customizing das Hinzufügen, Löschen oder Ändern von Datensätzen in Customizing-Tabellen. Die Datenänderungen werden über *Tabellenpflegetransaktionen* oder *Tabellenpflegeviews* durchgeführt. Mit dem Ändern von Einträgen in Customizing-Tabellen wird ein sogenannter *Customizing-Auftrag* erstellt. Durch den Transport vom Entwicklungs- über das Test- ins produktive System werden die Änderungen an Inhalten von Customizing-Tabellen auf Folgesysteme übertragen. Eine Ausnahme bilden die sogenannten *laufenden Einstellungen* (siehe Abschnitt 5.2).

5.1 Die Transaktion SPRO

Kennt man die entsprechende Customizing-Tabelle oder den Customizing-View, so könnten die erforderlichen Einträge mit der Transaktion `SM30` (Tabellenpflege) vorgenommen werden. Die *Transaktion SPRO* (Customizing - Projektbearbeitung) hat gegenüber der SM30 den großen Vorteil, dass der Anwender nicht Gefahr läuft, wichtige Customizing-Einstellungen zu versäumen, da er menügeführt unter bestimmten Sachgebieten und Themen die erforderlichen Konfigurationen auffinden und vornehmen kann.

Die SAP bietet für die Einführung von Modulen oder bestimmten Funktionen *Implementierungsleitfäden* an. Diese Leitfäden sind ein hilfreiches Instrument für das vollständige und korrekte Customizing von SAP-Funktionalitäten.

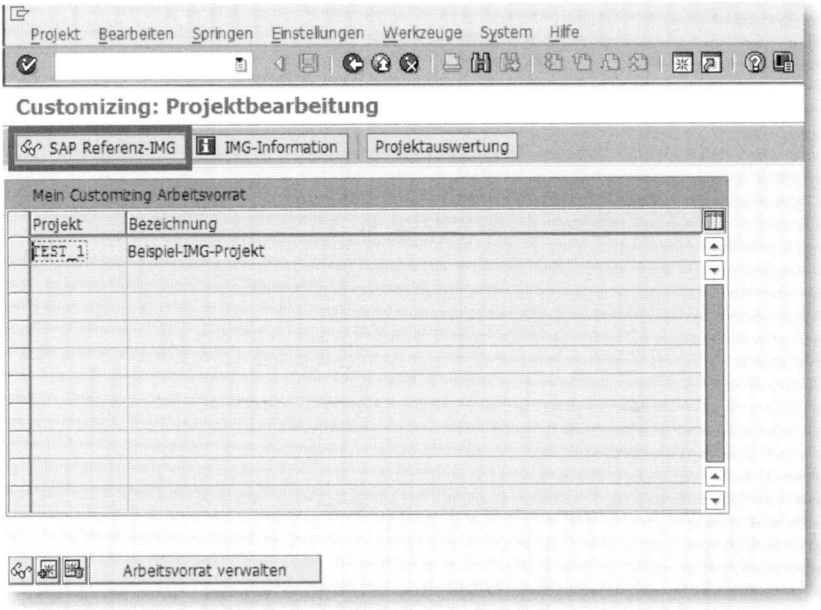

Abbildung 5.1: Transaktion SPRO

Innerhalb der Transaktion SPRO können kundenspezifische Projekte erstellt werden (siehe Abbildung 5.1 – Projekt TEST_1), in denen für fachliche Aufgaben ausgewählte Customizing-Einstellungen aus dem vollständigen *SAP-Referenz-IMG* (SAP Referenz Implementation Guide) übernommen werden.

Befindet sich kein Projekt im »Customizing: Projektbearbeitung«, so verwendet man das *SAP Referenz-IMG*. Mit einem Mausklick auf den Button 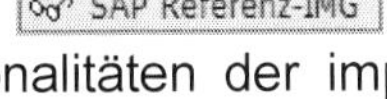

werden dem Anwender die Customizing-Funktionalitäten der implementierten SAP-Module angezeigt (siehe Abbildung 5.2).

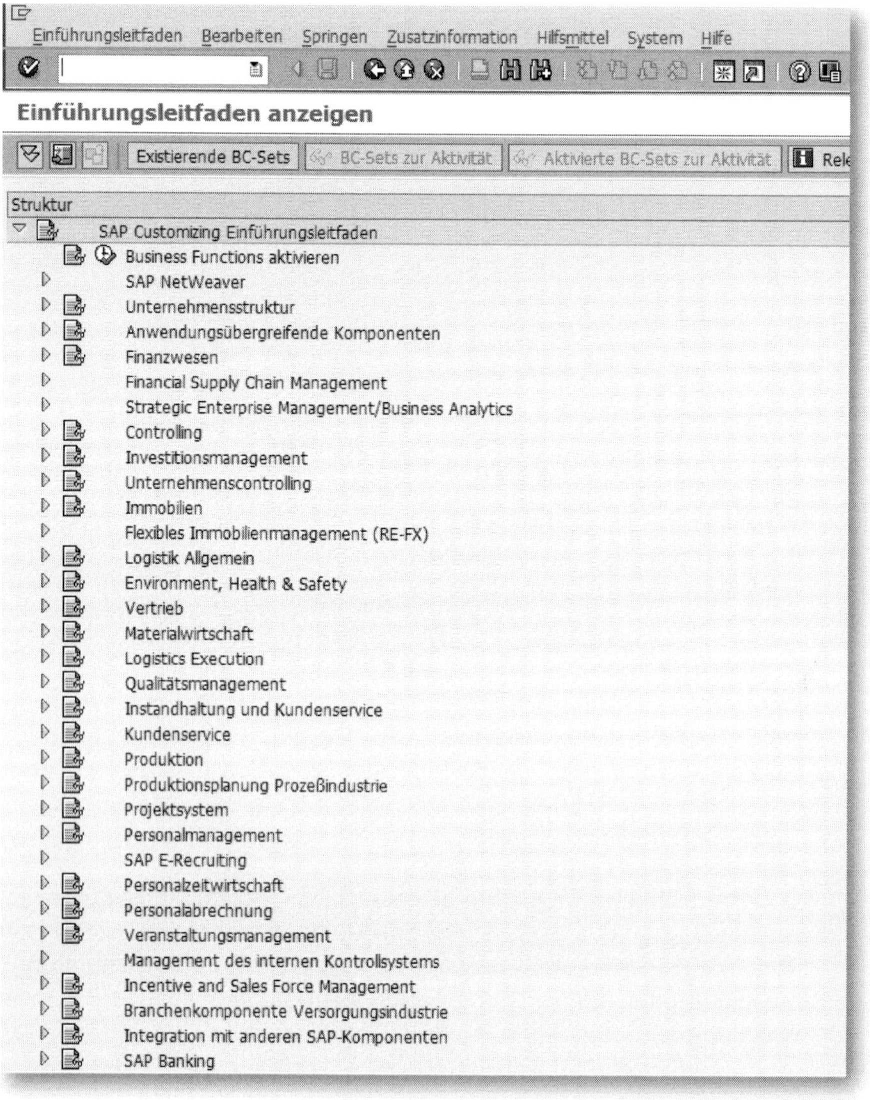

Abbildung 5.2: SAP-Einführungsleitfaden (sogenanntes IMG)

Durch einen Mausklick auf ein Dreieck vor der Bezeichnung eines Funktionsbereiches öffnen sich die Zweige des jeweiligen Astes (siehe Abbildung 5.3).

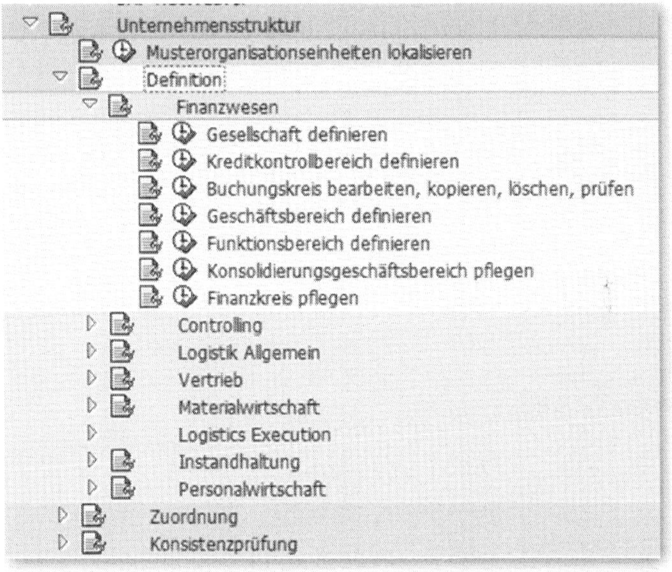

Abbildung 5.3: Zweige des Menübaums zum Thema »Unternehmensstruktur«

Mit einem Mausklick auf das vorstehende Blatt-Icon wird – sofern eine Dokumentation vorhanden ist – eine Beschreibung zum jeweiligen Menüzweig angezeigt. Mit einem Mausklick auf das Icon kann dessen Customizing durchgeführt werden.

Nehmen wir als Beispiel den Menüzweig UNTERNEHMENSSTRUKTUR • DEFINITION • FINANZWESEN und darunter den Punkt BUCHUNGSKREISE BEARBEITEN, KOPIEREN, LÖSCHEN, PRÜFEN. Mit einem Mausklick auf das Icon öffnet sich hierzu ein weiterer Dialog-Bildschirm. Jetzt setzen Sie den Cursor auf die durchzuführende Funktion – in diesem Fall BUCHUNGSKREISDATEN BEARBEITEN – und nutzen den Button Auswählen, um das Customizing auszuführen. Generell wird zunächst nur der Anzeigemodus aufgerufen (siehe Abbildung 5.4).

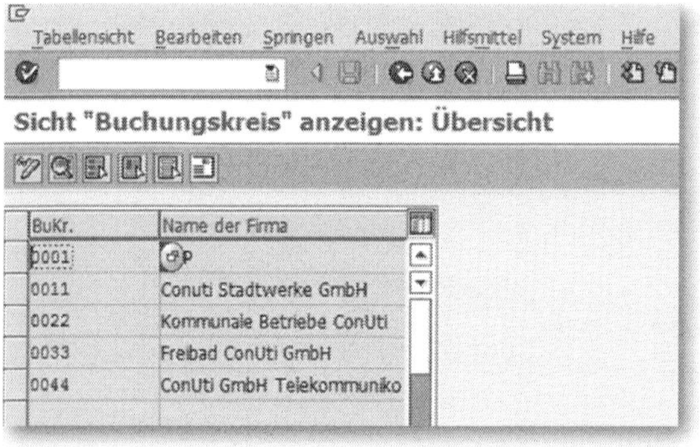

Abbildung 5.4: Anzeigemodus im Customizing

Erst durch das Icon erscheint der Änderungsmodus. Markieren Sie nun einen zu bearbeitenden Buchungskreis und verwenden dann das Icon, so können Sie die Daten zum Buchungskreis auch ändern (siehe Abbildung 5.5).

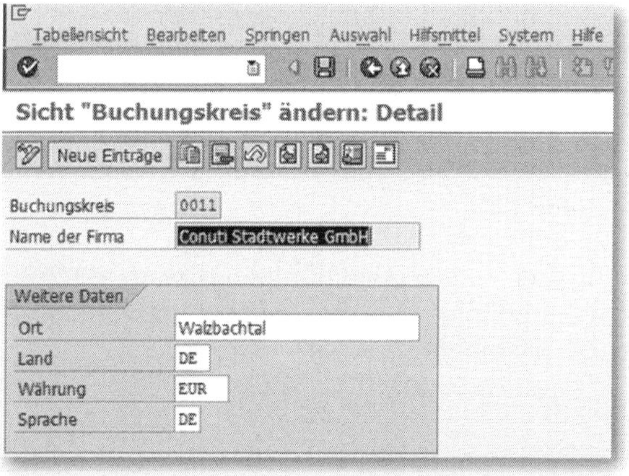

Abbildung 5.5: Customizing von Buchungskreisdaten

Über den Button Neue Einträge können neue Buchungskreise angelegt werden und über das Icon wird ein existierender gelöscht.

Beim Ändern, Löschen oder Hinzufügen neuer Daten wird automatisch ein *Customizing-Auftrag* angelegt. Damit kann diese Änderung in die Folgesysteme transportiert werden.

Kleiner Fehler – große Folgen

Beim Customizing muss der Entwickler genau wissen, was er tut. Falsche oder fehlende Customizing-Einträge können ein SAP-System teilweise oder vollständig außer Funktion setzen, oder es kommt zu einem Bearbeitungsfehler in bestimmten SAP-Programmen bzw. -Transaktionen.

In der dargestellten Vorgehensweise werden alle Customizing-Arbeiten in SAP-Systemen durchgeführt.

Die Transaktion SPRO bietet einige hilfreiche Tools. So können z. B. über das Pull-down-Menü ZUSATZINFORMATIONEN • RELEASE-INFORMATIONEN zu vielen Bereichen mittels des Icons Versionsinformationen zur Verfügung gestellt werden (siehe Abbildung 5.6).

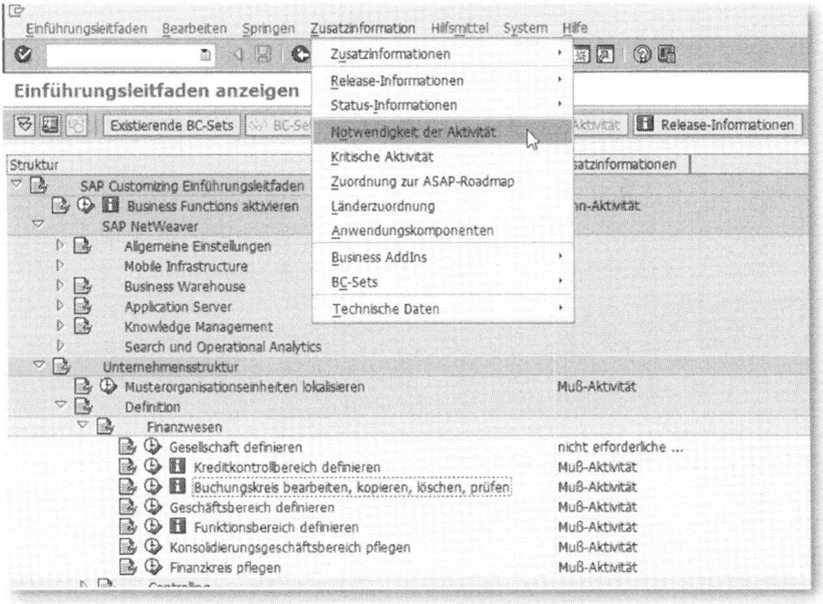

Abbildung 5.6: Zusatzinformationen in der Transaktion SPRO

Durch die Auswahl der Funktion NOTWENDIGKEIT DER AKTIVITÄTEN zeigt die SPRO in einer Spalte, ob es sich um eine MUSS- oder um eine nicht erforderliche Customizing-Einstellung handelt. Über das Pull-down-Menü SPRINGEN • ÄNDERUNGSPROTOKOLL können Sie sich zu einer Customizing-Aktivität durchgeführte Änderungen anzeigen lassen.

Durch Betätigen des Buttons [Protokollierung: Status anzeigen] werden dem Anwender alle Views und Tabellen aufgelistet, die von einer Customizing-Aktivität betroffen sind (siehe Abbildung 5.7).

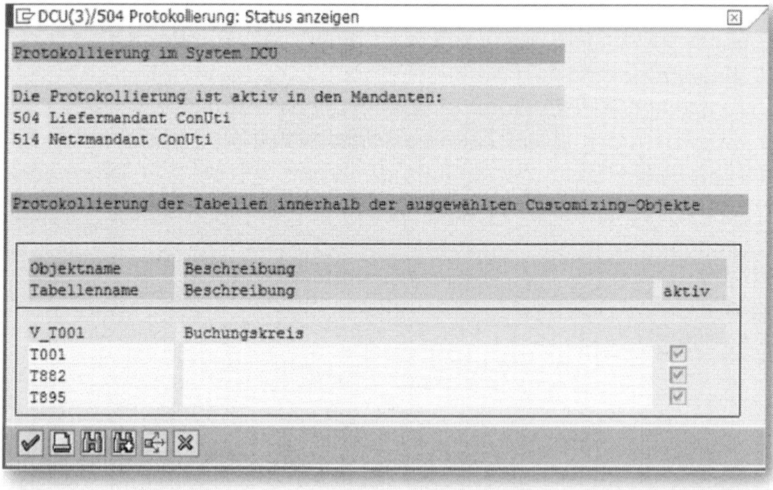

Abbildung 5.7: Betroffene Customizing-Tabellen bei Änderungen am Buchungskreis

Eine der wichtigen Funktionen innerhalb der Transaktion SPRO ist die *Suche nach Begriffen in allen Menüeinträgen*. Über das Pull-down-Menü BEARBEITEN • SUCHEN öffnet sich ein Dialog-Bildschirm, mit dem der gesamte Customizing-Baum nach bestimmten Begriffen durchsucht werden kann (siehe Abbildung 5.8). Verwenden wir zur Suche den Begriff »KONTOKLASSE«, um die letzte noch ausstehende Aufgabe der im Kapitel 1 dargestellten Anforderung umzusetzen: das Customizing der Kontoklasse.

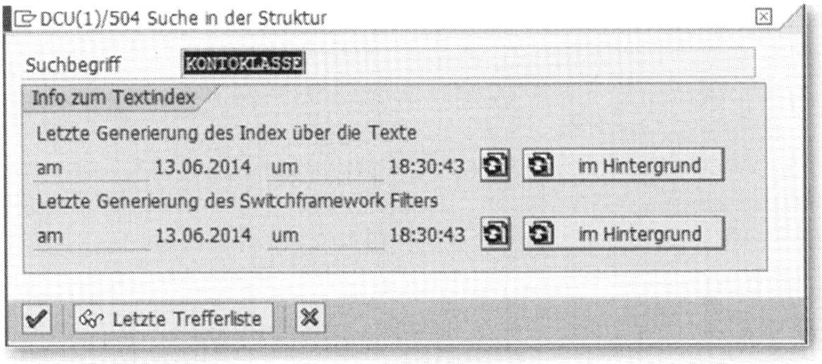

Abbildung 5.8: Suche in Menü-Zweigen nach dem Begriff »KONTOKLASSE«

Findet die Suche nach einem Begriff mehrere Stellen, dann wird eine Ergebnisliste angezeigt. Setzt man den Cursor auf eine der Zeilen oder markiert einen Eintrag in der ersten Spalte der Ergebnisliste und betätigt daraufhin das Icon ✔, dann springt das System zum entsprechenden Menüzweig im IMG.

Gibt es nur eine Fundstelle, wie im Fall der Kontoklasse, dann springt die Suche direkt zur Fundstelle im IMG (siehe Abbildung 5.9). Mithilfe dieser Suchfunktion ersparen Sie sich das oft umständliche Suchen in den Menüzweigen.

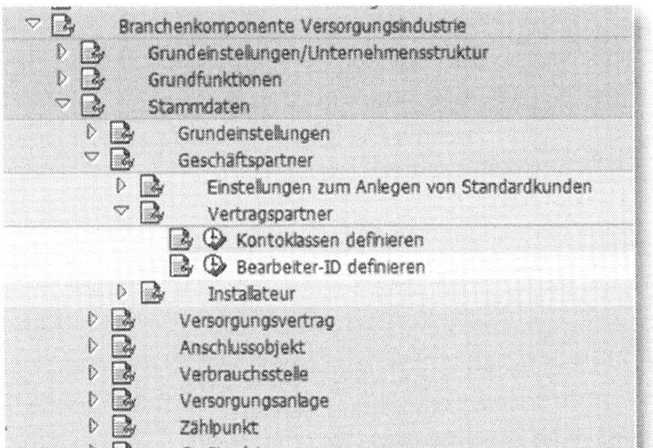

Abbildung 5.9: Fundstelle im IMG-Menübaum zum Suchbegriff »Kontoklasse«

Für das Customizing der neuen Kontoklasse »First Customer« verwenden Sie das Icon und erfassen die neue Kontoklasse »0007« mit der Bezeichnung FIRST CUSTOMER. Mit dem Speichern des neuen Eintrags werden Sie aufgefordert, einen Customizing-Transport anzulegen. Mit dieser Aktivität werden alle noch ausstehenden Aufgaben zur Umsetzung der in Kapitel 1 genannten Anforderung umgesetzt.

5.2 Laufende Einstellungen

Bei den sogenannten *laufenden Einstellungen* handelt es sich im SAP-System um eine Eigenschaften von Customizing-Tabellen. Eigentlich sollten einmal eingestellte Customizing-Einstellungen nicht änderbar sein. Aus diesem Grund ist das produktive SAP-System für Customizing-Einstellungen gesperrt. Es kann jedoch Situationen geben, in denen das Customizing in einem produktiven Mandanten zwingend erforderlich ist, z. B., um den ständig schwankenden Währungskurs einzugeben. Zu diesem Zweck gibt es in SAP-Systemen die laufenden Einstellungen.

Wir verwenden an dieser Stelle für das Beispiel aus Kapitel 1 die Tabelle zur Verwaltung von Rahmenverträgen ZRAHMENVERTRAG. Mit der Transaktion SE11 stellen wir in der Rubrik AUSLIEFERUNG UND PFLEGE die Auslieferungsklasse auf den Wert »C« (Customizing-Tabelle) (siehe Abbildung 5.10). Für die Pflege der Tabelle wurde bereits zuvor die gleichnamige Transaktion ZRAHMENVERTAG mithilfe der Transaktion SE93 angelegt.

Mit dieser Änderung muss auch die Tabellenpflege-Transaktion geändert werden. Über das Pull-down-Menü HILFSMITTEL • TABELLENPFLEGEGENERATOR in der Transaktion SE11 lässt sich die Tabellenpflege neu generieren (siehe Abbildung 5.11). Dazu betätigen Sie das Icon für den Änderungsmodus, wählen im darauf erscheinenden Bildschirm die voreingestellten Optionen und bestätigen die Auswahl. Jetzt muss noch das Dynpro 0100 selektiert und auch diese Auswahl bestätigt werden. Im Ergebnis entsteht ein neuer Tabellenpflegedialog.

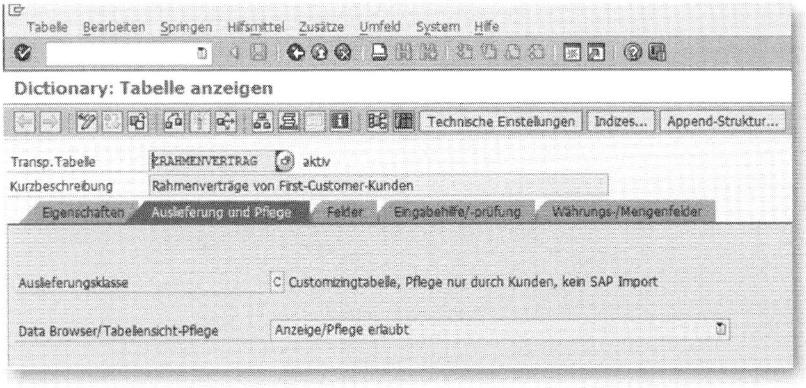

Abbildung 5.10: Tabelle ZRAHMENVERTRAG als Customizing-Tabelle

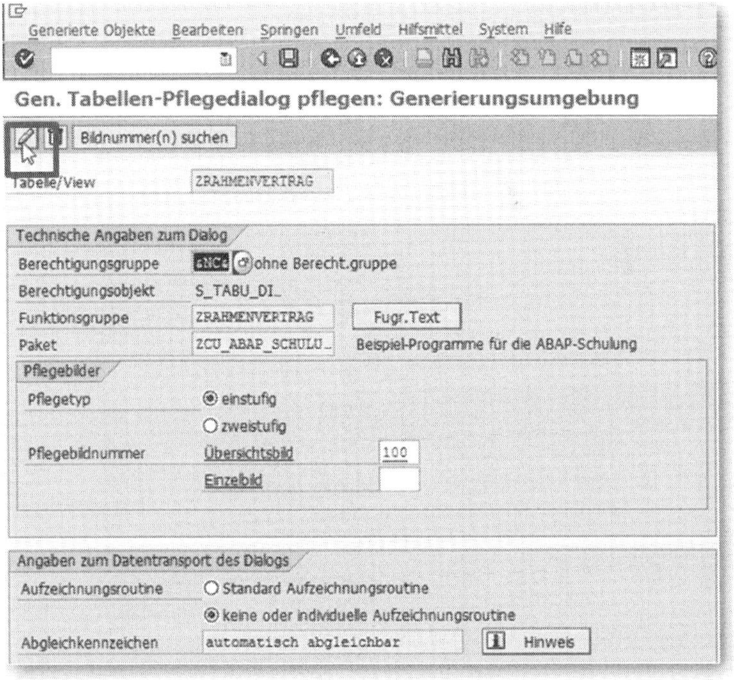

Abbildung 5.11: Generierung eines neuen Tabellenpflegedialogs

Nun werden die Eigenschaften der Tabelle ZRAHMENVERTRAG mit der Transaktion SOBJ geändert.

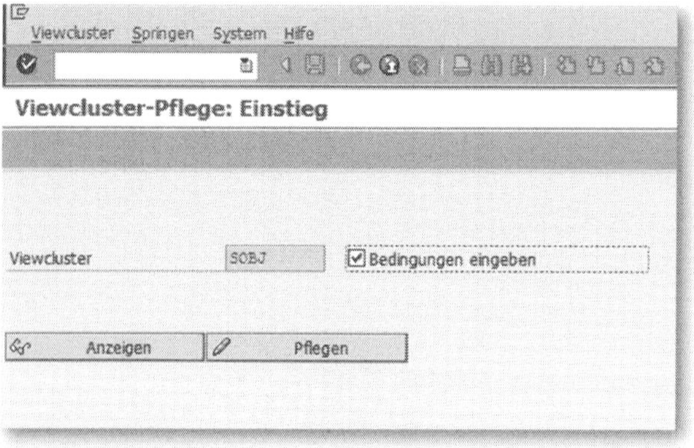

Abbildung 5.12: Transaktion SOBJ (Viewcluster-Pflege)

Im Selektionsbild der Transaktion SOBJ (siehe Abbildung 5.12) setzen Sie den Haken bei BEDINGUNGEN EINGEBEN und betätigen anschließend den Button Pflegen. Im nächsten Bild wählen Sie die Tabelle ZRAHMENVERTRAG und bestätigen die Auswahl mit dem Icon (siehe Abbildung 5.13).

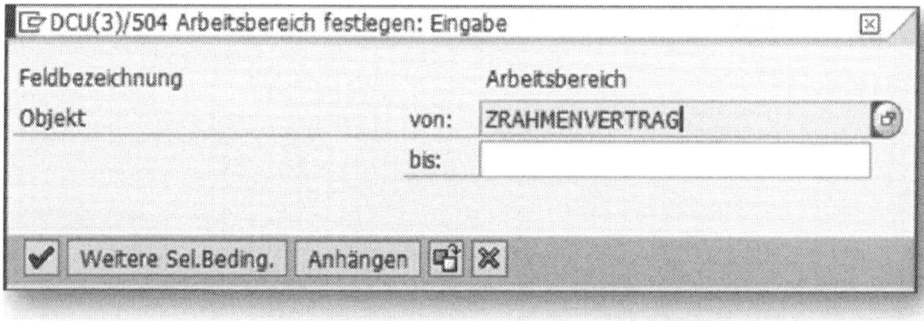

Abbildung 5.13: Selektion des Objektes ZRAHMENVERTRAG

Im Änderungsmodus der Transaktion SOBJ kann für die Tabelle ZRAHMENVERTRAG das Kennzeichen LAUFENDE EINSTELLUNG gesetzt werden, wenn im Feld KATEGORIE »CUST« eingetragen ist (siehe Abbildung 5.14). Setzen Sie im Ankreuzfeld LAUFENDE EINSTELLUNG einen Haken und sichern Sie diese Einstellung mit dem Icon .

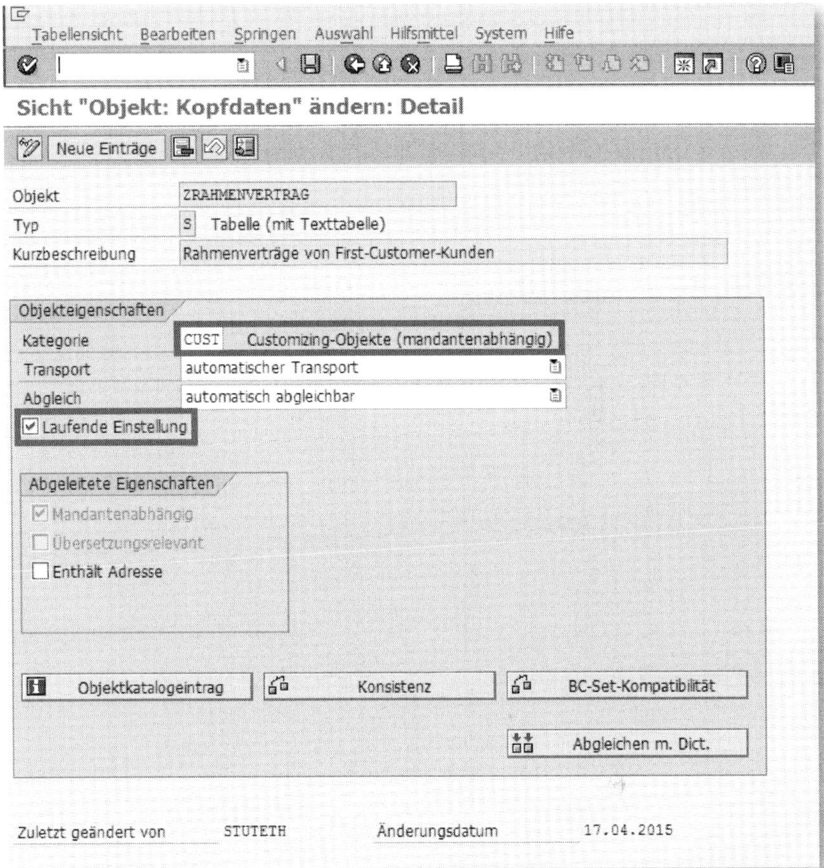

Abbildung 5.14: Kennzeichnen ZRAHMENVERTRAG als laufende Einstellung

Das Kennzeichen LAUFENDE EINSTELLUNG ist nur in einem Produktivmandanten (Rolle PRODUKTIV in der Mandanten-Tabelle T000, Feld CCATEGORY = »P« für »produktiv«) relevant. Eine laufende Einstellung kann in einem Produktivmandanten ohne die Erstellung eines Customizing-Auftrages geändert werden, auch wenn laut der Systemeinstellung Änderungen in dem Mandanten an mandantenabhängigen Objekten nicht erlaubt sind.

Damit nun unsere Tabelle ZRAHMENVERTRAG im produktiven System gepflegt werden kann, muss die Transaktion zur Tabellenpflege von »ZRAHMENVERTRAG« mit der Transaktion `SE43` einem Bereichsmenü zugeordnet oder, wie in Abbildung 5.15, ein neues Bereichsmenü für diese Transaktion angelegt werden.

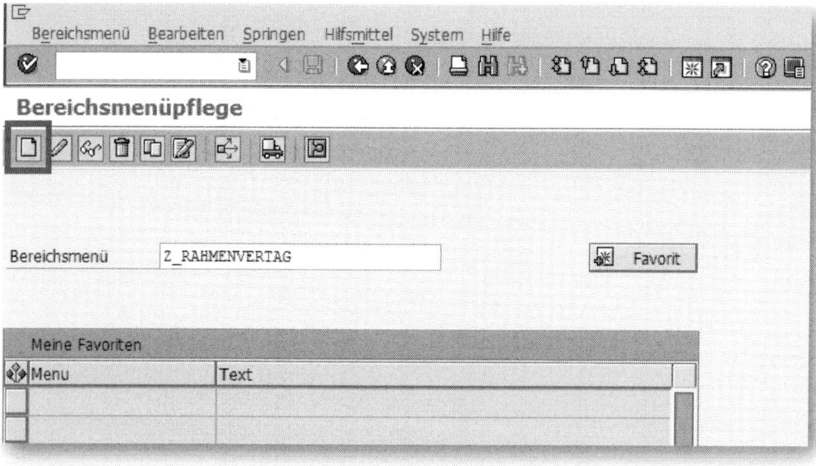

Abbildung 5.15: Anlegen eines Bereichsmenüs zur Verwaltung von Rahmenverträgen

Mit dem Icon  wird das neue Bereichsmenü erstellt und erhält im nächsten Bild die Beschreibung VERWALTUNG VON RAHMENVERTRÄGEN (siehe Abbildung 5.16). Diese Eingabe wird mit dem Button 

bestätigt.

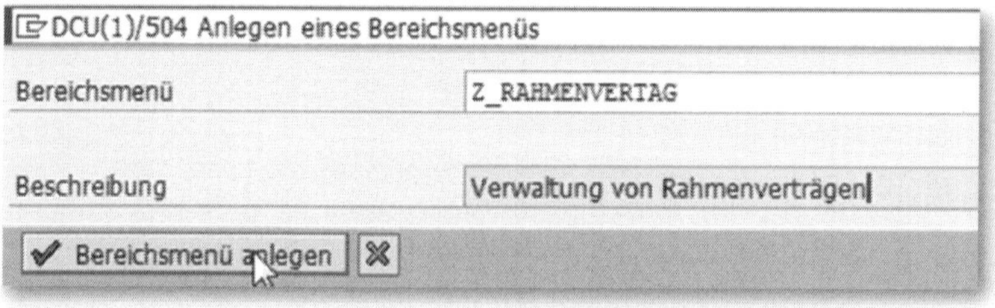

Abbildung 5.16: Beschreibung des neuen Bereichsmenüs

Im Änderungsmodus wird diesem Bereichsmenü abschließend ein Ast mit der Bezeichnung RAHMENVERTRÄGE hinzugefügt (siehe Abbildung 5.17).

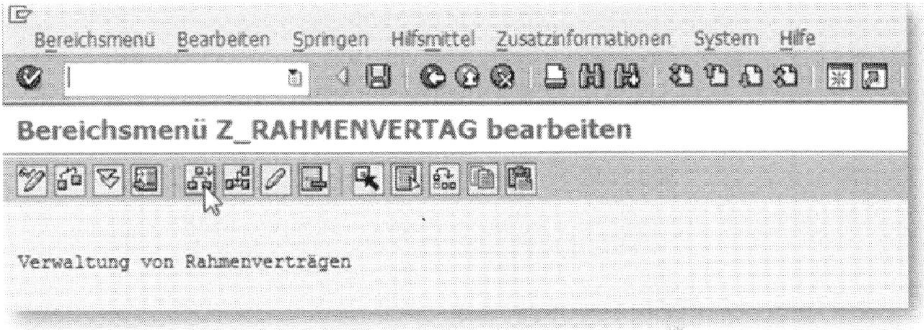

Abbildung 5.17: Anlegen eines Menü-Baums

Dazu wird der Cursor auf die Zeile VERWALTUNG VON RAHMENVERTRÄGEN gesetzt und mit dem Icon ein Menüast angelegt. Im nächsten Bild (siehe Abbildung 5.18) sind der Name des Menüzweiges und die aufzurufende Transaktion einzugeben.

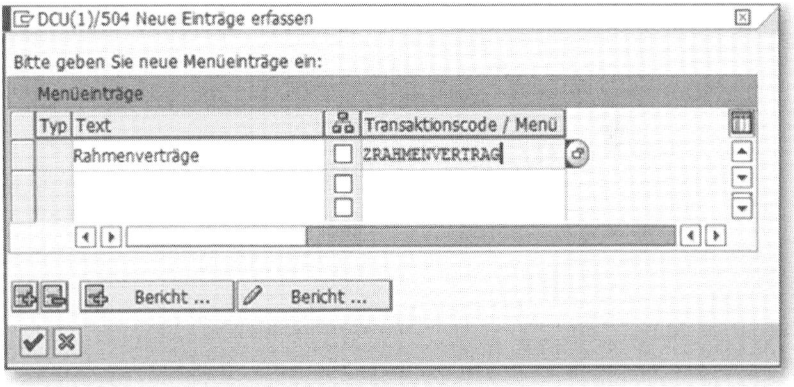

Abbildung 5.18: Name und Transaktion des neuen Menüastes

Die Eingabe wird mit dem Icon bestätigt. Im nächsten Bild wird das Bereichsmenü Z_RAHMENVERTRAG mit dem Menü Ast RAHMENVERTRAG angezeigt.

Das Bereichsmenü mit den laufenden Einstellungen zu den Rahmenverträgen kann damit über die Transaktion `Z_RAHMENVERTRAG` aufgerufen werden.

Mit den laufenden Einstellungen für die Tabelle ZRAHMENVERTRAG können nun direkt im produktiven System Datensätze hinzugefügt, gelöscht oder geändert werden, ohne den umständlichen Transport solcher Änderungen vom Entwicklungs- über das Test- ins produktive System.

Für den ABAP-Entwickler genügen die hier dargestellten Informationen zum Handling des SAP-Customizings, da das eigentliche Einstellen des SAP-Systems Aufgabe des jeweiligen SAP-Modulberaters ist.

6 Das SAP-Transportwesen

Das SAP-Basis-Know-how für einen ABAP-Entwickler beschränkt sich in erster Linie auf das Transportwesen. In diesem Umfeld sollte er sich jedoch sehr genau auskennen, damit seine Entwicklungen korrekt in die Folgesysteme übernommen werden. In diesem Kapitel werde ich Ihnen daher die wichtigsten Grundlagen zum Transportwesen vermitteln.

SAP-Systemlandschaften bestehen im Regelfall aus einem Entwicklungssystem und weiteren Folgesystemen, wie etwa Test- und Projektsystemen sowie Produktivsystemen. Um den steigenden Anforderungen an Rechnerleistung gerecht zu werden, ist es möglich, dass ein *logisches SAP-System* von mehreren *physikalischen Rechnersystemen* bedient wird. Damit kann eine SAP-(Hardware-)Systemlandschaft beliebig komplex werden (siehe Abbildung 6.1).

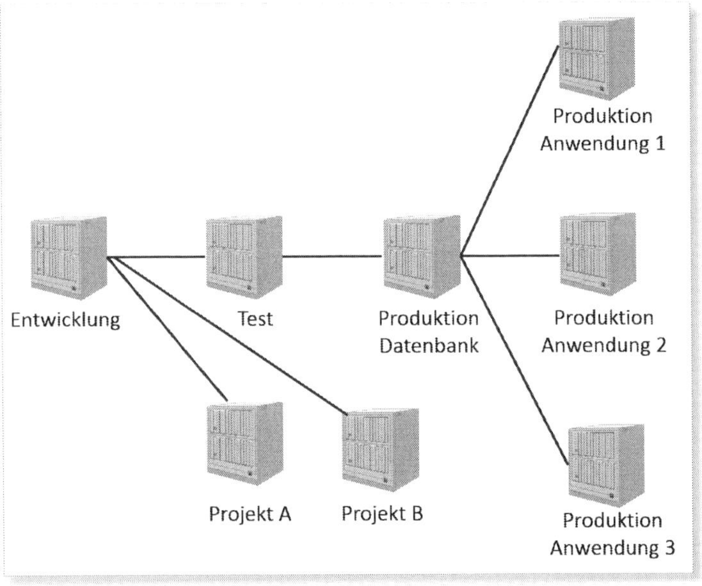

Abbildung 6.1: Beispiel einer physikalischen SAP-Systemlandschaft

Um verschiedene Unternehmen bzw. Unternehmensteile mit einem SAP-System versorgen zu können, wurde das *Mandantenkonzept* entwickelt. Darunter versteht man, dass auf einem SAP-System mehrere Mandanten aktiv sind, die zwar dieselben Programme nutzen, deren Customizing-Einstellungen sich aber deutlich voneinander unterscheiden können. Dazu muss es neben der physikalischen (Hardware-)Systemlandschaft auch eine logische (Software-) Systemlandschaft geben, die beide wiederum aus unterschiedlichen Systemen (Entwicklung, Test und Produktion) bestehen. Auf diesen Systemen können dann verschiedene Mandanten implementiert sein (siehe Abbildung 6.2).

Generell sind alle *Entwicklungsobjekte* (Programme, Funktionsbausteine, Klassen etc.) in allen Mandanten identisch, also *mandantenübergreifend.* Customizing-Einstellungen hingegen können mandantenübergreifend, aber auch mandantenabhängig sein.

Der Mandant »000« ist immer der *SAP-Auslieferungsmandant.* Alle SAP-Objekte sind in diesem Mandanten gespeichert. Obwohl Entwicklungen mandantenübergreifend sind, muss für die Entwicklung von kundeneigenen Objekten ein sogenannter *Entwicklungsmandant* definiert werden, der sowohl für Entwicklungsobjekte als auch für das *mandantenübergreifende Customizing* verwendet wird. Das *mandantenabhängige Customizing* findet ausschließlich in den einzelnen Mandanten statt.

Änderungen, die in den Entwicklungssystemen vorgenommen wurden, sind in die Folgesysteme zu überführen. Dieses Überführen von Änderungen bzw. Erweiterungen wird im SAP durch das *Transport Management System (TMS)* ermöglicht. Dieses TMS basiert auf dem Mandantenkonzept, sodass sowohl Entwicklungen als auch Customizing-Einstellungen beginnend im Entwicklungssystem in die Folgesysteme transportiert werden.

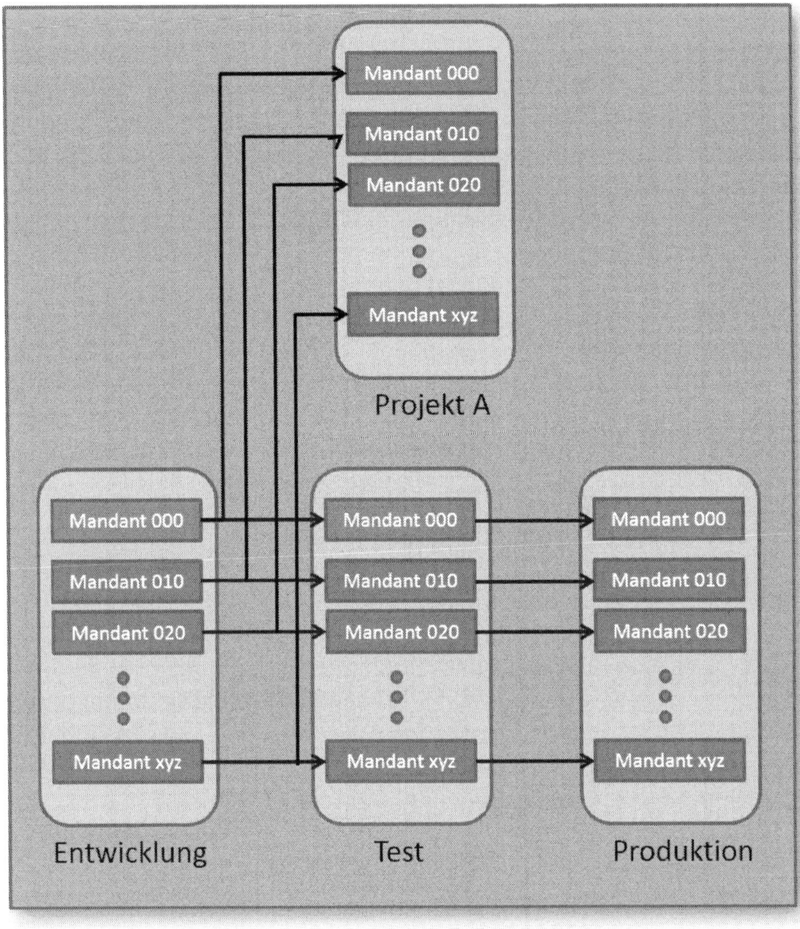

Abbildung 6.2: Beispiel einer logischen SAP-Systemlandschaft

Das Transport Management System unterscheidet zwischen

- Workbench-Transportaufträgen (kurz Workbench-Aufträgen) und
- Customizing-Transportaufträgen (kurz Customizing-Aufträgen).

Workbench-Aufträge und mandantenunabhängige Customizing-Aufträge sind im Entwicklungsmandanten anzulegen und über diesen in die entsprechenden Mandanten der Folgesysteme zu transportieren. Mandantenabhängige *Customizing-Aufträge* hingegen sind in dem Mandanten anzulegen, in dem die Customizing-Einstellung vorgenommen wurde. Die Transporte dieser mandantenabhängigen Customizing-Aufträge werden in der Regel in die gleichnamigen Mandanten der Folgesysteme überführt.

Customizing-Aufträge können, wenn die vorgenommenen Einstellungen mandantenübergreifend gelten sollen, auch in andere Mandanten der Folgesysteme transportiert werden. Es sollte in diesem Fall sichergestellt sein, dass diese Einstellungen auch in den Ursprungsmandanten des Entwicklungssystems vorgenommen werden.

Die Rolle der Entwicklungspakete

Jede Entwicklung ist entweder ein lokales Objekt oder sie muss einem *Entwicklungspaket* (kurz Paket) zugeordnet sein. *Lokale Entwicklungsobjekte* sind grundsätzlich dem Entwicklungspaket namens »*$TMP*« zuzuordnen. Sie können nicht in Folgesysteme transportiert werden. Lokale Entwicklungsobjekte werden z. B. für Programme verwendet, die aus Transaktionsaufzeichnungen generiert wurden und in Folgesystemen nicht benötigt werden.

Jedem Entwicklungspaket ist eine sogenannte *Transportschicht* zugeordnet, die darüber entscheidet, in welche Folgesysteme und welche Mandanten jedes Objekt des Entwicklungspaketes transportiert wird.

Betrachten wir z. B. das SAP-Standard-Entwicklungspaket »EE01« mit der Transaktion `SE80`. In diesem Paket befinden sich die SAP-Entwicklungsobjekte (Funktionsgruppen und deren Funktionsbausteine, Klassen, Programme, Dictionary Objekte, Includes etc.) für die Stammdaten der SAP-Komponente »IS-U« (siehe Abbildung 6.3).

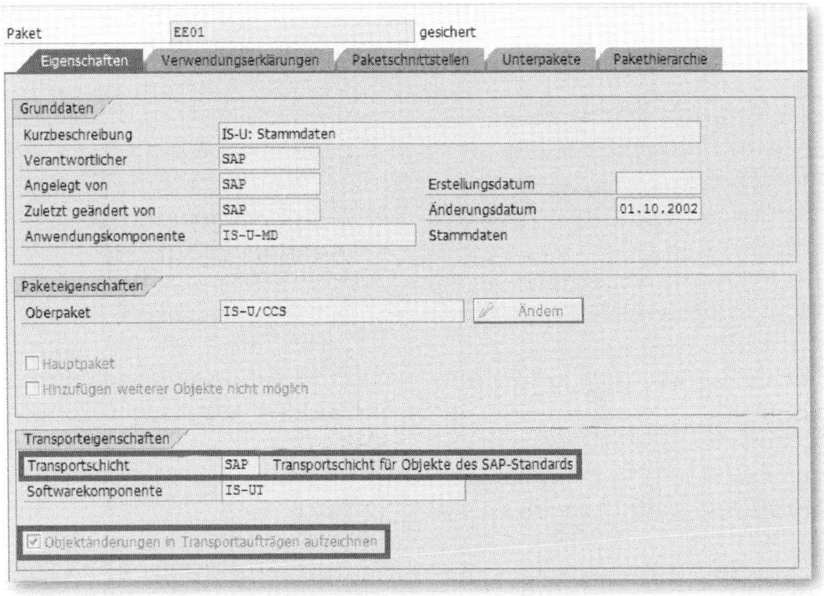

Abbildung 6.3: Eigenschaften des Entwicklungspakets EE01

Die Eigenschaften von Entwicklungspaketen definieren zwei wesentliche Aspekte hinsichtlich des Transportwesens:

- Die Transportschichten, d. h. die Folgesysteme und deren Mandanten, in denen die Entwicklungsobjekte transportiert werden;
- Transportaufträge, die bei Änderungen von Objekten des Paketes automatisch angelegt werden.

Die Transportschicht mit der Bezeichnung »SAP« und das automatische Anlegen von Transportaufträgen bei Änderung von Objekten des Entwicklungspakets »EE01« bewirken, dass bei Änderung eines Objektes direkt ein Transportauftrag im SAP-Mandanten »000« angelegt wird. Dieser Transportauftrag ist dann in den Mandanten »000« der Folgesysteme zu überführen.

Für *kundeneigene Entwicklungspakete*, die als erstes Zeichen im Namen ein »Z« besitzen (so die Namenskonvention der SAP), sind vom SAP-Basisteam kundeneigene Transportschichten zur Verfügung zu stellen.

Idealerweise werden für kundeneigene Entwicklungen in den einzelnen SAP-Komponenten zugehörige Entwicklungspakete mit den erforderlichen Transportschichten angelegt, z. B. »Z_FI« für Entwicklungen im Finanzwesen oder »Z_MM« für Entwicklungen in der Materialwirtschaft. Für kundeneigene Produkte, die keiner SAP-Komponente zugeordnet werden können, sollten ebenfalls eigenständige Entwicklungspakete angelegt und verwendet werden.

Bisher habe ich von Entwicklungen gesprochen, die in Folgesysteme zu überführen sind. Im SAP-Fachjargon werden diese Überführungen *Transporte* genannt. Es wird davon gesprochen, dass Entwicklungen und Customizing-Einstellungen zu transportieren sind, wenn sie in Folgesysteme zu überführen sind.

Um den Transportmechanismus näher zu erläutern, betrachten wir Abbildung 6.4.

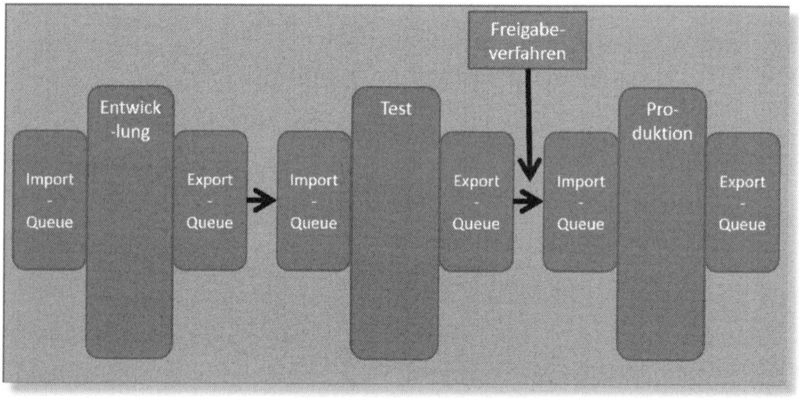

Abbildung 6.4: Der SAP-Transportmechanismus

Wurde eine Entwicklung oder eine Customizing-Einstellung fertiggestellt, dann ist der dadurch entstandene Transportauftrag freizugeben. Das bedeutet, dass die im Transportauftrag enthaltenen Objekte in die Folgesysteme transportiert werden können.

Transporte für das Testsystem

Mit der Freigabe eines Transportes wird dieser in die sogenannte *Export-Queue* des Entwicklungssystems gestellt. Im Hintergrund laufende SAP-Systemprogramme sorgen dafür, dass der Transportauftrag aus der Export-Queue des Entwicklungssystems in die *Import-Queue* des Testsystems gestellt wird. Damit sind die Objekte des Transportauftrags aber noch nicht in das Folgesystem überführt. Erst wenn die Transportobjekte aus der Import-Queue in das Testsystem importiert wurden, sind die Entwicklungsarbeiten bzw. vorgenommenen Customizing-Einstellungen im Testsystem angekommen. Im Regelfall wird der Import von Änderungen in das Testsystem in regelmäßigen, relativ kurzen Abständen automatisiert durchgeführt. Die Praxis zeigt, dass diese Abstände bei den SAP-Betreibern mitunter sehr große Unterschiede aufweisen. Für einen Entwickler, der erste Entwicklertests ausschließlich auf dem Testsystem durchführen kann, ist eine Periode von 15 Minuten für den Import von Änderungen in das Testsystem sicherlich zu lang und behindert ihn. Performante Systeme wären mit einer zweckmäßigen Transportperiode alle drei bis fünf Minuten keinesfalls überfordert.

Erst nach einem umfangreichen Test der Entwicklungen bzw. Customizing-Einstellungen durch die Anwender, die auch das produktive System bedienen, können die im Transport befindlichen Änderungen in das Produktivsystem transportiert werden.

Freigabeverfahren für die Produktivsetzung

Nach den *Grundsätzen ordnungsmäßiger DV-gestützter Buchführungssysteme (GoBS)* ist der Anwender sowohl für die Daten als auch für die Verfahren, die zur Bearbeitung der Daten eingesetzt werden, verantwortlich. Zur Sicherstellung der Ordnungsmäßigkeit ist ein sogenanntes *Internes Kontrollsystem (IKS)* zu betreiben, dass u. a. Änderungen an den Verfahren nachvollziehbar dokumentiert. Aus diesem Grund unterliegt die Produktivsetzung von Änderungen in allen Unternehmen einem definierten *Freigabeverfahren*.

Halten Sie sich an das vom Kunden definierte Freigabeverfahren für die Produktivsetzung

Die Einhaltung des Freigabeverfahrens wird alljährlich von Wirtschaftsprüfern auf »Herz und Nieren« geprüft. Halten Sie sich dementsprechend an die Vorgaben des Unternehmens, in dessen Auftrag Sie das SAP-System betreiben. Das Freigabeverfahren muss Ausnahmen für die Korrektur schwerwiegender Fehler im produktiven System vorsehen.

Die Produktivsetzung

Ein immerwährender Streitpunkt zwischen Entwicklern, verantwortlichen Führungskräften und den Anwendern ist die Produktivsetzung von Entwicklungen oder Customizing-Einstellungen. Eine *Produktivsetzung* sollte nach meinen Erfahrungen nicht während des laufenden Betriebs vorgenommen werden; dies gilt insbesondere für Änderungen an vorhandenen Dictionary-Objekten. Ausnahmen von dieser Regel stellen z. B. die sogenannten *Not-Transporte* dar. Diese enthalten im Regelfall Korrekturen, die Programmabbrüche im produktiven Betrieb verhindern. Ausgenommen könnten auch kundeneigene Entwicklungen sein, die nur von einem begrenzten Anwenderkreis verwendet werden.

Jeder SAP-Dienstleister hat bzgl. der Produktivsetzung von Änderungen sicherlich sein eigenes Regelwerk, um zahlreiche Programmabbrüche im produktiven Betrieb zu verhindern. Daraus sollte allerdings nicht abgeleitet werden, dass gegenüber Entwicklern Abmahnungen angedroht oder gar ausgesprochen werden, wenn sie unter Umgehung dieses Regelwerkes eine Produktivsetzung veranlassen, um eine hohe Zahl von Programmabbrüchen zu vermeiden.

Grundlegende Kenntnisse erforderlich

Grundlegende Kenntnisse zum SAP Transport Management System sind für ABAP-Entwickler von entscheidender Bedeutung, damit er selbst darauf achten kann, dass seine Entwicklungen fehlerfrei produktiv gesetzt werden.

Im Folgenden gehe ich auf Detailaspekte des Transportwesens ein, die ein ABAP-Entwickler beherrschen sollte.

6.1 Die zentrale Rolle der Tabelle TADIR

Um das grundlegende Konzept hinter den Transporten zu verstehen, ist eine kurze Erläuterung der Tabelle *TADIR* und ihrer Felder erforderlich.

Die Tabelle TADIR ist mandantenunabhängig. Sie enthält **alle Entwicklungs-** und **Dictionary-Objekte** eines SAP-Systems sowie bestimmte Eigenschaften, die für das Transport Management System von Bedeutung sind. Jeder Datensatz der Tabelle TADIR wird durch drei Attribute (Eigenschaften) eindeutig festgelegt:

1. Programm-ID – dazu gibt es prinzipiell vier Einträge:
    a. »R3TR« = Objektzusammenfassungen,
    b. »LIMU« = Teilobjekte eines größeren Objektes,
    c. »LANG« = Sprachabhängige Objektteile,
    d. »CORR« = Kommentare;

2. Objekttyp – wie z. B. »PROG« für Programm, »CLAS« für Klasse, »ENHO« für Erweiterungen, »DEVC« für Entwicklungspakete;

3. Objektname – der Name eines Transportobjekts.

Programm-ID zu FIRST_CUSTOMER

zB

Eines unserer Beispielprogramme hat in der Tabelle TADIR den Eintrag: »R3TR - PROG - ZCU_FIRST _CUSTOMER _ABLEINH«

Dieser Eintrag umfasst das gesamte Programm mit seinem Quellcode, seinen Textelementen und Eigenschaften.

Der folgende Eintrag in der Tabelle TADIR enthält lediglich die Textelemente des Programms:

»LIMU – REPT – ZCU_FIRST_CUSTOMER_ABLEINH«

Die Tabelle TADIR enthält zudem weitere für das Transportwesen wesentliche Informationen:

- die »System-ID« des Originalsystems, auf dem das Objekt angelegt wurde;
- den »verantwortlichen Entwickler«;
- das »Entwicklungspaket«, dem das Objekt zugeordnet ist. Dadurch wird die *Transportschiene* definiert, gemeint sind die Folgesysteme und Mandanten, in die das Objekt transportiert werden kann;
- ein »Reparaturkennzeichen«, das gesetzt wird, wenn das Objekt in einem SAP-System geändert wurde, das nicht das Originalsystem ist (durch das Reparaturkennzeichen ist das Objekt vor dem versehentlichen Überschreiben beim Import eines Transportes aus einem anderen SAP-System geschützt, darüber hinaus wird für die Änderung des Objektes der sogenannte *Modifikationsassistent* aufgerufen);
- ein »Generierungskennzeichen«, das gesetzt wird, wenn das Entwicklungsobjekt von einem anderen SAP-Programm generiert wurde;
- ein »Löschkennzeichen«;
- das »Erstellungsdatum«.

Bei jeder Zuordnung eines Entwicklungs- oder Data-Dictionary-Objektes zu einem Transportauftrag werden die Informationen aus dieser Tabelle verwendet.

6.2 Der Transport Organizer

Zentrales Werkzeug zur Verwaltung von Transporten ist der *Transport Organizer*, der mit den Transaktionen `SE09` oder `SE10` aufgerufen wird.

Wie bereits erläutert, wird immer dann ein Transportauftrag erstellt, wenn ein Entwicklungsobjekt geändert, gelöscht oder angelegt wurde. Entwicklungsobjekte im Sinne des Transportwesens sind z. B. Programme, Funktionsgruppen, Funktionsbausteine, Klassen, Methoden oder Dictionary-Objekte.

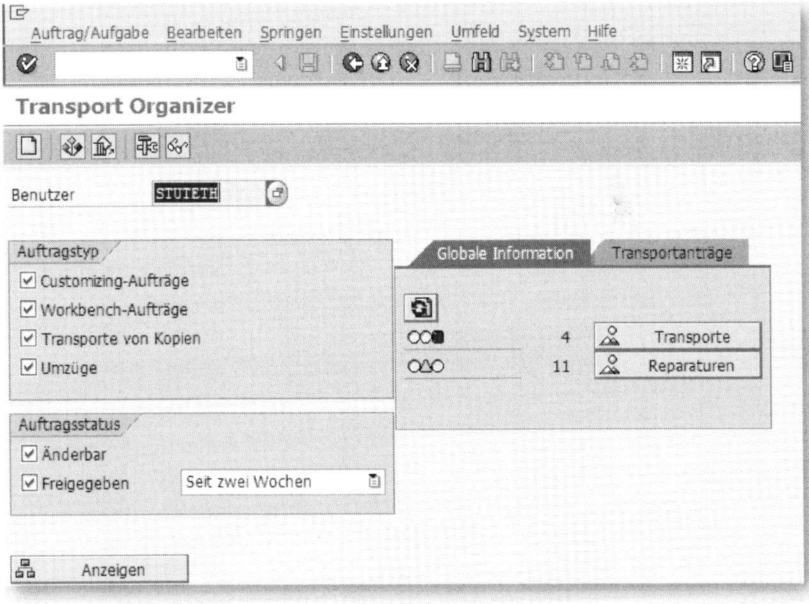

Abbildung 6.5: Der Transport Organizer

Abbildung 6.5 zeigt, dass ein Transportauftrag zwei verschiedene Status annehmen kann:

1. Der *Auftrag ist änderbar*, d. h., die enthaltenen Entwicklungsobjekte wurden noch nicht in Folgesysteme transportiert und unterliegen einer Sperre. Eine Sperre für Transportobjekte stellt sicher, dass bei einer Änderung des gleichen Entwicklungsobjektes durch einen weiteren Entwickler, die Änderungen des zweiten Entwicklers ebenfalls in diesen Transport aufgenommen werden. Änderbare Transportaufträge können weitere Entwicklungsobjekte aufnehmen.

2. Der *Auftrag ist freigegeben*, d. h., es können keine weiteren Entwicklungsobjekte in den Transportauftrag aufgenommen werden, und die Überführung in die Export-Queue wurde durchgeführt. Im Regelfall befinden sich die geänderten Objekte bereits in Folgesystemen.

Wie Abbildung 6.5 weiterhin zeigt, gibt es folgende *Auftragstypen*:

- CUSTOMIZING-AUFTRÄGE, diese enthalten Tabelleneinträge für Customizing-Einstellungen;
- WORKBENCH-AUFTRÄGE, diese enthalten angelegte, geänderte oder gelöschte Entwicklungsobjekte;
- TRANSPORT VON KOPIEN, dieser Transporttyp ermöglicht, Entwicklungsobjekte aus noch änderbaren Transportaufträgen (also Aufträgen, die noch nicht freigegeben wurden) aufzunehmen und in Folgesysteme zu transportieren; das hat den Vorteil, dass die Objekte in den noch änderbaren Transportaufträgen gesperrt bleiben;
- UMZÜGE, mit diesen Aufträgen können Entwicklungsobjekte in ein anderes SAP-System überführt werden; beim Import der Objekte in ein anderes SAP-System wird das Ausgangs-(Original-)System eines Objektes auf das Zielsystem, in das welches der Transport importiert wird, gesetzt.

Mit dem Transport Organizer können folgende Funktionen durchgeführt werden:

- Transportaufträge angelegen,
- Transportaufträge suchen,
- Transportaufträge selektierter User anzeigen,
- Transportaufträge löschen,
- Transport Organizer-Tools aufrufen.

In Abbildung 6.6 werden mit den Selektionskriterien aus Abbildung 6.5 die Aufträge des Users STUTETH der letzten zwei Wochen angezeigt.

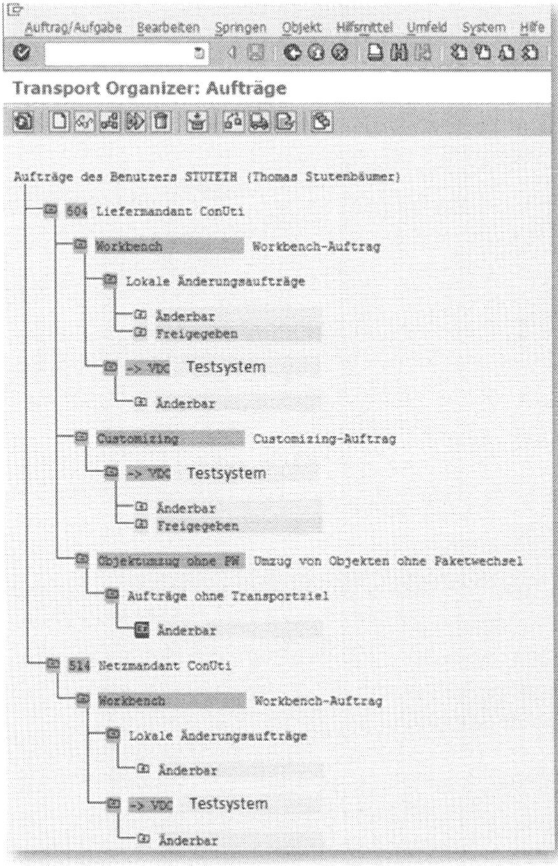

Abbildung 6.6: Hierarchie bei der Anzeige von Transporten

Mit den Transaktionen SE09 bzw. SE10 werden alle Transporte des Users STUTETH angezeigt, die noch nicht freigegeben sind bzw. die in den letzten zwei Wochen freigegeben wurden. Die Anzeige der Transporte folgt dabei folgender Hierarchie:

- Mandant 1
  - Workbench-Aufträge
    - Lokale Änderungsaufträge
      - änderbare Transporte
      - freigegebene Transporte
    - Transporte für Folgesysteme
      - änderbare Transporte
      - freigegebene Transporte
  - Customizing-Aufträge ...
  - Transport von Kopien ...
  - Umzüge ...
- Mandant 2 ...

Im Folgenden werde ich anhand von Beispielen Transportaufträge und ihre Eigenschaften erläutern.

Der in Abbildung 6.7 dargestellte änderbare Workbench-Auftrag DCUK900125 enthält zwei bereits freigegebene Aufgaben. Dies liegt daran, dass der Entwickler BAAKIKH eine Entwicklung vorgenommen hat (Auftrag DCUK900125 mit der Aufgabe DCUK900126).

Der Entwickler STUTETH hat das gleiche Objekt (Programm ZCU_CL_TEST1) bearbeitet.

Indem das Objekt durch den User BAAKIKH in seinem Auftrag DCUK900125 und der zugehörigen Aufgabe DCUK900126 gesperrt bzw. noch nicht freigegeben war, wurde durch die Änderung des Users STUTETH eine neue Aufgabe mit der Nummer DCUK900174 für den Transportauftrag angelegt.

Anschließend hat der User STUTETH den Auftrag vom User BAAKIKH übernommen, sodass als verantwortlicher Entwickler nun der User STUTETH im Auftrag DCUK900125 steht.

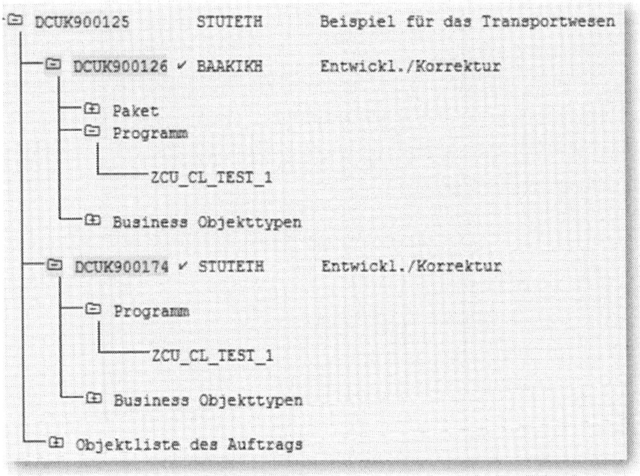

Abbildung 6.7: Änderbarer Workbench-Auftrag

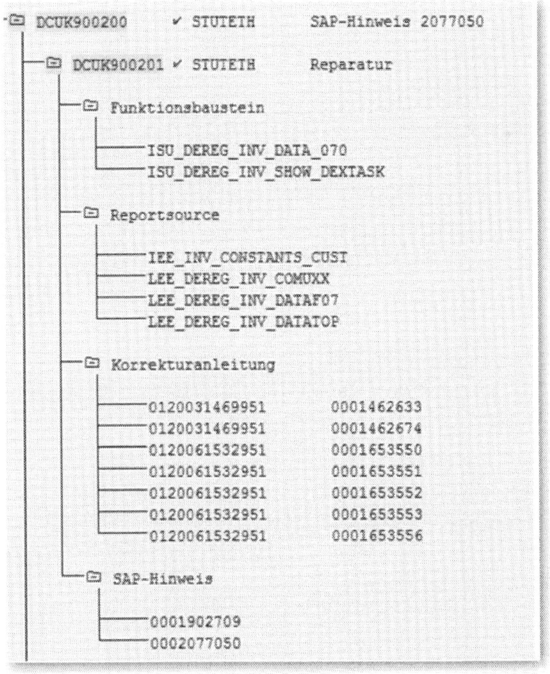

Abbildung 6.8: Transportauftrag einer Reparatur

Abbildung 6.8 zeigt den Transportauftrag für das Einspielen der SAP-Hinweise »2077050« und »1902709«. Man beachte an dieser Stelle, dass der Transport eine sogenannte *Reparatur* ist. Das liegt daran, dass in der Tabelle TADIR als *Originalsystem* das System »SAP« steht. Die betroffenen Objekte erhalten in der Tabelle TADIR mit dem Transport ein *Reparaturkennzeichen*.

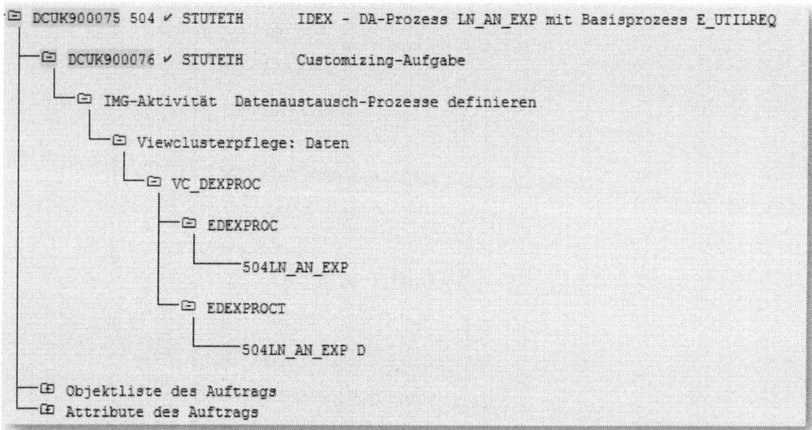

Abbildung 6.9: Customizing-Auftrag

In Abbildung 6.9 sehen Sie einen Customizing-Auftrag. Wird die *IMG-Aktivität* durch einen Mausklick auf das PLUS-Kennzeichen expandiert, dann kann der Entwickler feststellen, welche Customizing-Tabelle und welche der darin enthaltenen Einträge im Transportauftrag erscheinen.

Mit einem Doppelklick auf einen der Transporte im Transport Organizer werden Detailinformationen zum Workbench-Auftrag angezeigt (siehe Abbildung 6.10).

Abbildung 6.11 zeigt Detailinformationen zu einem Customizing-Auftrag.

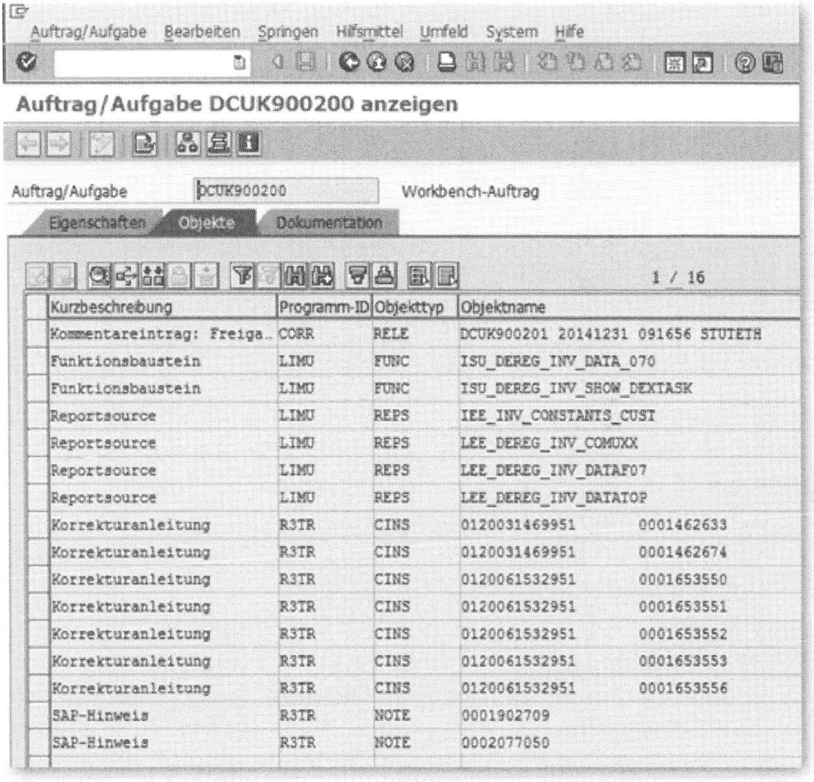

Abbildung 6.10: Detailanzeige eines Workbench-Auftrags

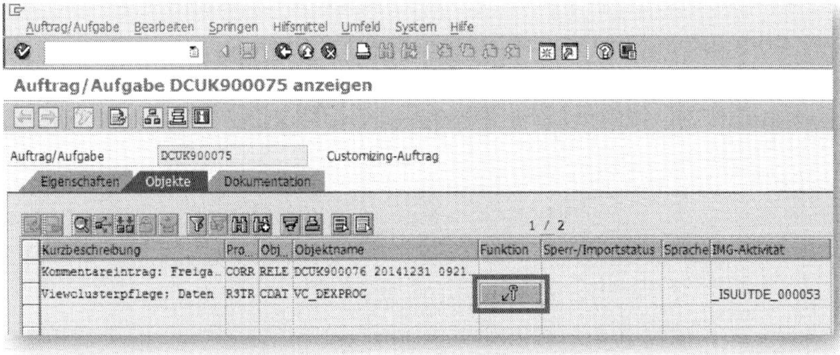

Abbildung 6.11: Detailanzeige eines Customizing-Auftrags

Abbildung 6.12 : Schlüsseleinträge eines Customizing-Auftrags

Durch einen Mausklick auf das Icon in Abbildung 6.11 können Sie die *Schlüsseleinträge* des Customizing-Auftrags aufrufen (siehe Abbildung 6.12).

6.3 Freigeben von Transportaufträgen

Soll eine Entwicklung mit allen Objekten in ein Folgesystem transportiert werden, so muss im Transport Organizer der Cursor auf den entsprechenden Auftrag gestellt werden. Anschließend ist für die Auftragsfreigabe das Pull-down-Menü FREIGEBEN • DIREKT oder das Icon zu verwenden.

Mit der Freigabe des Transportauftrags werden die Transportsperren aller Entwicklungsobjekte des Auftrags aufgehoben. Wurde ein Objekt z. B. in einem anderen noch nicht freigegebenen Auftrag gesperrt, so erhalten Sie die Meldung »Nicht alle Objekte des Auftrags konnten gesperrt werden. Wollen Sie trotzdem freigeben?«.

Sie haben nun die Möglichkeit, über den Button Fehler einen Hinweis darüber zu erhalten, in welchem anderen Transport sich das Entwicklungsobjekt befindet. Reagieren Sie in jedem Fall auf diese Fehlermeldung, wenn Sie feststellen, dass ein anderer Entwickler das gleiche Entwicklungsobjekt bearbeitet, da es ansonsten beim Transport in die Folgesysteme zu Fehlern kommen kann.

6.4 Transport von Tabelleninhalten

Analog zu Entwicklungsobjekten und Customizing-Einträgen können auch Datensätze beliebiger Anwendungstabellen transportiert werden. Je nach Tabellentyp (Anwendungs- oder Customizing-Tabelle) wird zunächst ein änderbarer Workbench- oder Customizing-Auftrag im Transport Organizer angelegt (siehe Abbildung 6.13). Als Beispiel verwenden wir die bereits bekannte Anwendungstabelle ZRAHMENVERTRAG.

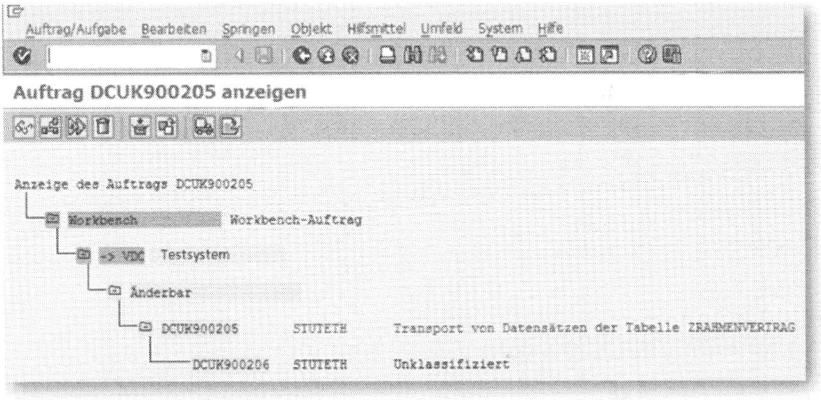

Abbildung 6.13: Neuer Workbench-Auftrag für den Transport von Tabelleninhalten

Zunächst wird die Tabelle ZRAHMENVERTRAG mit der Transaktion `SE16N` aufgerufen. In der Kommandozeile wird durch den Befehl `&sap_edit` der Tabelleneditor gestartet, und anschließend selektieren wir mit dem Icon alle Tabelleneinträge (siehe Abbildung 6.14 und Abbildung 6.15).

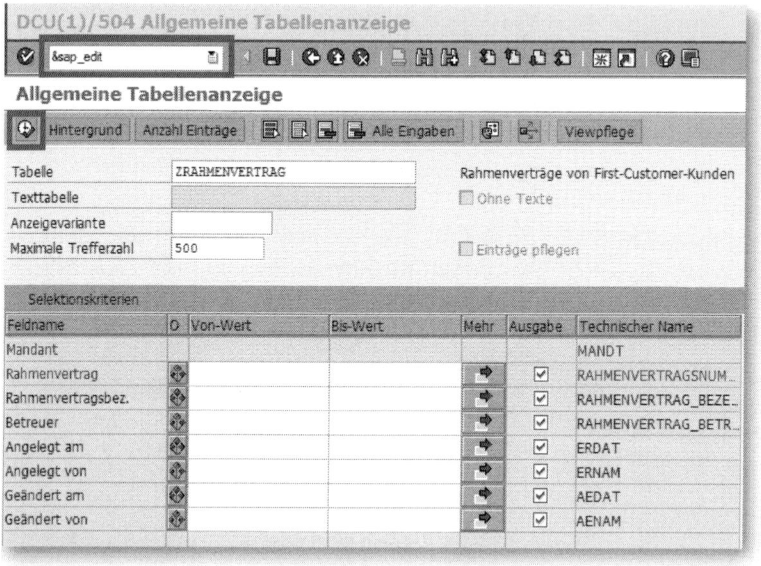

Abbildung 6.14: Tabelleninhalte mit der Transaktion SE16N bearbeiten

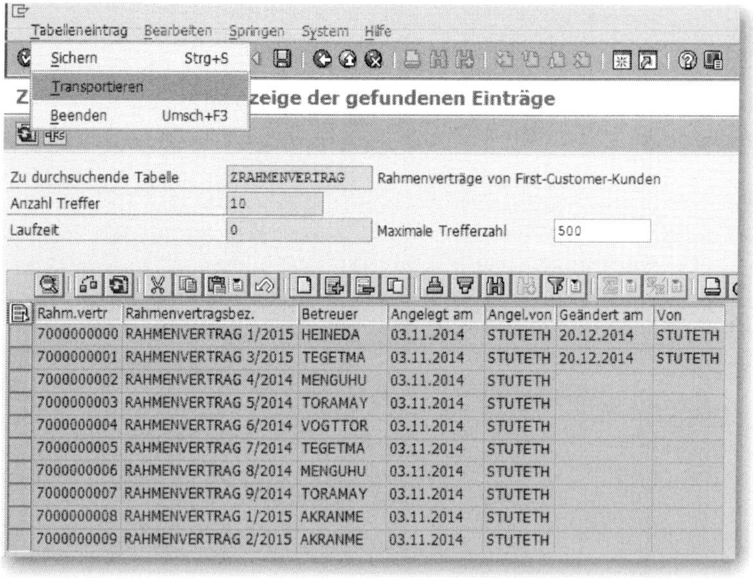

Abbildung 6.15: Tabelleninhalte in einen Transport stellen

Jetzt kommt die Aufforderung, einen Transportauftrag für die Tabelleneinträge zu benennen oder anzulegen. Wir verwenden an dieser Stelle den in Abbildung 6.13 erstellten Workbench-Auftrag. Mit der Meldung ALLE MARKIERTEN EINTRÄGE WURDEN IN DEN TRANSPORTAUFTRAG ÜBERNOMMEN wird die Aktion abgeschlossen. Der Workbench-Auftrag besitzt jetzt als Objekte alle markierten Datensätze (siehe Abbildung 6.16).

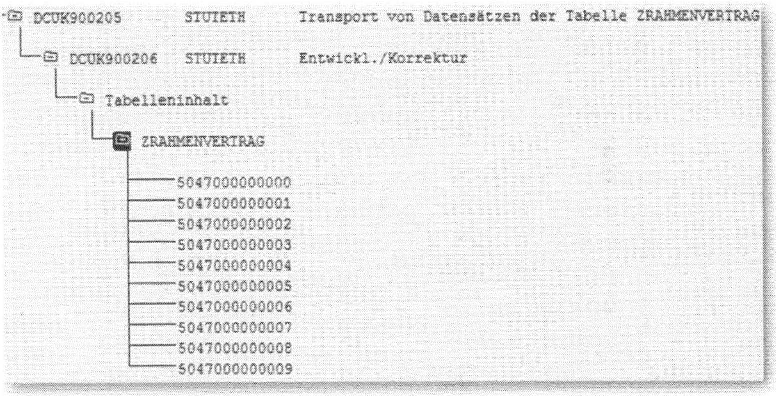

Abbildung 6.16: Tabelleneinträge im Transportauftrag

Abbildung 6.17 zeigt, dass es sich bei den Datensätzen um das Objekt R3TR – TABU – ZRAHMENVERTRAG handelt.

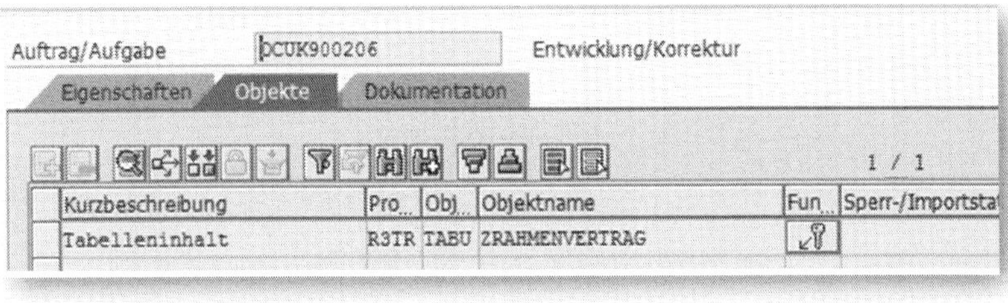

Abbildung 6.17: Transportobjekt R3TR – TABU

Die in diesem Transportauftrag enthaltenen Datensätze können nun in Folgesysteme transportiert werden. Auch wenn es sich in diesem Fall um einen Workbench-Auftrag handelt, sind die Tabelleneinträge aufgrund der Mandantenabhängigkeit der Tabelle ZRAHMENVER-

TRAG nur in den Mandanten verfügbar, in denen dieser Transport importiert wurde.

6.5 Aufnehmen von Objekten in Transportaufträge

Es gibt Situationen, in denen bestimmte Entwicklungsobjekte transportiert werden müssen, ohne dass der Entwickler sie verändert oder angelegt hat, für die also noch kein Transportauftrag automatisch erstellt wurde. Dazu wird entsprechend der Anforderung ein Workbench- oder Customizing-Auftrag angelegt. In dem nun folgenden Beispiel soll die Definition der Tabelle ZRAHMENVERTAG in ein Folgesystem transportiert werden. Dazu wird mit dem Transport Organizer ein Workbench-Auftrag mit einer entsprechenden Bezeichnung angelegt. Anschließend stellen Sie dort den Cursor auf diesen Auftrag und rufen das Pull-down-Menü AUFTRAG/AUFGABE • OBJEKTLISTE • OBJEKTE AUFNEHMEN auf.

Im nun erscheinenden Pop-up wählen Sie den Radiobutton FREI GEWÄHLTE OBJEKTE (siehe Abbildung 6.18).

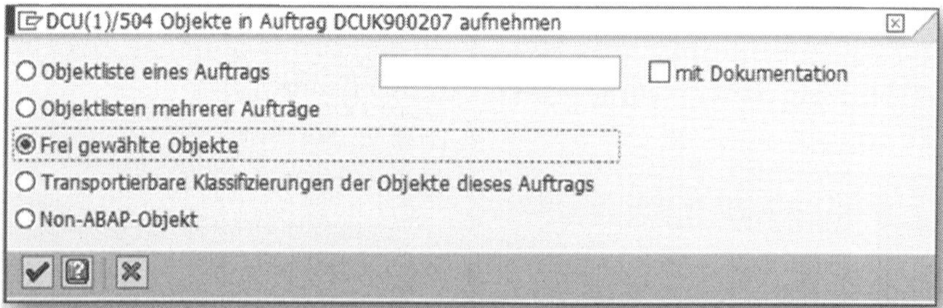

Abbildung 6.18: Frei gewählte Objekte für den Transportauftrag

Im darauffolgenden Bildschirm erhalten Sie die Möglichkeit, über den Radiobutton AUSGEWÄHLTE OBJEKTE die gewünschte Tabellenstruktur ZRAHMENVERTAG in den Auftrag aufzunehmen. Wählen Sie das Ankreuzfeld R3TR – TABL und geben Sie in der entsprechenden Zeile den Namen der Tabelle ein (siehe Abbildung 6.19).

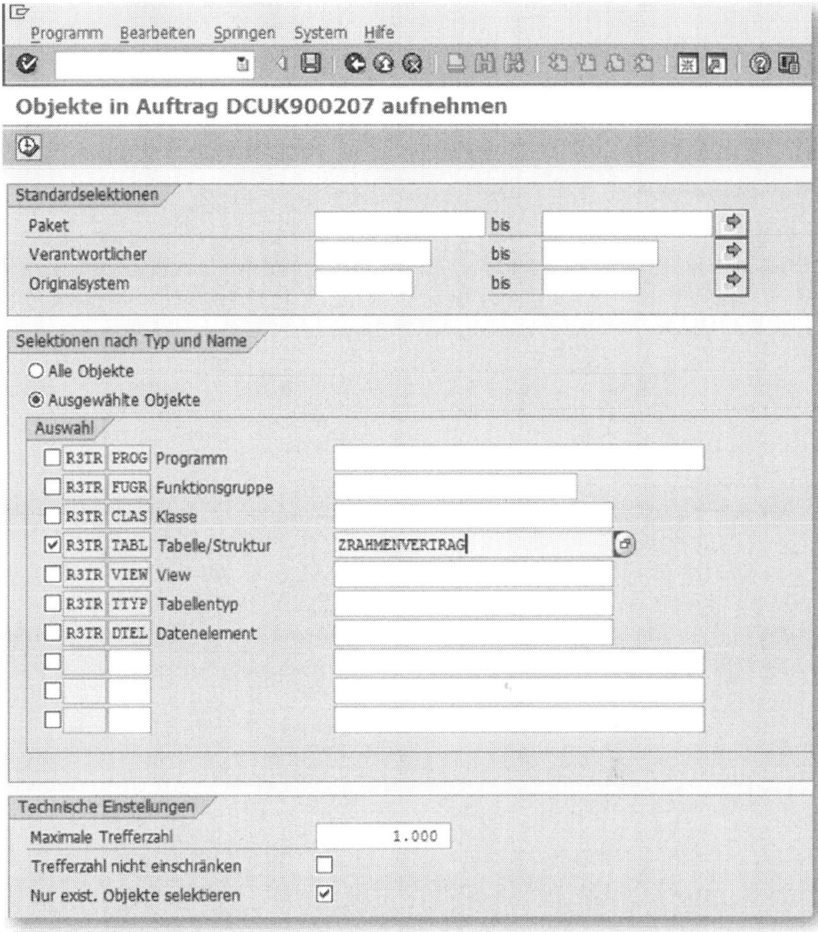

Abbildung 6.19: Tabellenstruktur ZRAHMENVERTAG in einen Transportauftrag nehmen

Nutzen Sie das Icon , um die Aktion zu starten. Das SAP-System prüft nun, ob das angegebene Objekt existiert und ob es in den Auftrag übernommen werden kann. Ist dies der Fall, erscheint die in Abbildung 6.20 dargestellte Anzeige.

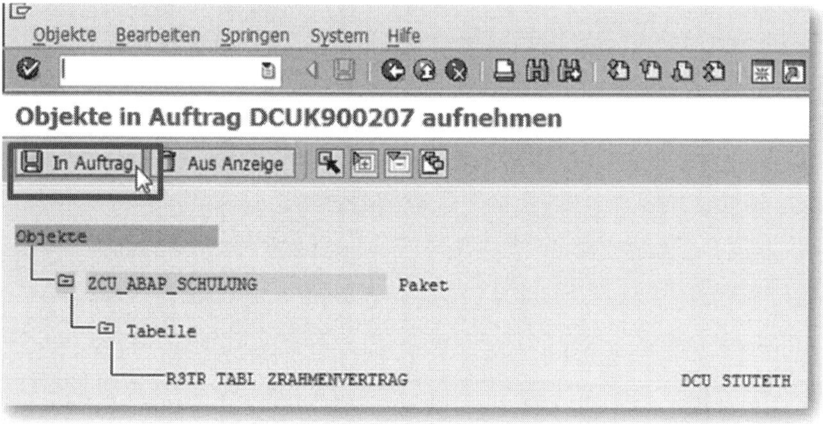

Abbildung 6.20: Objekt in den Auftrag nehmen

Nun verwenden Sie den Button [In Auftrag], um das gewählte Entwicklungsobjekt in den Transportauftrag zu stellen. War die Aktion erfolgreich, so erhalten Sie in der Statuszeile die Erfolgsmeldung »Alle Objekte wurden in den Auftrag DCUK900207 gestellt«. Mit dem Button [Zurück] verlassen Sie diesen Bildschirm und kommen so in die Anzeige des Transportes im Transport Organizer zurück (siehe Abbildung 6.21).

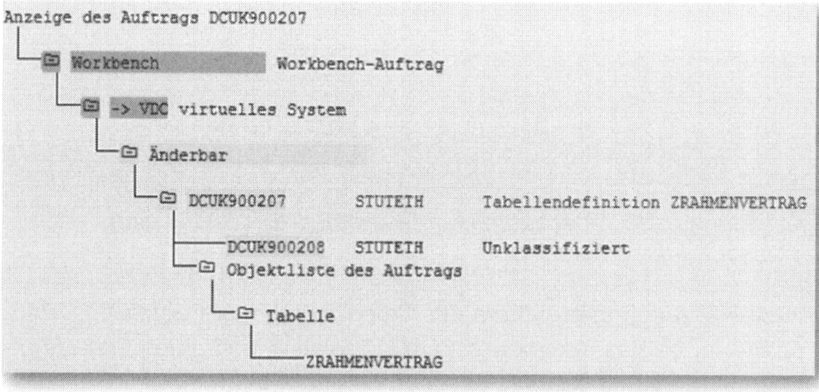

Abbildung 6.21: Tabellendefinition ZRAHMENVERTRAG im Transportauftrag

Dieser Auftrag kann durch Verwendung des Icons freigegeben und damit der Transport in Folgesysteme veranlasst werden. Die zum Auftrag DCUK900207 gehörende Aufgabe DCUK900208 enthält keine Transportobjekte. Diese leere Aufgabe ist somit nicht weiter zu berücksichtigen.

6.6 Löschen von Transportaufträgen

Aufträge können nur dann gelöscht werden, wenn sie noch nicht für den Transport in Folgesysteme freigegeben wurden.

Vorsicht beim Löschen von Transportaufträgen

Das Löschen von Transportaufträgen ist mit äußerster Vorsicht durchzuführen. Wurde ein Entwicklungsobjekt geändert und der zugehörige Transportauftrag gelöscht, so kommt es zu Schiefständen zwischen dem Entwicklungssystem und den Folgesystemen. In schwerwiegenden Fällen kann es zu Fehlern bei der Produktivsetzung von Entwicklungen kommen.

Das Löschen von Transporten kann problemlos durchgeführt werden, wenn ein Objekt im Entwicklungssystem angelegt und anschließend direkt wieder gelöscht wurde oder eine aktuelle Version des Entwicklungsobjektes in einem anderen Transportauftrag enthalten ist.

Beim Löschen eines Transportauftrages sind zunächst alle enthaltenen Entwicklungsobjekte bzw. Customizing-Einträge zu löschen. Stellen Sie dazu den Cursor auf das zu löschende Entwicklungsobjekt und verwenden Sie das Icon (siehe Abbildung 6.22).

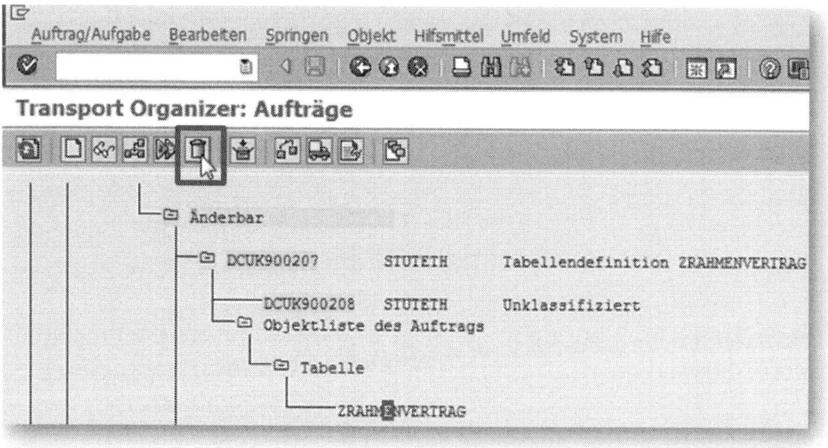

Abbildung 6.22: Löschen von Objekten aus einem Transportauftrag

Erst, wenn alle Objekte eines Transports gelöscht wurden, kann der Transportauftrag selbst entfernt werden. Stellen Sie dazu den Cursor auf den (leeren) Transportauftrag und verwenden Sie das Pull-down-Menü AUFTRAG/AUFGABE • LÖSCHEN oder das Icon. Die nachfolgende Sicherheitsabfrage bestätigen Sie mit dem Button Ja.

6.7 Sammeltransporte

Im Laufe einer Entwicklung entsteht mitunter eine ganze Reihe von Transportaufträgen. Um sicherzustellen, dass nicht durch einen Fehler in der Transportreihenfolge eine neue Version durch eine ältere überschrieben wird, sollte in solchen Fällen ein *Sammeltransport* angelegt werden. In Sammeltransporte können Entwicklungsobjekte ein und derselben Transportschiene (vgl. Abschnitt 6.1) aufgenommen werden. Um einen Sammeltransport zu erstellen, legen Sie mit dem Transport Organizer einen entsprechenden Workbench- bzw. Customizing-Auftrag an. In dem nun folgenden Beispiel sollen alle Entwicklungen zu dem in Kapitel 1 genannten Szenario in einem Sammeltransport zusammengefasst werden. Darin können nur Objekte freigegebener Transporte aufgenommen werden. In unserem Beispiel sollen die zwei Transporte DCUK900146 und DCUK900205 (siehe Abbildung 6.23) in den änderbaren Transport DCUK900211 (siehe Abbildung 6.24) übernommen werden.

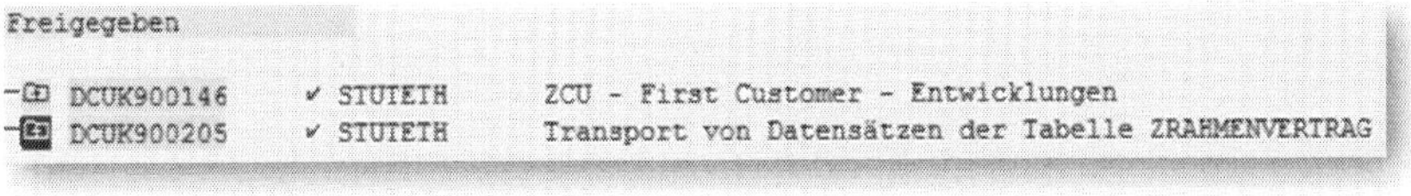

Abbildung 6.23: Freigegebener Transportauftrag

Abbildung 6.24: Änderbarer Transportauftrag

Setzen Sie dazu im Transport Organizer den Cursor auf den änderbaren Transport DCUK900211 und verwenden Sie das Pull-down-Menü AUFTRAG/AUFGABE • OBJEKTLISTE • OBJEKTE AUFNEHMEN. Im darauffolgenden Pop-up wählen Sie den Radiobutton OBJEKTLISTEN MEHRERER AUFTRÄGE.

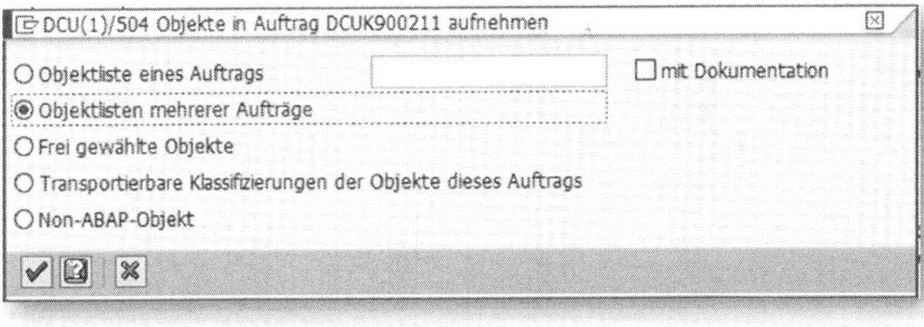

Abbildung 6.25: Objektlisten aus mehreren Aufträgen in einen Transportauftrag stellen

Für die Eingabe der Auftragsnummern, aus denen die Objekte in den änderbaren Auftrag übernommen werden sollen, nutzen Sie im nächsten Bildschirm die MEHRFACHSELEKTION (siehe Abbildung 6.26). Bestätigen Sie die eingegebenen Transportaufträge in den beiden folgenden Bildschirmbildern durch jeweils einen Mausklick auf das Icon .

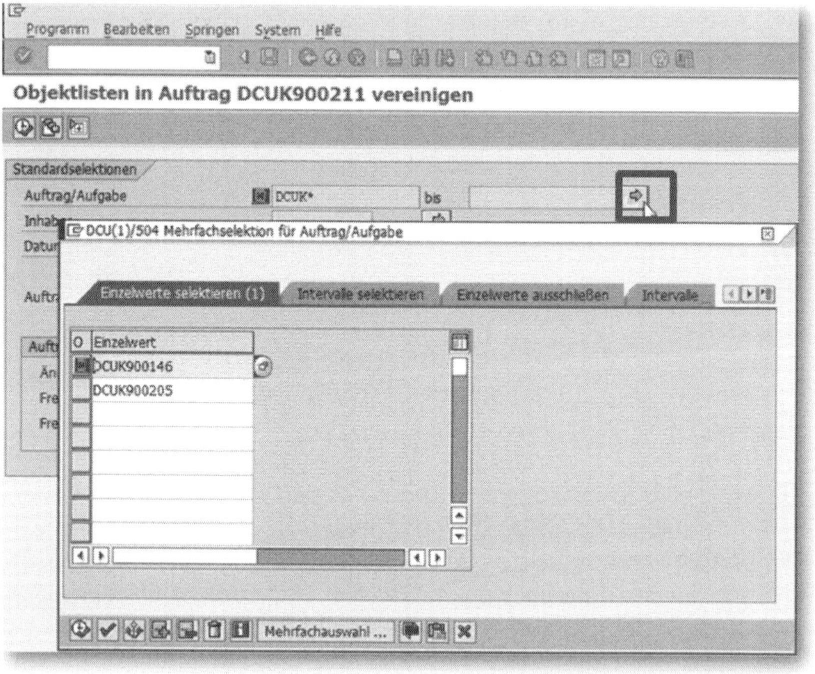

Abbildung 6.26: Aufnahme der Transportobjekte mehrerer Transporte in einen Sammeltransport

Im nächsten Bildschirm (siehe Abbildung 6.27) werden die selektierten Transporte angezeigt.

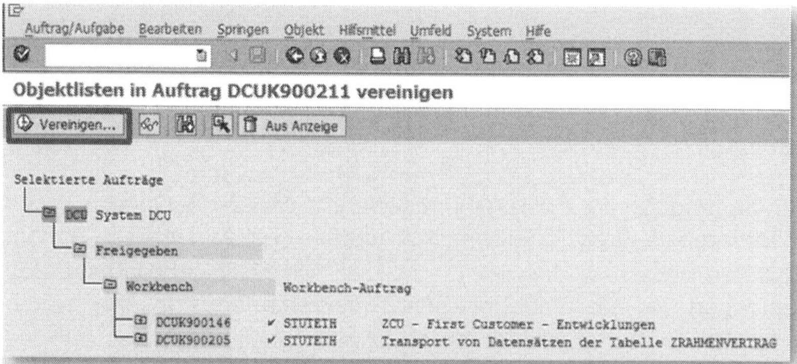

Abbildung 6.27: Objektliste mehrere Aufträge vereinigen

Durch den Button Vereinigen... starten Sie die Aufnahme der Objekte in einen änderbaren Transportauftrag. Das folgende Pop-up bestätigen Sie, indem Sie den Button Online verwenden.

Die zu transportierenden Objekte befinden sich nun im änderbaren Auftrag, der dadurch zu einem sogenannten *Sammelauftrag* geworden ist. Die aufgenommenen Objekte befinden sich nicht in einer Aufgabe, die dem Auftrag untergeordnet ist, sondern direkt im Auftrag. Für das Löschen dieser nun nicht mehr benötigten Aufgabe stellen Sie den Cursor darauf und verwenden das Icon .

Befanden sich ein oder mehrere Entwicklungsobjekte in verschiedenen vereinigten Aufträgen, so muss der Sammelauftrag vor einer weiteren Bearbeitung ggf. verdichtet werden. Dazu setzen Sie den Cursor auf den änderbaren Sammelauftrag und wählen das Pulldown-Menü AUFGABE/AUFTRAG • OBJEKTLISTE • SORTIEREN UND VERDICHTEN.

Vorteil von Sammeltransporten

Der Charme dieser Methode liegt darin, dass alle zum Zeitpunkt des Sammeltransports aktiven Versionen der betroffenen Objekte in den Auftrag gestellt werden. Der Sammeltransport kann dazu verwendet werden, alle erforderlichen Entwicklungen eines Projektes, ohne die Gefahr auftretender Fehler in der Transportreihenfolge, produktiv zu setzen.

6.8 Transport Organizer-Tool

Über das Icon im Transport Organizer (Transaktion SE09 oder SE10) erhalten Sie einen Zugang zu umfangreichen Hilfsmitteln des Transport Management Systems: Die *Transport Organizer Tools* (siehe Abbildung 6.28).

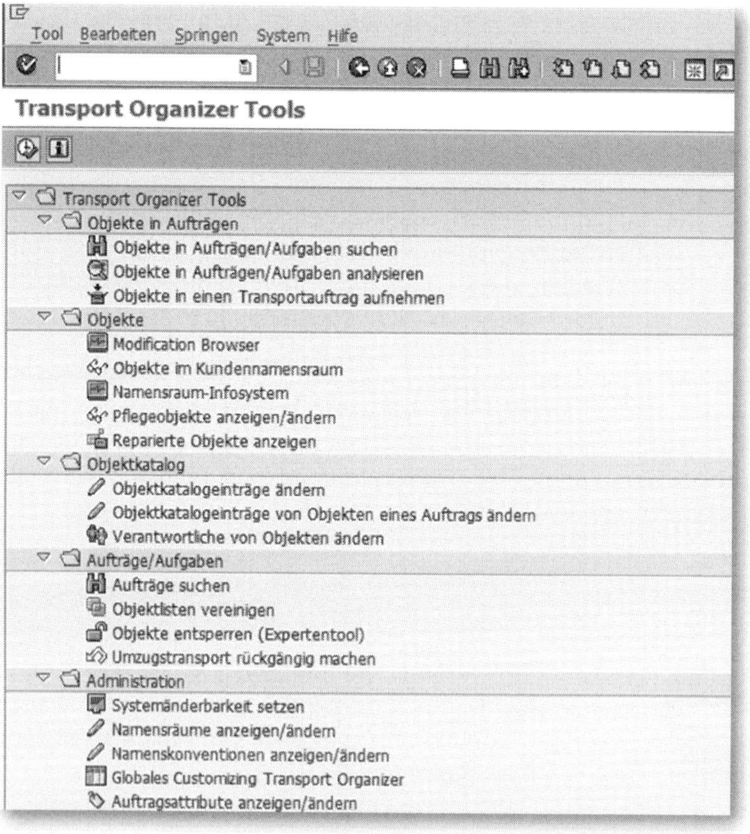

Abbildung 6.28: Die Transport Organzier Tools

Um ein Hilfsmittel aus diesem umfangreichen Repertoire zu verwenden, markieren Sie es und klicken auf das Icon .

Einige der bereits dargestellten Methoden, wie die Erstellung von Sammelaufträgen, können Sie mit diesem Werkzeug menügeführt durchlaufen. Ein weiteres wesentliches und sehr hilfreiches Werkzeug werde ich an dieser Stelle kurz erläutern. Es handelt sich um die Funktion OBJEKTE IN AUFTRÄGEN/AUFGABEN SUCHEN.

Wollen Sie z. B. wissen, in welchen Transportaufträgen sich die Definition der Tabelle ZRAHMENVERTRAG befindet, so wählen Sie das

Ankreuzfeld vor dem Objekt R3TR – TABL und geben den Namen der Tabelle in die leere Zeile hinter diesem Objekt ein. Mit dem Icon starten Sie die Anfrage (siehe Abbildung 6.29).

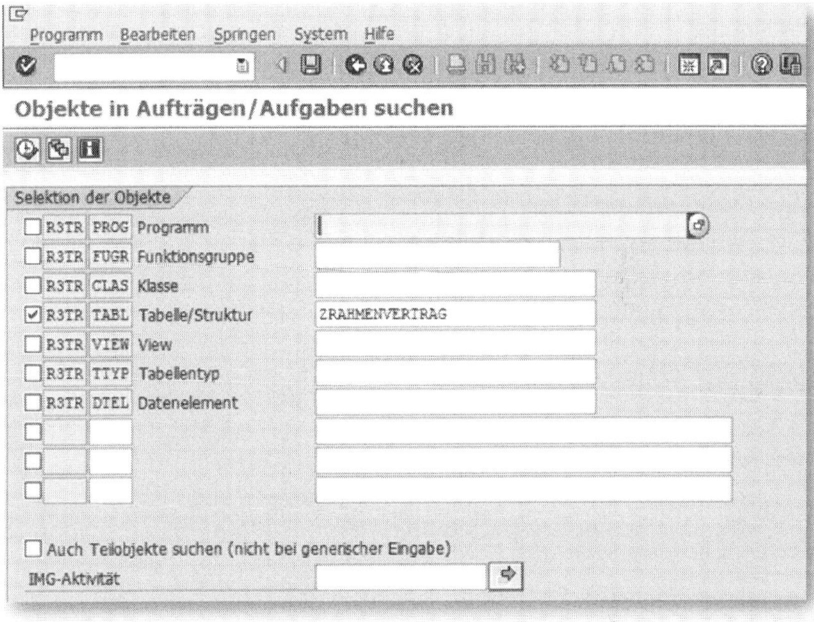

Abbildung 6.29: Objekte in Aufträgen/Aufgaben suchen

Die Abbildung 6.30 zeigt die Trefferliste zu dieser Suche.

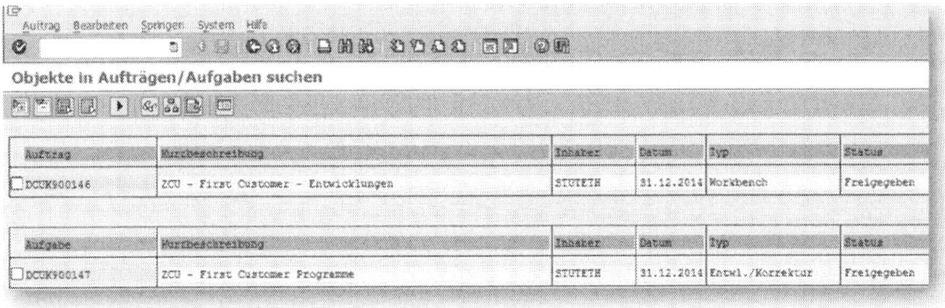

Abbildung 6.30: Trefferliste bei der Suche nach Objekten in Aufträgen/Aufgaben

Durch einen Doppelklick auf einen der angezeigten Aufträge wird Ihnen dieser angezeigt. Über das Pull-down-Menü SPRINGEN • TRANSPORTPROTOKOLLE können Sie feststellen, wann und von wem der Transport angelegt, freigegeben und in die Folgesysteme importiert wurde.

6.9 Vermeidung typischer Transportfehler

Bei Transporten von Entwicklungsobjekten und Customizing-Einstellungen können viele Fehler auftreten. Im Folgenden werden die drei häufigsten Fehlertypen und ihre Ursachen anhand von Beispielen beschrieben:

1. *Überholer*
   Für eine Entwicklung wurden nacheinander die beiden Transporte A und B angelegt. Transport A enthält Objekte, die nicht im Transport B enthalten sind, aber für eine korrekte Änderung bzw. Erweiterung des produktiven SAP-Systems erforderlich sind. Dies kann z. B. ein weiteres Datenelement sein. Wird nun Transport B ohne die Berücksichtigung des Transportes A produktiv gesetzt, so kommt es zu Fehlern im produktiven System, da Transportobjekte (in diesem Fall ein Datenelement) fehlen.

2. *Überschreiber*
   Für eine Entwicklung wurden mehrere Transporte in einer zeitlichen Reihenfolge angelegt, z. B. Transporte A, B, C und D. Transport D enthält die aktuellen Entwicklungen.
   Erst, nachdem Transport D produktiv gesetzt wurde, wird Transport C ebenfalls produktiv gesetzt. Die aktuellen Entwicklungen werden durch ältere Versionen überschrieben und gehen dadurch im produktiven System verloren.

3. *Fremde Entwicklungen*
   An zwei unterschiedlichen Entwicklungen arbeiten zwei verschiedene Mitarbeiter A und B. Die Entwicklungen des Mitarbeiters A wurden bereits in das Testsystem importiert, aber noch nicht produktiv gesetzt. Teile der Entwicklungen des Mitarbeiters A werden bei der Entwicklung des Mitarbeiters B ebenfalls benötigt. Ohne

dass beide Mitarbeiter von den Folgeentwicklungen des jeweils anderen wissen, gibt nun der Entwickler B seine Entwicklungen für den Transport in das produktive System frei. Dadurch werden Teile der Entwicklungen des Mitarbeiters A ebenfalls produktiv gesetzt. Diese sind im Regelfall nicht vollständig, sodass es zu Fehlern und Programmabbrüchen im produktiven SAP-System kommt.

Die beschriebenen *Transportfehler* entstehen bevorzugt dann, wenn an einem Entwicklungssystem mehrere Entwickler arbeiten, die nicht miteinander kommunizieren. Oft werden solche Situationen auch geschaffen, indem Entwicklungen für Korrekturen im laufenden Betrieb und Entwicklungen für längerfristige Projekte in ein und demselben System durchgeführt werden.

Prinzipiell müsste jeder Entwickler in dieser Situation prüfen, ob es Überholer, Überschreiber oder fremde Entwicklungen an den Entwicklungsobjekten seines Transportes gibt. Diese Prüfungen sind jedoch viel zu aufwendig.

Transport-Tools einsetzen

Heute gibt es hilfreiche Tools, die diese Prüfungen automatisiert durchführen.

Die Auswahl eines solchen Tools sollte unter der Prämisse »weniger ist mehr« erfolgen. Den SAP-Betreibern ist nicht damit geholfen, wenn durch den Einsatz umfangreicher und komplexer Tools die Produktivität ihrer Entwickler ausgebremst wird.

6.10 Quertransporte

Wie eingangs von Kapitel 6 erläutert, legt die sogenannte Transportschicht in den Entwicklungspaketen fest, in welche Folgesysteme Entwicklungen oder Customizing-Einstellungen transportiert werden können. Zu einer Transportschicht gehören mindestens ein Entwicklungssystem und ein produktives SAP-System. Mit dem Begriff *Quertransporte* bezeichnet man Transportaufträge, die zwischen verschiedenen SAP-Systemen, die nicht einer Transportschicht angehören, durchgeführt werden.

Transporte werden technisch gesehen in zwei Dateien zusammengefasst und aus einem SAP-System exportiert bzw. in ein SAP-System importiert. Verschiedene SAP-Systeme können in einer sogenannten *Transportdomäne* zusammengefasst werden. Das bedeutet, dass alle Transporte von SAP-Systemen in einer Transportdomäne in ein- und demselben Dateiverzeichnis – dem Transportverzeichnis – gespeichert werden.

Je nach Konfiguration der an einem Quertransport beteiligten SAP-Systeme unterscheidet man Quertransporte **innerhalb** oder Quertransporte **außerhalb** einer Transportdomäne. Letztendlich entscheidet das Transportverzeichnis über die Methode, mit der ein Quertransport durchgeführt werden kann.

Im Folgenden beschreibe ich zunächst das Verfahren für Quertransporte außerhalb einer Transportdomäne. Dieses Verfahren setzt voraus, dass die betroffenen Transporte zunächst in die Transportdomäne überführt werden. Die anschließenden Aktivitäten sind dann identisch mit dem Verfahren innerhalb einer Transportdomäne (siehe Abschnitt 6.10.2).

Vorsicht bei Quertransporten

Theoretisch ist es möglich, Quertransporte vom Entwicklungssystem einer in das Produktivsystem einer anderen Transportdomäne durchzuführen. Unterlassen Sie aber solche Formen des Quertransportes! Dadurch würden Sie die den dringend benötigten Gleichstand des Quellcodes von Programmen innerhalb einer Transportschicht im Zielsystem zerstören. Das kann unabsehbare und schwerwiegende Folgen für spätere Transporte in den Zielsystemen des Quertransportes haben. Nutzen Sie Quertransporte ausschließlich zwischen Entwicklungssystemen!

6.10.1 Quertransporte zwischen verschiedenen Transportdomänen

Befinden sich Quell- und Zielsystem von Quertransporten nicht in der gleichen Transportdomäne, so müssen zwei *Transportdateien* manuell aus dem *Transportverzeichnis* des Quellsystems exportiert und in das Transportsystem des Zielsystems importiert werden. Dies ist z. B. der Fall, wenn Produkte eines externen Dienstleisters im SAP-System zur Verfügung gestellt werden.

Wie bereits angedeutet, besitzt ein Transport zwei Transportdateien:

1. »Cofile« im ASCII-Format und

2. »DATA-File« im BIN-Format.

Diese Dateien befinden sich im Transportverzeichnis des Quell-Systems. Im Regelfall befindet sich das Transportverzeichnis im SAP-Verzeichnis

\\<verzeichnis-id>\SAPMNT\TRANS

Dieses Verzeichnis enthält die Unterverzeichnisse \DATA und \COFILES, in denen sich wiederum die beiden Transportdateien befinden. Hat der Transport den Namen <SID><Buchstabe K><6 Ziffern>, z. B. DCUK900205, so folgen die Namen für die beiden Transportdateien der Konvention:

1. »Cofile« -Datei im ASCII-Format:
   <Buchstabe K><6 Ziffern>.<SID>, z. B. K900205.DCU

2. »DATA-File« im BIN-Format:
   <Buchstabe R><6 Ziffern>.<SID>, z. B. R900205.DCU

Bevor Sie die beiden Dateien aus dem Transportverzeichnis herunterladen, versichern Sie sich mithilfe der Transaktion `AL11`, welchen Namen das Transportverzeichnis trägt (siehe Abbildung 6.31).

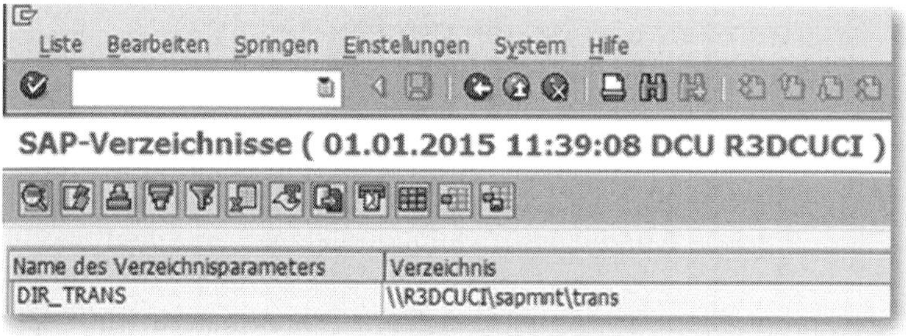

Abbildung 6.31: Das Transportverzeichnis

Mit einem Doppelklick auf die Zeile des Transportverzeichnisses werden dessen Unterverzeichnisse angezeigt (siehe Abbildung 6.32).

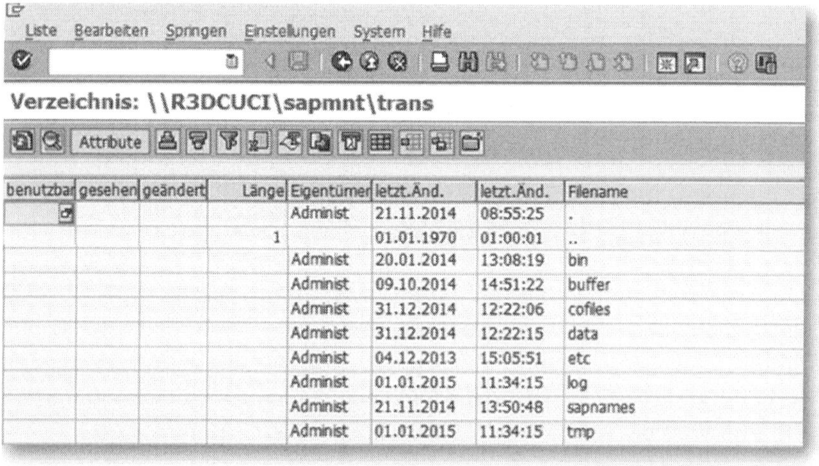

Abbildung 6.32: Unterverzeichnisse des Transportverzeichnisses

Mit einem Doppelklick auf das Unterverzeichnis DATA oder COFILES werden die beiden Transportdateien angezeigt (siehe Abbildung 6.33 und Abbildung 6.34).

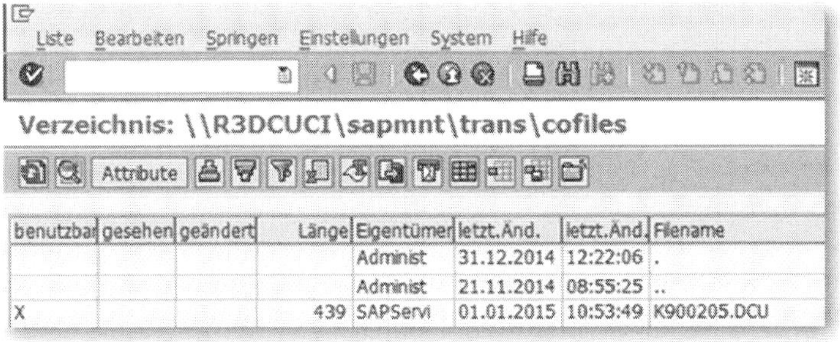

Abbildung 6.33: »COFILE« des Transportauftrags »DCUK900205«

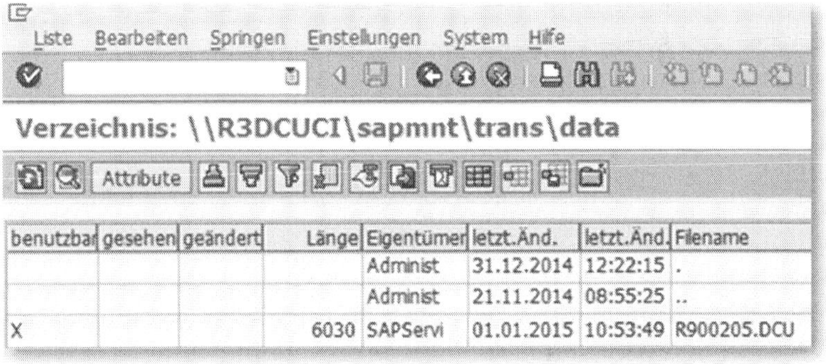

Abbildung 6.34: DATA-Datei des Transportauftrags DCUK900205

Wir beginnen mit dem Herunterladen der zwei Transportdateien. Dazu wird die Transaktion `CG3Y` aufgerufen. Mit dieser Transaktion können Sie Dateien aus den SAP-Verzeichnissen auf das Verzeichnis des Arbeitsplatzsystems herunterladen. Geben Sie das Verzeichnis und den Dateinamen der Quelldatei sowie das Zielverzeichnis und den Dateinamen der Zieldatei an. Achten Sie darauf, dass bei dem »COFILE« das *Übertragungsformat* »ASC« gewählt wird. Stellen Sie sicher, dass das Zielverzeichnis für den Download zur Verfügung steht und Sie mit Ihrem Arbeitsplatzrechner auf dieses Zielverzeichnis zugreifen können (siehe Abbildung 6.35). Starten Sie erst dann den Download mit dem Icon .

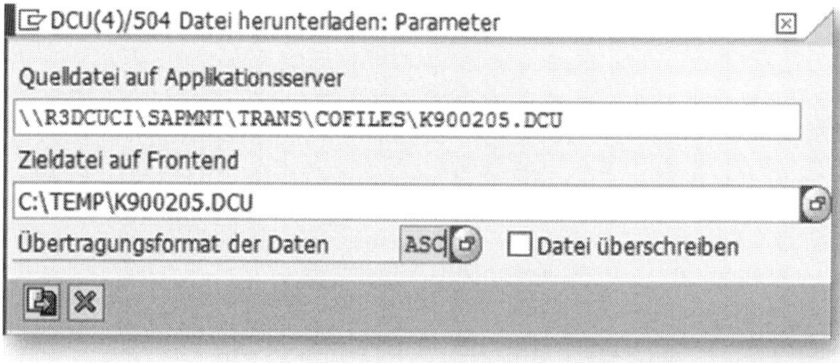

Abbildung 6.35: Download der »COFILE«-Datei des Transportes

In der gleichen Weise verfahren Sie mit dem Download der »DATA«-Datei. Achten Sie darauf, dass Sie für diese das ÜBERTRAGUNGSFORMAT »BIN« wählen (siehe Abbildung 6.36).

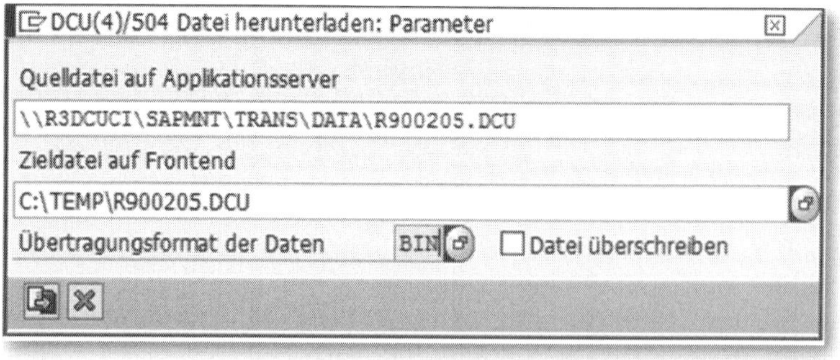

Abbildung 6.36: Download der »DATA«-Datei des Transportes

Nachdem die beiden Transportdateien heruntergeladen wurden, können Sie diese mit der Transaktion `CG3Z` im Zielsystem (in diesem Beispiel das SAP-System »DCD«) für den Quertransport hochladen. Dazu recherchieren Sie zunächst den Namen des Transportverzeichnisses im Zielsystem mit der Transaktion `SE11`.

Anschließend starten sie den Upload der beiden Transportdateien in das Transportverzeichnis des Zielsystems. Achten Sie beim *Hochladen* der Dateien wiederum auf die richtigen Dateiformate, d. h. bei der »COFILE«-Datei das ASC-Format und bei der »DATA«-Datei das

BIN-Format. Bestätigen Sie das Hochladen der Dateien jeweils mit dem Icon (siehe Abbildung 6.37 und Abbildung 6.38).

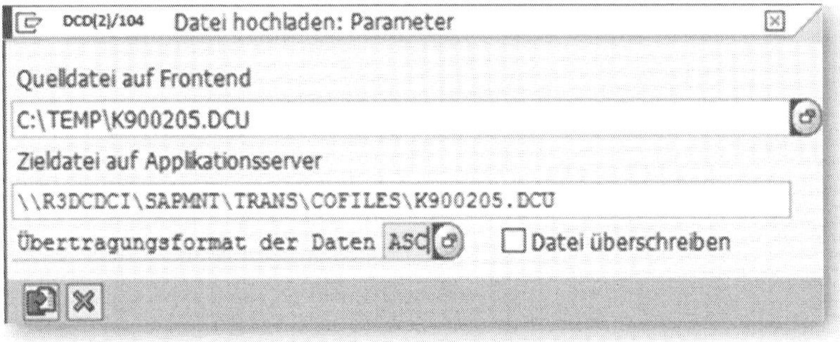

Abbildung 6.37: Hochladen der »COFILE«-Datei in das Transportverzeichnis des Zielsystems

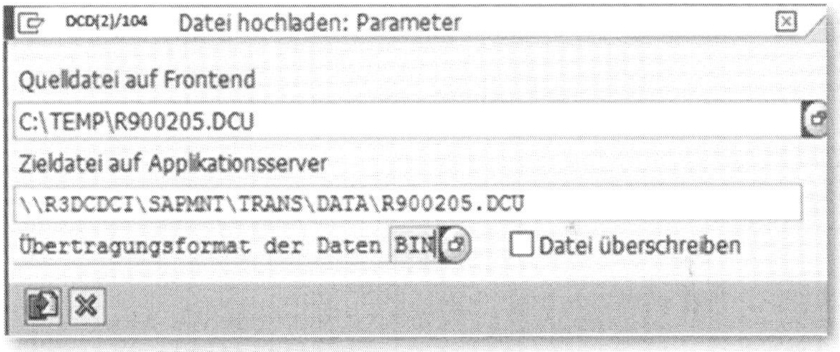

Abbildung 6.38: Hochladen der »DATA«-Datei in das Transportverzeichnis des Zielsystems

Prüfen Sie mit der Transaktion `AL11`, ob die beiden Transportdateien in den entsprechenden Transportverzeichnissen hochgeladen wurden. Der Transport DCUK900205 sollte sich nun im Transportverzeichnis des Zielsystems befinden.

Für den Import des Quertransportes ins Zielsystem sind weitere Aufgaben durchzuführen. Diese Aufgaben decken sich mit denen der Quertransporte innerhalb einer Transportdomäne, die ich im folgenden Abschnitt darstelle.

6.10.2 Quertransporte innerhalb einer Transportdomäne

Befinden sich zwei SAP-Entwicklungssysteme in einer Transportdomäne, so können Transporte zwischen den Entwicklungssystemen über deren identisches Transportverzeichnis durchgeführt werden. Für den Quertransport geben Sie den Transport auf dem Entwicklungssystem des Quellsystems frei. Dadurch werden technisch gesehen zwei Transportdateien in das Transportverzeichnis gestellt. Anschließend verwenden Sie die Transaktion `STMS` (Transport Management System) auf dem Entwicklungssystem, in das der Quertransport importiert werden soll, also dem Zielsystem des Quertransports.

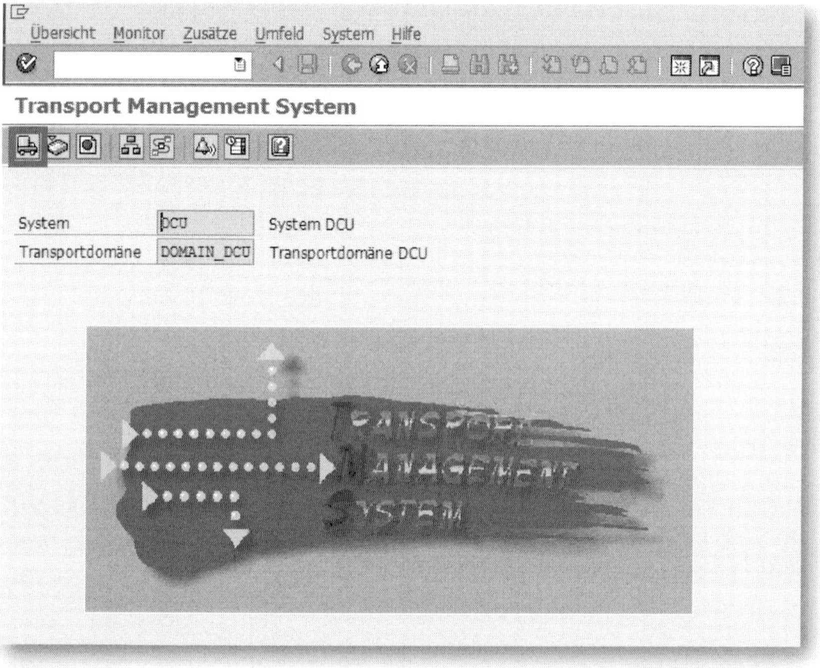

Abbildung 6.39: Einstieg ins Transport Management System

Nach dem Aufruf der Transaktion `STMS` (siehe Abbildung 6.39) verwenden Sie das Icon , um die Importqueue des Zielsystems anzuzeigen. Im nächsten Bildschirm (siehe Abbildung 6.40) werden alle

IMPORTQUEUES angezeigt, die in der aktuellen SAP-Systemlandschaft verfügbar sind. Wählen Sie die Importqueue des Zielsystems mit einem Doppelklick auf das entsprechende Zielsystem aus.

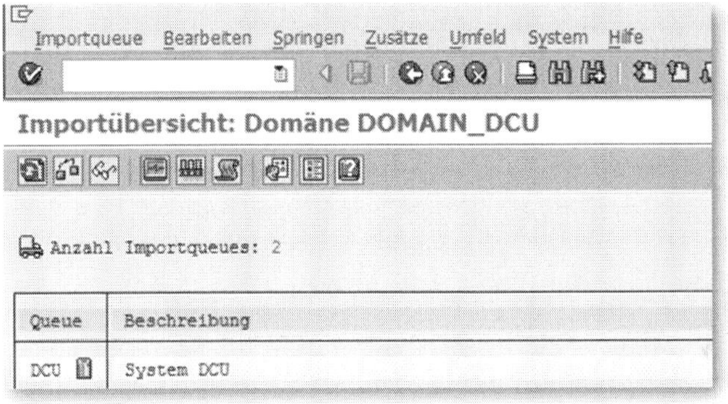

Abbildung 6.40: Auswahl der Importqueue

Anschließend wird Ihnen die selektiere Importqueue angezeigt (siehe Abbildung 6.41). Sie führt alle Transporte auf, die in das Entwicklungssystem importiert wurden.

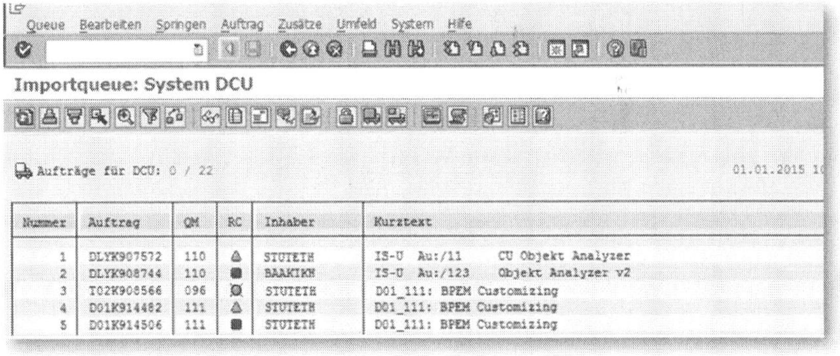

Abbildung 6.41: Importqueue des SAP-Systems DCU

Mit dem Pull-down-Menü ZUSÄTZE • WEITERE AUFTRÄGE • ANHÄNGEN werden Transportaufträge an die Importqueue des Entwicklungssystems angehängt, die sich im Transportverzeichnis der Domäne befinden (siehe Abbildungen Abbildung 6.42 und Abbildung 6.43). Das SAP-System stellt dann die Transportdateien für den Import in die Importqueue.

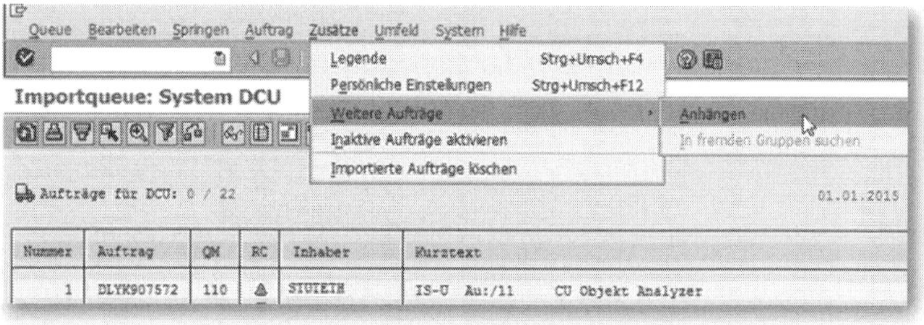

Abbildung 6.42: Weitere Aufträge an die Importqueue anhängen

Im folgenden Pop-up werden Sie aufgefordert, die Nummer des gewünschten Transportes zu benennen (siehe Abbildung 6.43).

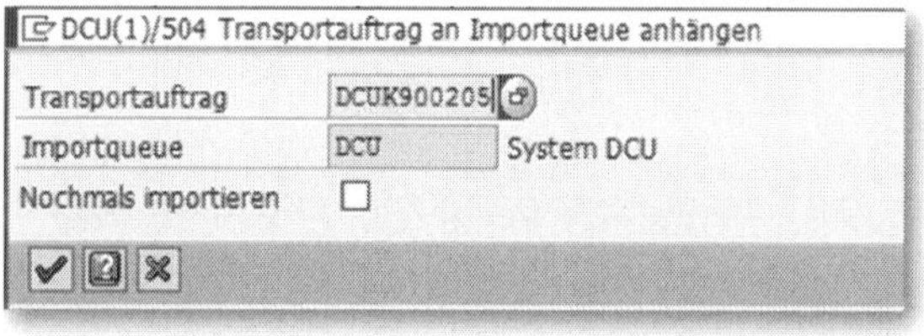

Abbildung 6.43: Nummer des anzuhängenden Transportauftrags

Wurde der Transport erfolgreich an die Importqueue gehängt, dann wird der Transportauftrag dort aufgeführt (siehe Abbildung 6.44).

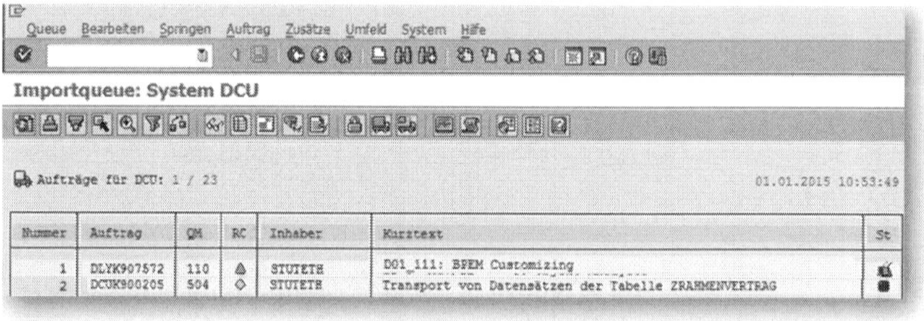

Abbildung 6.44: Angehängter Transport in der Import-Queue

Abschließend muss der *angehängte Transport* in das Entwicklungssystem importiert werden. Dazu wird der Cursor auf den zu importierenden Transport gestellt und das Icon (Auftrag importieren) verwendet. Im folgenden Pop-up ist der Mandant zu benennen, in den der Transport importiert werden soll. Darüber hinaus haben Sie verschiedene Alternativen zur Auswahl von *Import-Optionen* (siehe Abbildung 6.45).

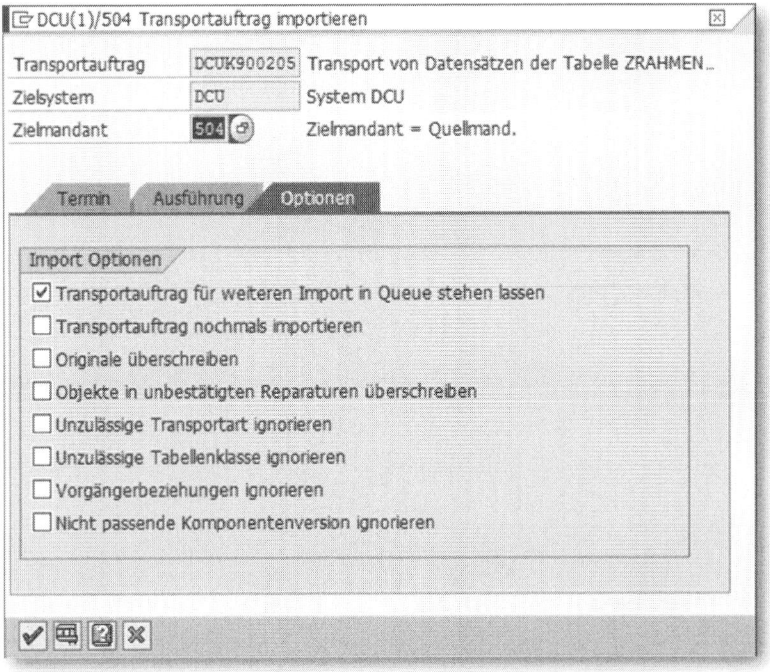

Abbildung 6.45: Import-Optionen für einen Transportauftrag

Die in Abbildung 6.45 dargestellten Import-Optionen sprechen für sich. An dieser Stelle weise ich darauf hin, dass bei der Auswahl von ORIGINALE ÜBERSCHREIBEN und OBJEKTE IN UNBESTÄTIGTEN REPARATUREN ÜBERSCHREIBEN die Einträge zu den Objekten in der Tabelle TADIR zum Tragen kommen (siehe hierzu die Erläuterungen im Abschnitt 6.1).

Ein erfolgreicher Import des Transportes wird in der Importqueue mit dem Icon  in der Statusspalte des Importverzeichnisses dargestellt.

7 Beseitigung von Programmfehlern

In diesem Abschnitt beschreibe ich an Beispielen, wie Fehlerursachen in SAP-Systemen aufgedeckt werden können – eine tägliche und leider nur selten beschriebene Aufgabe für ABAP-Entwickler.

Eine Fehlersuche in SAP-Systemen ist mitunter aufwendig, und die Fehlerursachen können sehr komplex sein. Häufig sind letztere aufgrund eines unzureichenden *Error-Handlings* versteckt und bedürfen einer eingehenden Analyse des Programmablaufes. Programmabbruch-Beschreibungen (sogenannte *Dump-Protokolle*) zeigen zwar die Stelle des Programmabbruchs, aber oft nicht dessen Ursache. In einigen Fällen kann die Ursache in einer Kundenentwicklung, in anderen in einem SAP-Standardprogramm lokalisiert werden. Nicht selten hat unzureichendes oder falsches Customizing unvorhersehbare/unüberschaubare Folgen.

7.1 Fehlersuche im ABAP-Coding

Werden Fehler im SAP-System beobachtet, z. B. bei einem Programmabbruch (*Dump*) im Rahmen der Verwendung einer SAP-Standardtransaktion, so ist ein Fehler im SAP-Coding naheliegend. Aber nicht immer ist alles so wie es scheint! Oft sind die Grenzen zwischen dem SAP-Coding und Kundenerweiterungen fließend. Im vorliegenden Fall bricht die Transaktion `ES21` (Vertrag ändern) beim Aufruf eines Vertrages ab. Der Programmabbruch zeigt folgende Fehlermeldung und die betroffene Quelltextstelle (siehe Abbildung 7.1).

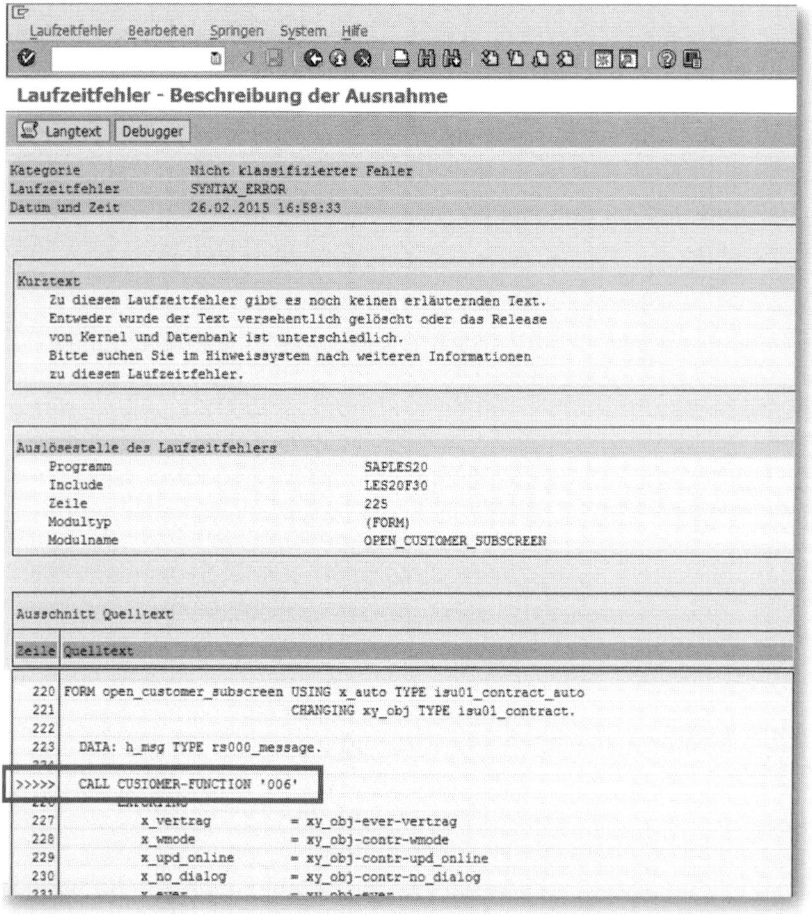

Abbildung 7.1: Dump-Meldung beim Programmabbruch in der Transaktion ES21

Wurde der Fehler vor kurzer Zeit verursacht, kann der Entwickler durch einen Mausklick auf den Button DEBUGGER zu der Quelltextstelle springen (siehe Abbildung 7.2).

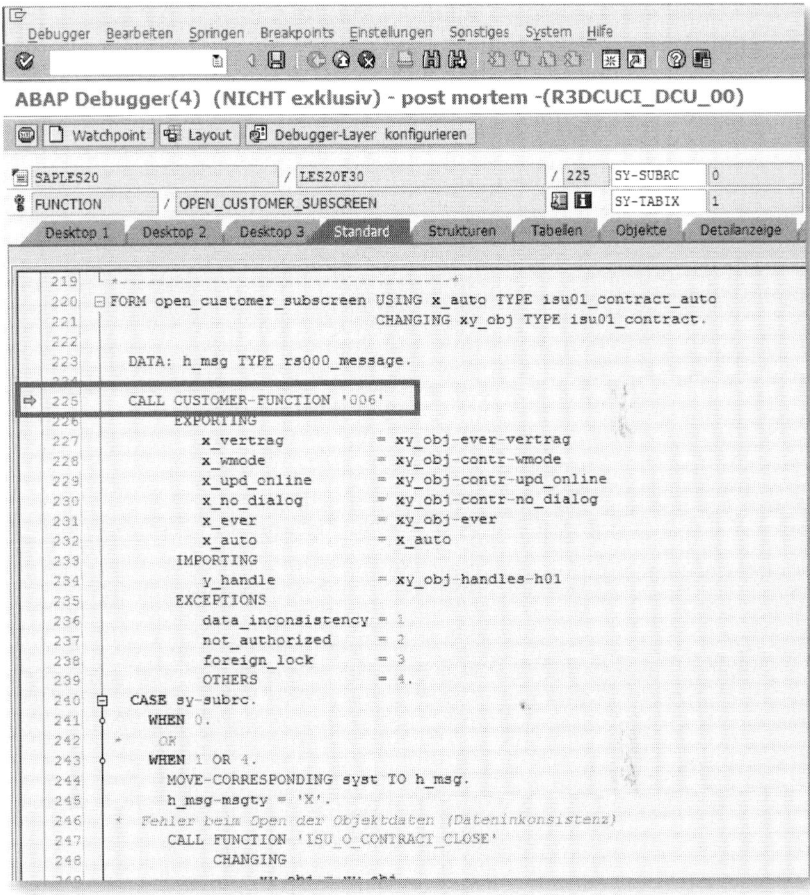

Abbildung 7.2: Absprung aus der Dump-Meldung in den Debugger

Der Debugger hat an dieser Stelle systembedingt eingeschränkte Möglichkeiten. Daher ist es nicht möglich, die sonst üblichen Funktionen eines Debuggers, wie etwa die Vorwärtsbewegung im Quellcode, durchzuführen. Der Entwickler kann sich jedoch die Werte aller Variablen anzeigen lassen.

Durch einen Mausklick auf den Button [Aufrufe] kann außerdem der sogenannte *ABAP-Stack* angezeigt werden. Dieser zeigt alle Verarbeitungsblöcke, die das Programm bis zur Abbruchstelle durchlaufen hat (siehe Abbildung 7.3:).

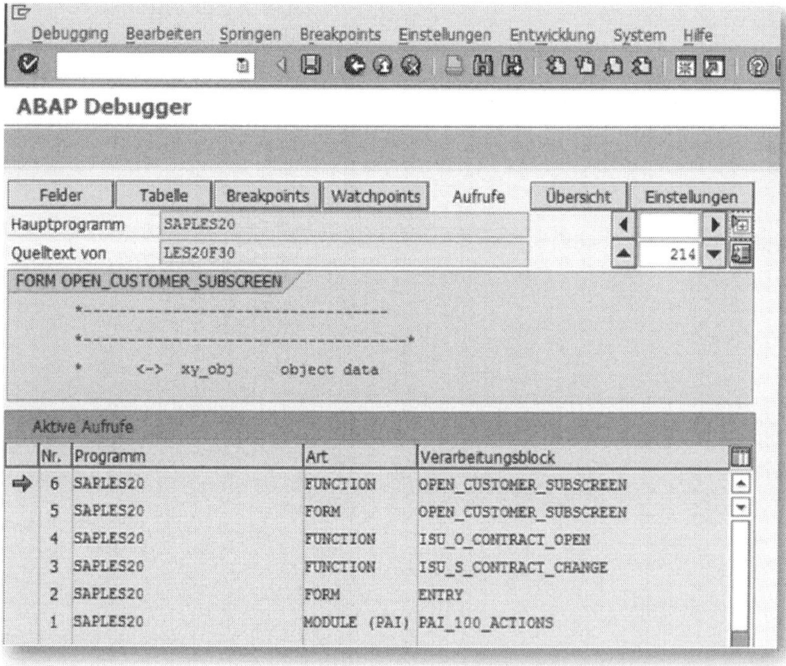

Abbildung 7.3: Der ABAP-Stack im klassischen Debugger

Für eine Detailanalyse des Problems mit dem neuen Debugger kann der Entwickler nun einen Breakpoint vor die Abbruchstelle setzen und die Transaktion erneut ausführen.

In diesem Fall muss der Breakpoint zu Beginn der Form-Routine OPEN_CUSTOMER_SUBSCREEN der Funktionsgruppe ES20 gesetzt werden (siehe Abbildung 7.4).

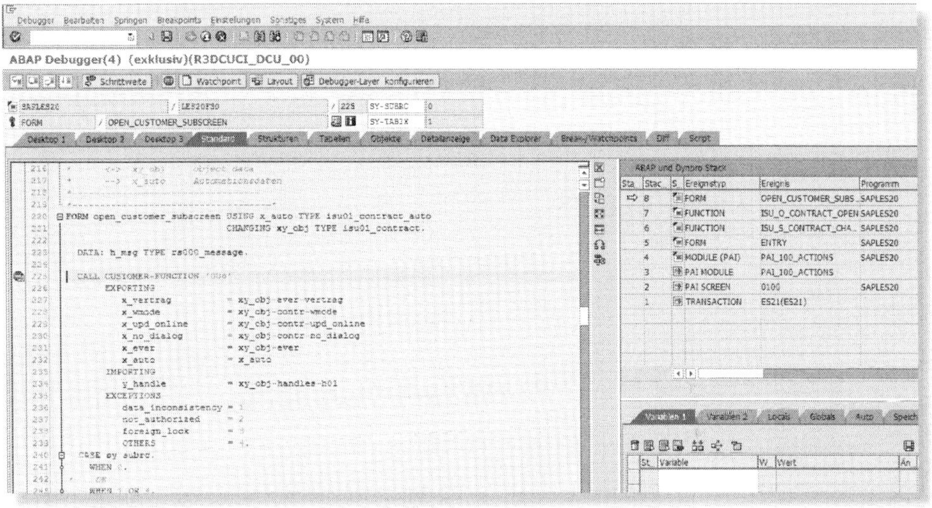

Abbildung 7.4: Die Abbruchstelle im neuen Debugger

Jetzt kann der Entwickler den vollen Funktionsumfang des neuen Debuggers verwenden. In diesem Fehlerfall gibt es offensichtlich ein Problem mit dem Öffnen eines kundeneigenen Subscreens. Es ist demnach die Schnittstelle zwischen dem SAP-Standardprogramm und einem kundeneigenen User-Exit betroffen.

Vor einer Recherche im SAP-Marketplace sind die Kundenerweiterungen zum Vertrag zu prüfen, die in der Funktionsgruppe XES20 implementiert wurden. Diese Information erhält man durch Verwendung der Transaktion SMOD: die Suche über die [F4]-Hilfe nach dem Begriff *VERTRAG* ergibt die Erweiterung EMDK0001. Durch die Komponentensicht dieser Erweiterung erhält man z. B. den Funktionsbaustein EXIT_SAPLES20_001. In den Eigenschaften dieses Funktionsbausteins findet der Entwickler die zugehörige Funktionsgruppe XES20, die er mithilfe der SE80 aktiviert. Dabei wird eine Quellcode-Prüfung durchgeführt. In diesem Fall zeigt die Quellcode-Prüfung einen Fehler (siehe Abbildung 7.5).

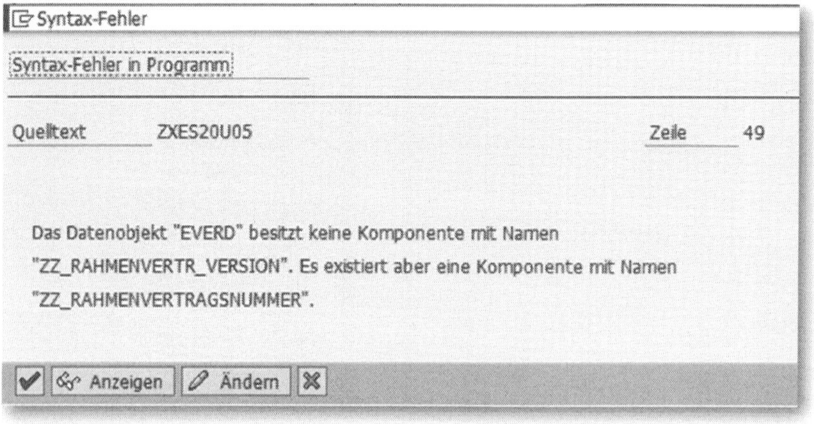

Abbildung 7.5: Fehlermeldung bei der Generierung eines User-Exits

Dieser besagt, dass in dem Include ZXES20U05 ein Feld angesprochen wird, dass nicht existiert: »ZZ_RAHMENVERTR_VERSION«. Durch Betätigen des Buttons 

navigiert das System direkt zur Fehlerquelle. Der Fehler kann behoben werden, indem eine Zuweisung zu dieser nicht vorhandenen Variablen entfernt wird. Abschließend wird die Funktionsgruppe XES20 erneut aktiviert.

Tritt bei der Aktivierung kein weiterer Fehler auf, so ist die Transaktion ES21 (Vertrag ändern) erneut zu prüfen. Dieser Test zeigt, dass es nach der Korrektur zu keinem weiteren Programmabbruch kommt.

7.2 Fehler im SAP-Coding

Das in diesem Abschnitt behandelte Beispiel soll die verschiedenen vom Entwickler zu nutzenden Methoden sowie den Umfang der Fehlerbehebung aufzeigen.

Netznutzungsabrechnung eines Netzbetreibers

Durch die Deregulierung auf dem Strommarkt gibt es Energielieferanten, die von Energieerzeugern Strom kaufen und diesen an die Verbraucher weiterverkaufen. Zur Übertragung der Energie werden Versorgungsnetze (Stromnetze) genutzt, die von den sogenannten Netzbetreibern unterhalten werden. Der Netzbetreiber stellt dem Energielieferanten seine Dienstleistungen in Rechnung. Im Rechnungseingang eines Energielieferanten soll eine Netznutzungsrechnung eines Netzbetreibers bearbeitet werden.

Der Energielieferant verwendet zur Bearbeitung des Rechnungseingangs die Transaktion `INVMON`. Bei der Bearbeitung einer Netznutzungsabrechnung kommt es zur Fehlermeldung: KEINE SERVICEANBIETERVEREINBARUNG IST FÜR 15.12.2014 GÜLTIG (siehe Abbildung 7.6).

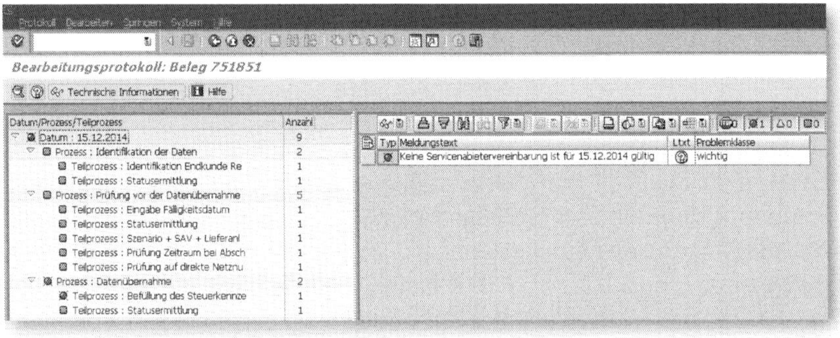

Abbildung 7.6: Fehlermeldung bei der Rechnungseingangsbearbeitung

Mit einem Doppelklick auf das Icon wird ein Langtext zur Fehlermeldung angezeigt (siehe Abbildung 7.7).

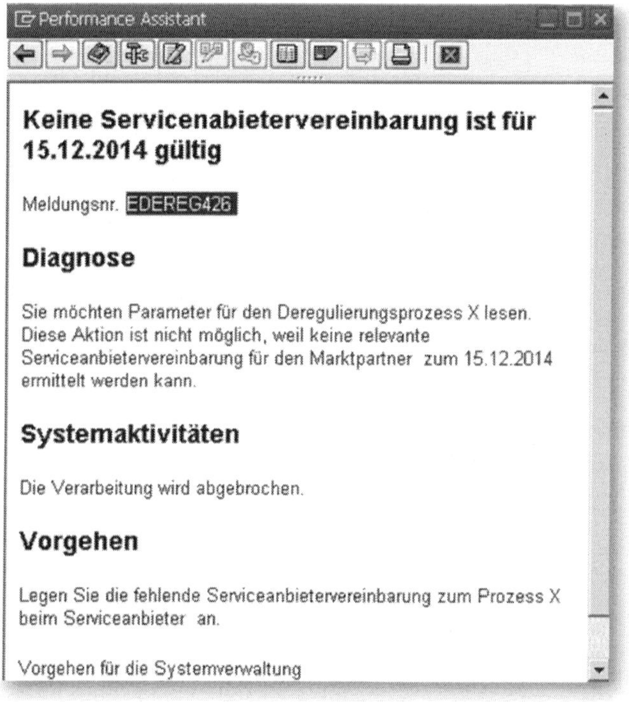

Abbildung 7.7: Langtext einer Fehlermeldung

Eine Überprüfung der Serviceanbietervereinbarungen zwischen Rechnungssender und Rechnungsempfänger ergibt allerdings, dass die Serviceanbietervereinbarungen vom 1.1.1990 bis 31.12.9999 gültig sind. Jetzt ist der ABAP-Entwickler gefragt, die tatsächliche Fehlerursache festzustellen. Zur Fehleranalyse werden folgende Schritte durchgeführt:

1. Feststellen, an welchen Programmstellen der Fehler mit der Message-Id »EDEREG« und der Message-Number »426« verwendet wird.

2. An allen Stellen im SAP-Coding, an denen dieser Fehler ausgegeben wird, wird ein Breakpoint vor die Message-Anweisung gesetzt.

3. Durch diese Breakpoints wird der Debugger bei der erneuten Ausführung des Programlaufes vor einer dieser Message-Anweisungen stehen bleiben.

4. Anhand des im Debugger angezeigten Quellcodes und der aktuellen Werte von Programmvariablen kann analysiert werden, warum der Fehler auftritt.

Mit der Transaktion `SE91` (*Nachrichtenpflege*) werden die Programmstellen im SAP-System lokalisiert, an denen die Fehlermeldung verwendet wird (siehe Abbildung 7.8).

Abbildung 7.8: Verwendungsnachweis für eine Fehlermeldung

Durch einen Mausklick auf das Icon (Verwendungsnachweis) lassen sich alle Stellen im SAP-System anzeigen, die diese Nachricht verwenden. Voreingestellt ist die Suche nach der Verwendung von Nachrichten in Programmen, Klassen und Web-Dynpro-Komponenten (siehe Abbildung 7.9). Von dem Verwendungsnachweis ausgenommen sind Programmstellen, die diese Nachricht dynamisch einsetzen, d. h. Meldungen, die nicht explizit den Message-Befehl

`MESSAGE E426(EDEREG) WITH ...`, sondern den Message-Befehl mit Variablen verwenden.

Abbildung 7.9: Suche nach Verwendung von Nachrichten in Programmen, Klassen und Web-Dynpro-Komponenten

In Abbildung 7.10 werden die Fundstellen dieser Suche angezeigt.

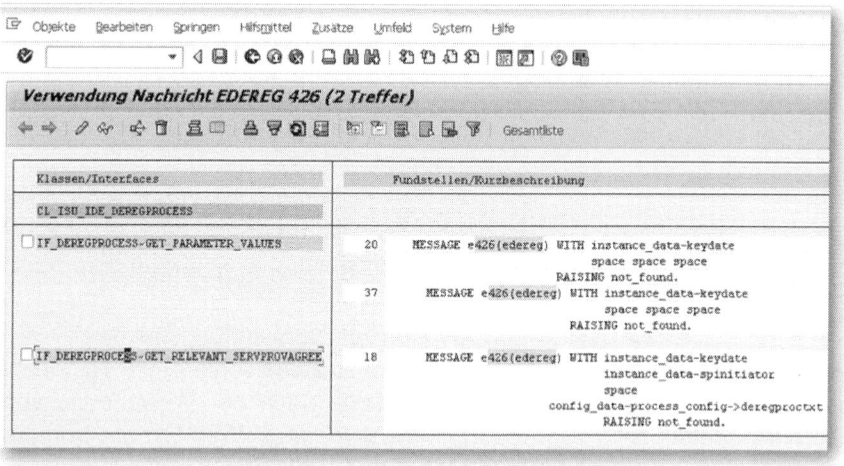

Abbildung 7.10: Verwendung der Nachricht EDEREG mit der Nummer 426

Die Ergebnisliste des Verwendungsnachweises in Abbildung 7.10 zeigt die Fehlernachricht in zwei Methoden und an drei Stellen. Durch einen Doppelklick auf die Message gelangt der Entwickler im ABAP-Editor zum Quellcode der Methoden. Dort wird mit dem ABAP-Editor ein Breakpoint vor die Message-Anweisung gesetzt.

Bei der Wiederholung der Rechnungseingangsbearbeitung hält das Programm in der Debugger-Anzeige vor solch einer Message-Anweisung (siehe Abbildung 7.11).

Abbildung 7.11: Programm hält mit dem Debugger vor einer Message-Anweisung

In diesem Fall bricht das Programm mit der Fehlermeldung ab, weil die Programmvariable PARAMETER »initial« ist, d. h. keinen Wert besitzt. Jetzt kann der Entwickler mithilfe des Debuggers recherchieren, aus welchem Grund die Variable PARAMETER leer ist.

Woran kann der Entwickler nun erkennen, ob es sich um einen SAP-Fehler handelt?

Gehen wir an dieser Stelle davon aus, dass im ABAP-Stack des Debuggers nur die Verwendung von SAP-Standardverarbeitungsblöcken angezeigt wird. Fehlerursache könnte an dieser Stelle entweder ein unzureichendes Customizing oder ein Fehler im SAP-Coding sein.

Das Customizing können Sie z. B. prüfen, indem Sie die Transaktion mit dem fehlerhaften Rechnungseingang über den *Debugger* (Eingabe von `/h` in der Kommandozeile) starten und Breakpoints bei der Anweisung »SELECT« setzen.

Wollen Sie auch die Select-Statements der Systemprogramme analysieren, dann schalten Sie sofort den *Systemdebugger* mit dem Kommando `/hs` ein. Damit hält das Programm an jeder Stelle, an der auf eine Datenbanktabelle (also auch Customizing-Tabellen) lesend zugegriffen wird. Gehen wir im Weiteren davon aus, dass die Prüfung ergibt, dass alle Customizing-Einstellungen korrekt vorgenommen wurden.

Dann bleibt als Ursache nur noch ein Fehler im SAP-Coding übrig. Sie haben nun die Möglichkeit, im SAP Marketplace nach einem SAP-Hinweis (auch SAP-Note genannt) zu recherchieren, der diesen Fehler behebt.

Im Abschnitt 8.3 beschreibe ich, wie Sie *SAP-Hinweise (bzw. SAP-Notes)* im SAP-Marketplace recherchieren können. Im Folgenden zeige ich auf, wie diese in ein SAP-System »eingebaut« werden.

Während dieses Verfahrens können verschiedene Szenarien auftreten:

- Der SAP-Hinweis ist nicht einbaubar.
- Der SAP-Hinweis ist einbaubar.
- Der SAP-Hinweis ist vollständig automatisiert einbaubar.
- Der SAP-Hinweis erfordert manuelle Vor- und/oder Nacharbeiten.
- Der SAP-Hinweis wurde bereits in einer älteren Fassung eingespielt.
- Der Einbau eines SAP-Hinweises muss zurückgenommen werden.

7.3 Einbauen von SAP-Hinweisen

Für den *Einbau von SAP-Hinweisen* wird die Transaktion SNOTE (Note Assistant) verwendet. Bevor ein SAP-Hinweis eingebaut werden kann, müssen Sie den Hinweis mithilfe des *Note Assistants* über eine bestehende SAP-Verbindung auf das betroffene SAP-System herunterladen (siehe Abbildung 7.12).

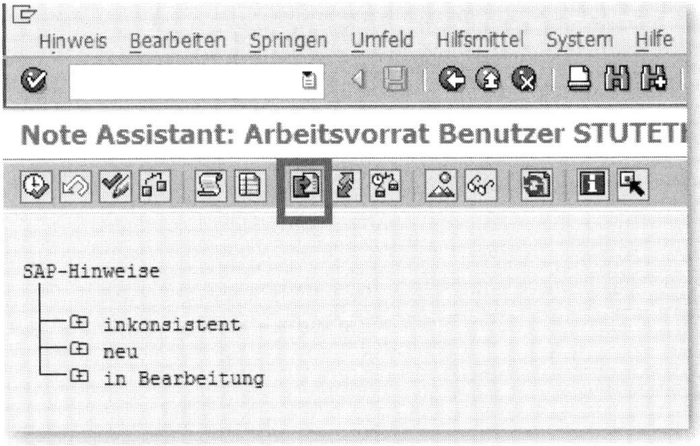

Abbildung 7.12: Transaktion SNOTE

Der Download eines SAP-Hinweises wird mittels Mausklick auf das Icon in der Transaktion SNOTE durchgeführt. Im darauffolgenden Pop-up ist die Nummer des Hinweises einzugeben und der Download mit dem Icon zu starten (siehe Abbildung 7.13).

Abbildung 7.13: Download des SAP-Hinweises 1865494

Ein erfolgreicher Download wird mit der Status-Meldung »Die angeforderten Hinweise wurden heruntergeladen« bestätigt. Sollte an dieser Stelle eine Fehlermeldung erscheinen, dann ist eine Wiederholung des Downloads in vielen Fällen wirksam.

7.3.1 Nicht einbaubare SAP-Hinweise

Einen heruntergeladenen SAP-Hinweis müssen Sie mit dem sogenannten *Hinweis-Browser* in das SAP-System einbauen. Dazu wird in der Transaktion SNOTE das Icon verwendet. Im Hinweis-Browser geben Sie die Nummer des einzubauenden SAP-Hinweises (in diesem Beispiel die Hinweis-Nummer 1865494) erneut ein und starten den *Hinweiseinbau* mit dem Icon (siehe Abbildung 7.14).

Der HINWEIS-BROWSER prüft anhand des Versionsstands des aktuellen SAP-Systems und der *Versionsinformationen* des SAP-Hinweises, ob beide zueinander passen. Das Ergebnis der Prüfung wird im nächsten Bildschirm angezeigt (siehe Abbildung 7.15).

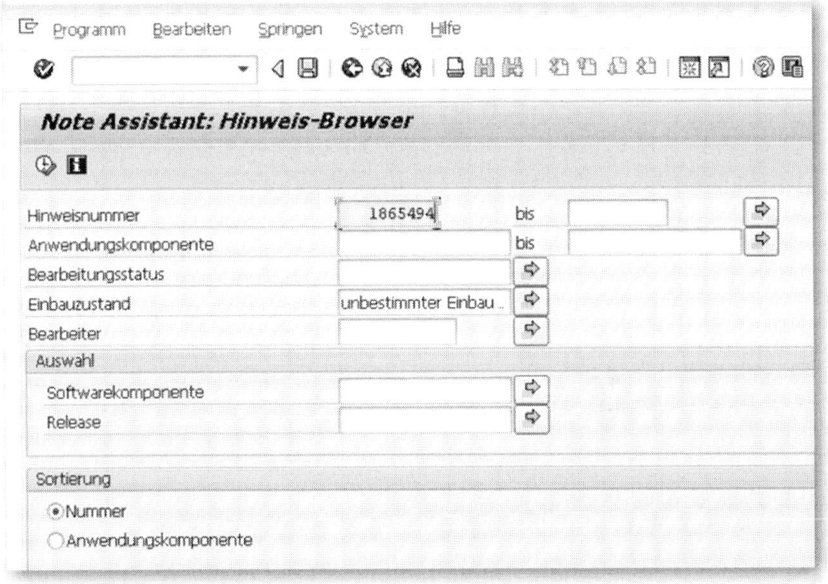

Abbildung 7.14: Starten des Hinweis-Einbaus mit dem Hinweis-Browser

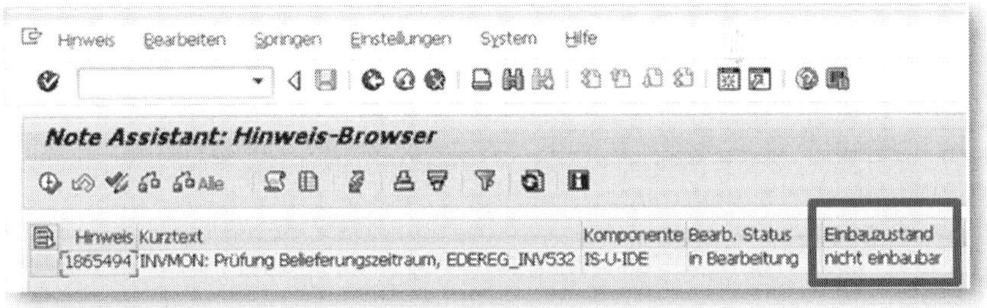

Abbildung 7.15: Nicht einbaubarer SAP-Hinweis

In diesem Fall ist der SAP-Hinweis in das aktuelle SAP-System NICHT EINBAUBAR. Betrachten wir zur Erläuterung die Informationen zur »Gültigkeit« im SAP-Hinweis (siehe Abbildung 7.16).

Support Packages

Softwarekomponente	Release	Support Package
IS-UT	600	SAPK-60024INISUT
	602	SAPK-60214INISUT
	603	SAPK-60313INISUT
	604	SAPK-60414INISUT
	605	SAPK-60511INISUT
	606	SAPK-60609INISUT
	616	SAPK-61604INISUT
	617	SAPK-61702INISUT

Abbildung 7.16: Informationen zur Gültigkeit des SAP-Hinweises

Im SAP-System können über das Pull-down-Menü SYSTEM • STATUS der Release-Stand sowie der Patch-Level-Stand (auch Support-Package-Level genannt) der im aktuellen SAP-System installierten SAP-Komponenten abgefragt werden.

Sie erhalten beide Angaben per Mausklick auf das Icon , wie in Abbildung 7.17 ersichtlich.

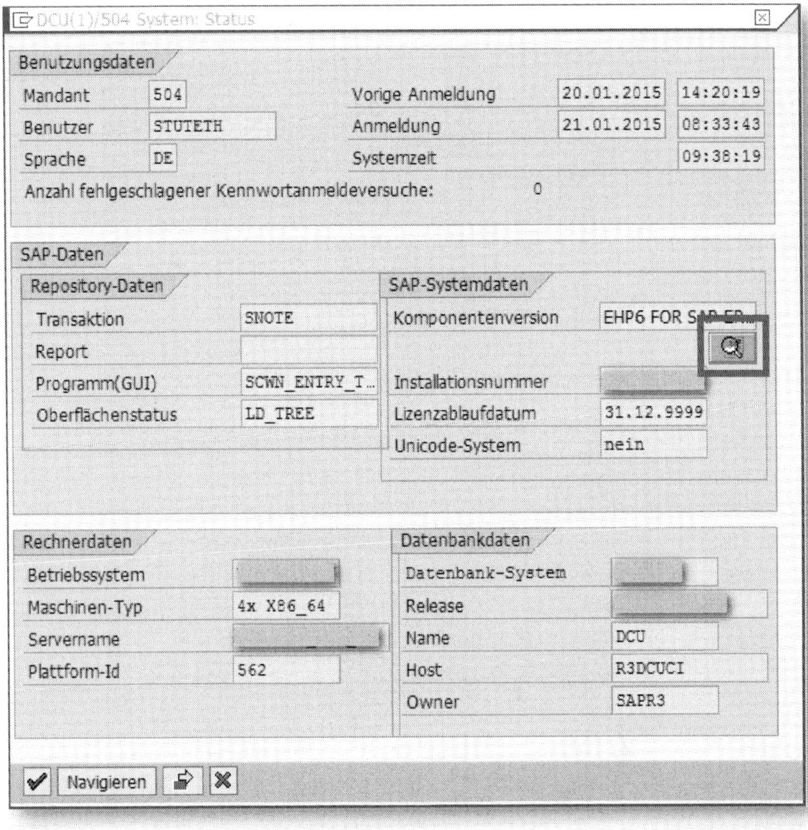

Abbildung 7.17: Status-Informationen zum SAP-System

Im aktuellen Beispiel aus Abbildung 7.18 hat die KOMPONENTE IS-UT das RELEASE 617 und die SP-LEVEL-VERSION 005 (Support Package). Der SAP-Hinweis ist jedoch für das IS-UT RELEASE 617 mit dem Support-Package-Level SAPK-61702INISUT relevant, also dem Support-Package-Level 002 (siehe Abbildung 7.16). Damit wird klar, warum dieser SAP-Hinweis in das aktuelle SAP-System nicht einbaubar ist.

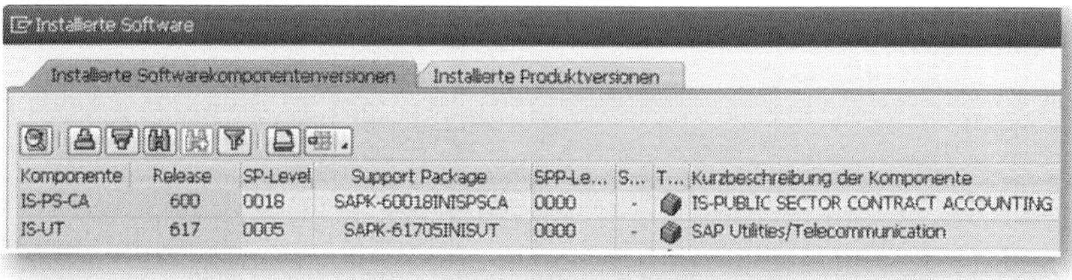

Abbildung 7.18: Release und Support-Package-Level von SAP-Komponenten

7.3.2 Einbaubare SAP-Hinweise

Jetzt verwenden wir zur Fehlerkorrektur den SAP-Hinweis 2077050. Wie einleitend beschrieben, laden Sie den Hinweis zuerst auf das aktuelle SAP-System herunter. Sein Aufruf im Hinweis-Browser zeigt, dass dieser Hinweis EINBAUBAR ist (siehe Abbildung 7.19). Es kann an dieser Stelle passieren, dass bereits eine ältere Version desselben SAP-Hinweises eingebaut wurde. In diesem Fall ist dessen neue Version wie ein einbaubarer SAP-Hinweis zu behandeln.

Abbildung 7.19: Neuer, einbaubarer SAP-Hinweis

Mit dem Icon  starten Sie den Hinweiseinbau. In der Folge kann es erforderlich werden, dass für den Einbau noch weitere Hinweise eingebaut werden müssen. Der Hinweis-Browser erkennt fehlende SAP-Hinweise und ermöglicht es, diese ebenfalls herunterzuladen (siehe Abbildung 7.20).

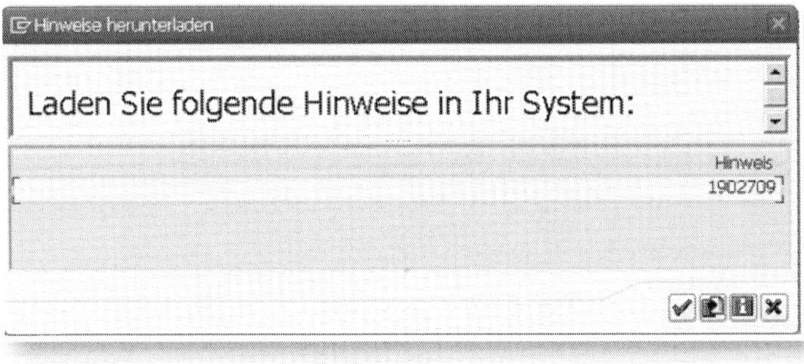

Abbildung 7.20: notwendiger Download eines weiteren SAP-Hinweises für Hinweiseinbau

Das Laden weiterer SAP-Hinweise ist mit dem Icon ✔ zu bestätigen. Im darauffolgenden Pop-up wird der Entwickler aufgefordert, die im SAP-Hinweis durchzuführenden Aktivitäten zu prüfen (siehe Abbildung 7.21).

Abbildung 7.21: Aufforderung zur Prüfung des SAP-Hinweises

Mit einem Mausklick auf den Button HINWEIS werden notwendige Arbeiten zum Einbau des SAP-Hinweises angezeigt (siehe Abbildung 7.22).

```
Langtext

Symptom

Beim Prozessieren von Netznutzungsrechnungen (INVMON) kommt es zum
Fehler:
"Kein Datenaustauschprozess entspricht den Selektionskriterien" (EDATEX
441) bzgl. den DA-Basisprozessen IMPPROFOFF und IMPPROFBLK.
Der Fehler wird aus dem Prüfbausetin ISU_DEREG_INV_DATA_070 ausgegeben.

Ursache und Voraussetzungen

Mit Hinweis 1902709 werden auch DA-Prozesse zu den o.g.
DA-Basisprozessen berücksichtigt. Es kommt jedoch zu Fehler EDATEX441
wenn die
se gar nicht verwendet werden.
Mit der Korrektur zu diesem Hinweis führen fehlende DA-Prozesse zu
diesen Basisprozessen nicht mehr zu einem Fehler.

Lösung

Übernehmen Sie die Korrektur zu diesem Hinweis, oder spielen Sie das
zugehörige SP ein.
```

Abbildung 7.22: Beschreibung der Aktivitäten zum Einbau des SAP-Hinweises

Durchzuführende Aktivitäten im SAP-Hinweis

Lesen Sie die Informationen im SAP-Hinweis sorgfältig und beachten Sie die durchzuführenden Aktivitäten im Abschnitt »Lösung«. Es kann SAP-Hinweise geben, in denen Sie aufgefordert werden, zusätzliche Datenstrukturen mithilfe des Data Dictionaries (Transaktion `SE11`) anzulegen, Nachrichtentexte zu ergänzen, Programme anzulegen und diese vor oder nach dem Hinweiseinbau zu starten, Schnittstellen von Funktionsbausteinen oder Methoden zu erweitern usw. Um diese Arbeiten durchführen zu können, benötigen Sie häufig einen Entwicklerschlüssel und einen SSCR-Schlüssel (siehe Abschnitt 8.2.2). In diesen Fällen werden beim Release-oder Support-Package-Wechsel Nacharbeiten im SPAU- und SPDD-Abgleich erforderlich.

Im vorliegenden Fall werden keine weiteren Vor- und/oder Nacharbeiten für den Hinweiseinbau angezeigt (siehe Abbildung 7.22). Der genannte Fehler sollte demnach durch den Einbau des Hinweises ohne weitere Aktivitäten behoben werden. Mit dem Icon kommen Sie zurück zum Hinweiseinbau (siehe Abbildung 7.21), der nun mit dem Button Ja bestätigt wird.

Durch den Einbau wird SAP-Standardcoding geändert. Um diese Änderungen auch in die Folgesysteme (Test- und Produktivsystem) transportieren zu können, werden Sie aufgefordert, einen Transportauftrag anzulegen. Im darauf folgenden Bild werden die SAP-Standardkomponenten angezeigt, die durch den Hinweiseinbau geändert werden (siehe Abbildung 7.23). Das SAP-System zeigt, ob eine Änderungsübernahme möglich ist.

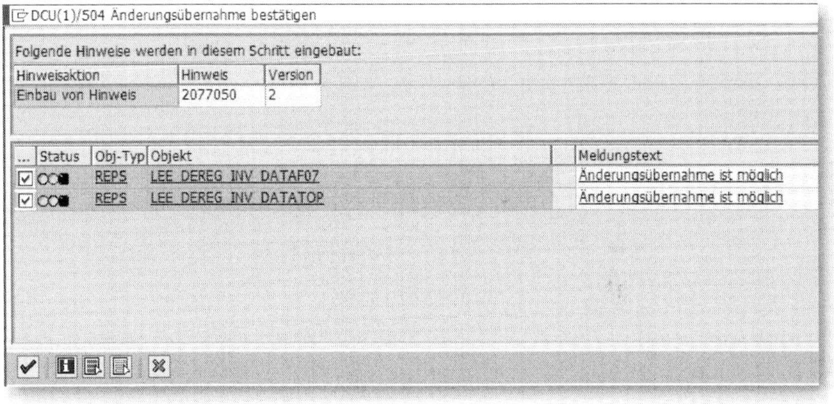

Abbildung 7.23: Geänderte SAP-Komponenten

Mit einem Mausklick auf eine Zeile kann der Entwickler erkennen, welche Zeilen in einem SAP-Objekt durch den Hinweiseinbau geändert werden (siehe Abbildung 7.24).

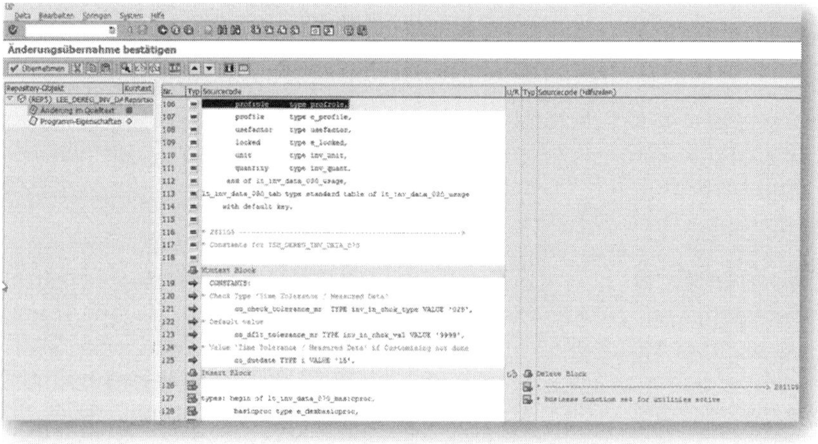

Abbildung 7.24: Änderungen im SAP-Quellcode durch den Hinweiseinbau

An dieser Stelle kann der Entwickler ggf. korrigierend bzw. erweiternd eingreifen.

Wurden die aufgelisteten Komponenten bereits im Vorfeld modifiziert, ist eine *Änderungsübernahme* oft nicht möglich. Zeigt der *Einbaustatus* (zweite Spalte in Abbildung 7.23) eine gelbe oder rote Ampel, so ist ein manueller Eingriff für den Hinweiseinbau erforderlich.

In einem solchen Fall sollten Sie, wie in Abbildung 7.24 gezeigt, den sogenannten *Split-Screen-Editor* verwenden. Dieser zeigt Ihnen Unterschiede zwischen dem Quellcode der betroffenen SAP-Komponente und den einzubauenden Quellcode-Zeilen auf. Diese Zeilen sind von Ihnen als ABAP-Entwickler manuell abzugleichen.

Haben alle betroffenen SAP-Komponenten einen Einbaustatus mit einer grünen Ampel, können Sie diese Auswahl der Komponenten mit dem Icon ✔ bestätigen. Abschließend sind die Aktivierungen der durch den Hinweis geänderten SAP-Standardkomponenten ebenfalls mit dem Icon ✔ zu bestätigen. Der Hinweis-Browser zeigt nun in der Spalte EINBAUZUSTAND den Wert VOLLSTÄNDIG EINGEBAUT.

Damit ist der Hinweiseinbau aus technischer Sicht zunächst abgeschlossen. Der dadurch erstellte Transport ist nun ins Testsystem zu importieren. Anschließend muss ein Anwender die korrekte Funktion der Änderung anhand realer Testbeispiele überprüfen.

Bei diesen Anwendertests kann es zu verschiedenen Ergebnissen kommen:

1. Der zuvor aufgetretene Fehler wurde beseitigt.
2. Der Fehler wurde nicht behoben, durch den Hinweiseinbau werden aber keine weiteren Fehler verursacht.
3. Der Fehler wurde zwar beseitigt, aber es stellen sich durch den Hinweiseinbau unerwünschte Nebeneffekte ein.
4. Der Fehler wurde nicht behoben, und es stellen sich durch den Hinweiseinbau unerwünschte Nebeneffekte ein.

In den ersten zwei Fällen kann der eingebaute SAP-Hinweis durch einen Import in das produktive System beibehalten werden. Der Entwickler hat abschließend die Aufgabe, im Hinweis-Browser den Bearbeitungsstatus des eingebauten Hinweises mittels Pull-down-Menü HINWEIS • BEARBEITUNGSSTATUS SETZEN auf ERLEDIGT zu setzen.

In den zwei zuletzt genannten Fällen muss der Hinweiseinbau wieder zurückgenommen werden. Der *Rückbau des SAP-Hinweises* kann mithilfe des Icon  im Hinweis-Browser durchgeführt werden. Diese Rücknahme erfordert ebenfalls einen Transportauftrag, der in die Folgesysteme zu importieren ist. Wurden beim Hinweiseinbau manuelle Tätigkeiten durchgeführt, so sind diese ggf. ebenfalls zurückzunehmen.

Hat der Hinweiseinbau nicht den erhofften Erfolg gebracht, so sind weitere Maßnahmen zur Fehlerbehebung erforderlich. Falls erforderlich, ist eine SAP-Meldung aufzugeben (siehe Abschnitt 8.4).

8 Der SAP Service Marketplace

Die SAP-Internetseiten unterliegen permanenten Änderungen. Oft findet der Anwender nach einer Neugestaltung nur über Umwege die gewünschten Informationen. Mit dem *Re-Design* des SAP Service Marketplaces im Jahr 2014 wurde ein Portal geschaffen, über das der Anwender von einer zentralen Stelle aus auf alle verfügbaren SAP-Informationen im Internet zugreifen kann. Die in diesem Kapitel dargestellten Webseiten berücksichtigen den Stand Dezember 2014.

Für eine Anmeldung am *SAP Service Marketplace* benötigen Sie eine Zugangskennung und die erforderlichen Berechtigungen. Zugänge zum SAP Service Marketplace sind abhängig vom Inhaber des SAP-Systems und dessen SAP-Kundennummer. Spätestens bei der Registrierung eines SSCR-Schlüssels, um z. B. manuelle Arbeiten beim Einbau einer SAP-Fehlerkorrektur durchzuführen, benötigt ein Entwickler einen systemabhängigen Zugang zum SAP-Marketplace. Denn die SSCR-Schlüssel sind abhängig von der SAP-Installationsnummer.

Der Betreiber des SAP-Systems hat im Regelfall eine verantwortliche Organisationseinheit, die für die Vergabe von Zugängen und die Erteilung von Berechtigungen im SAP-Marketplace verantwortlich ist.

So erreichen Sie den SAP Service Marketplace

Für den Zugriff auf den SAP Service Marketplace kann z. B. die Internetadresse *www.service.sap.com* verwendet werden.

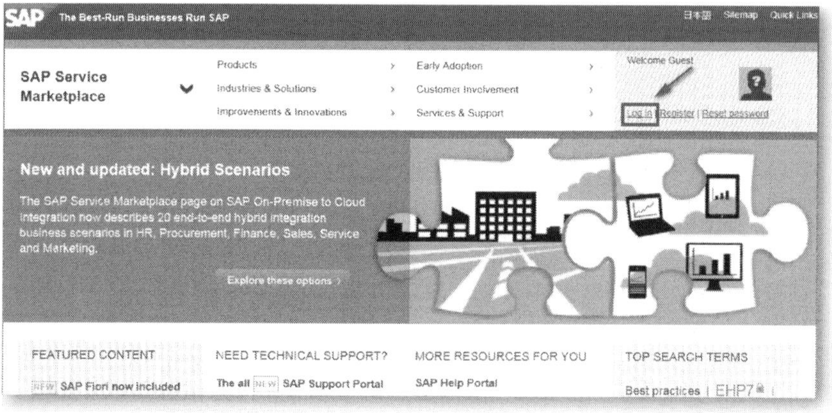

Abbildung 8.1: Login für den SAP Service Marketplace

Oben rechts auf der Seite kann sich der Anwender über den Link LOG IN (siehe Abbildung 8.1) mit seiner Zugangskennung und seinem Passwort am SAP Marketplace anmelden (siehe Abbildung 8.2).

Zugangskennungen im SAP Service Marketplace

Der SAP Service Marketplace kennt verschiedene Zugangskennungen. Sie beginnen mit einem Buchstaben gefolgt von Ziffern. Diese Buchstaben haben eine Bedeutung. Die wichtigsten Zugangskennungen sind:

- »S«-User: Dies sind SAP-Kunden, die im SAP Service Marketplace Berechtigungen für ihre Kundennummer und ihre Installationen besitzen.
- »C«-User: Dies sind User, die über das Internet Zugriff auf SAP-interne Test- und Entwicklungsumgebungen sowie auf SAP-Hinweise haben, die noch nicht für den allgemeinen Gebrauch freigegeben wurden. Es handelt sich hierbei oft um Zugangskennungen für Mitarbeiter von SAP-Partnerunternehmen.
- »D«-User: Dies sind User, die einen vollständigen Zugriff auf die SAP-Systeme besitzen. Es handelt sich hierbei um Zugangskennungen für SAP-Mitarbeiter.

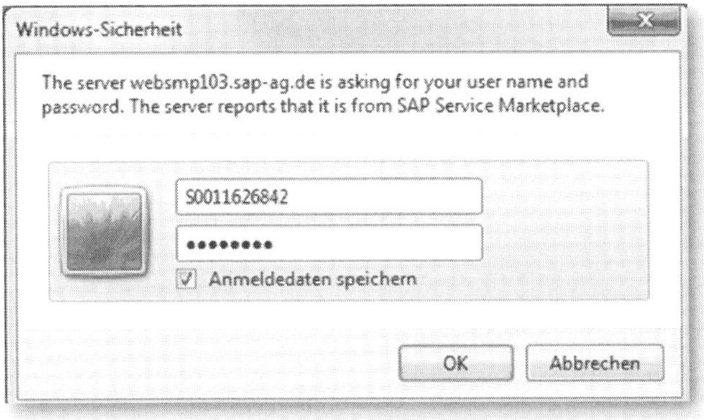

Abbildung 8.2: Eingabe von S-Nummer und Passwort

Nach einer erfolgreichen Anmeldung zeigt der SAP Service Marketplace oben rechts im Bild den Namen des Entwicklers an (siehe Abbildung 8.3).

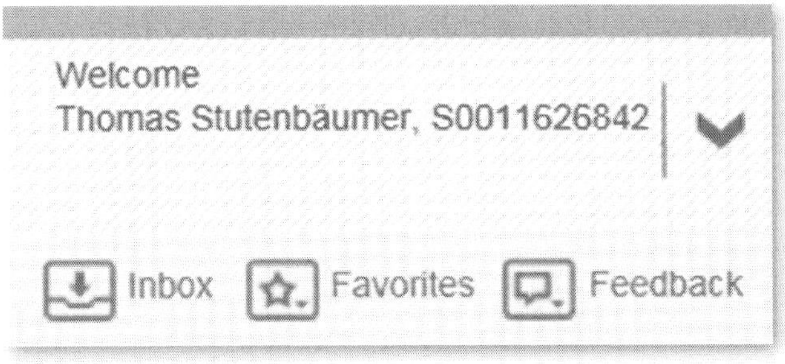

Abbildung 8.3: Erfolgreiche Anmeldung am SAP Service Marketplace

8.1 Single sign-on (SAP-Passport) aktivieren

Auf den Webseiten des SAP Service Marketplaces wird während einer Internetsitzung häufiger nach User-Name und Passwort gefragt. Das liegt u. a. daran, dass an dem Service der SAP-Seite mehrere Serversysteme beteiligt sind. Daher ist es sinnvoll, sich ein sogenanntes *Single-sign-on-Zertifikat* für den SAP-Marketplace im Internet-Browser zu installieren.

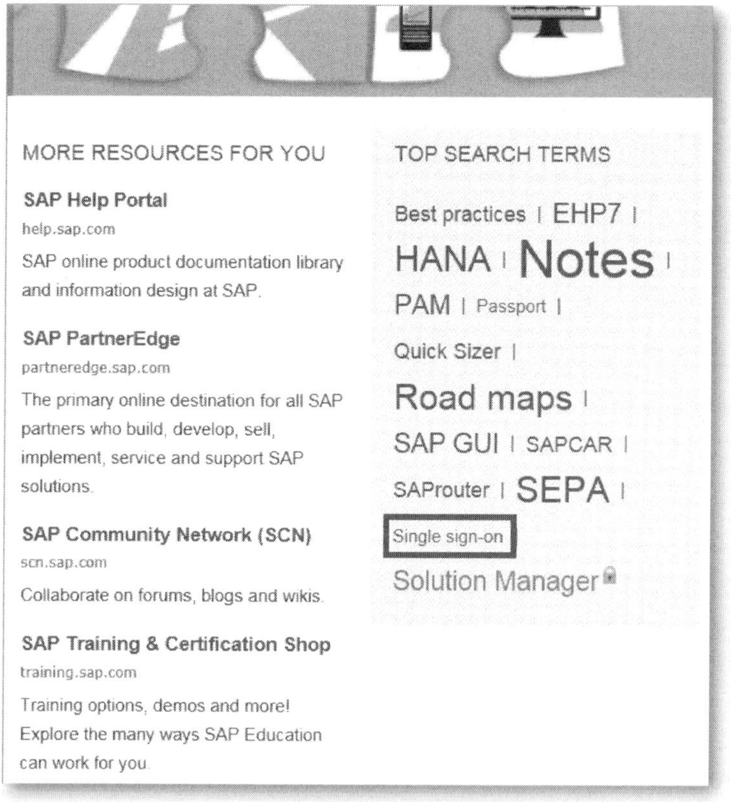

Abbildung 8.4: Link zum Single sign-on

Unten rechts auf der Hauptseite des Service Marketplaces befindet sich der Link SINGLE SIGN-ON (siehe Abbildung 8.4). Mit dessen Aufruf gelangt der Anwender zu einer weiteren Seite, auf der er den Link SINGLE SIGN-ON WITH SAP PASSPORT anklicken muss. Nach diesem Aufruf erscheint im Browser der in Abbildung 8.5 dargestellte Zugang.

Durch Betätigen des roten Buttons  auf der rechten Bildseite öffnet sich nach Eingabe des User-Namens und des Passwortes die Seite zum Beantragen eines SAP Passports (siehe Abbildung 8.6).

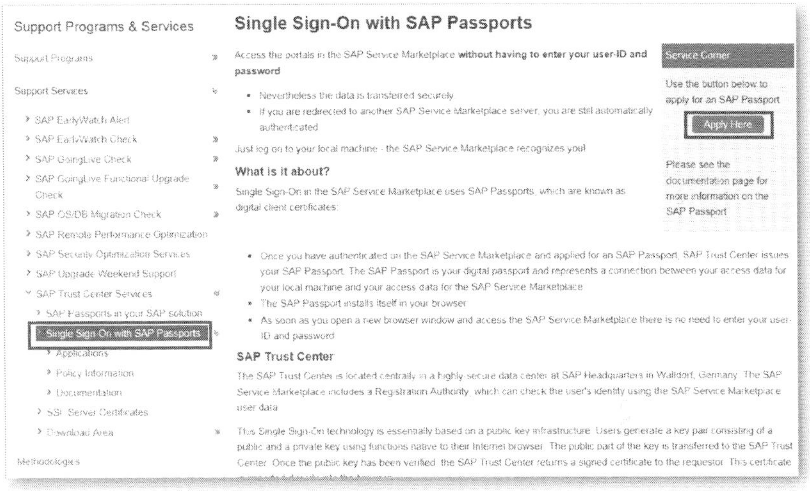

Abbildung 8.5: Beantragen eines SAP Passports

Abbildung 8.6: SAP Passport beantragen

Hier ist lediglich das Passwort erneut einzutragen und der Button SAP Passport beantragen anzuklicken.

Damit sollte ein Single-sign-on-Zertifikat für Ihren Browser installiert werden. Erscheint dagegen eine Fehlermeldung, dann befolgen Sie die Angaben zur Einstellung der Internetoptionen Ihres Browsers (siehe Abbildung 8.7).

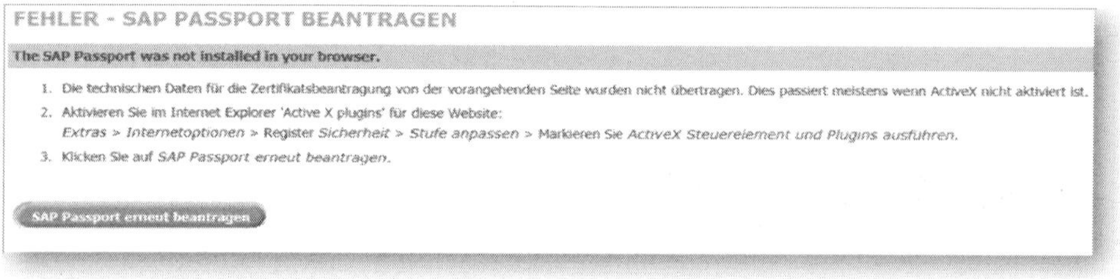

Abbildung 8.7: Erforderliche Einstellungen für den Internet-Browser

Wurde das *SAP Passport-Zertifikat* korrekt für den Internet-Browser installiert, müssen in jeder weiteren Websession im SAP Service Marketplace der User-Name und das Passwort über das Zertifikat lediglich bestätigt und nicht mehr erneut eingeben werden.

8.2 Entwickler- und SSCR-Schlüssel

Entwicklerschlüssel und *SSCR-Schlüssel* (Software-Change-Registration-Schlüssel) für Modifikationen an SAP-Standardobjekten werden ebenfalls im SAP Service Marketplace generiert. Dazu wird ein User im *SAP Support Portal* benötigt, der die Berechtigung besitzt, Entwicklerschlüssel bzw. SSCR-Schlüssel zu beantragen.

Nach der Anmeldung im SAP Service Marketplace wählen Sie durch einen Mausklick auf den Button direkt neben diesem Namen den Zugang zum SAP Support Portal (siehe Abbildung 8.1). Daraufhin öffnet sich ein Menü, über das Sie auf Teilbereiche des Marketplaces verzweigen können (siehe Abbildung 8.8).

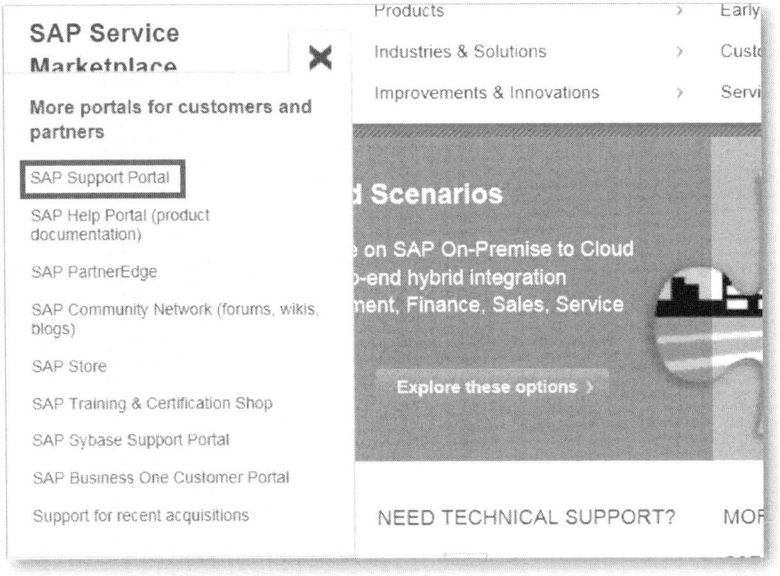

Abbildung 8.8: Vom SAP Marketplace in das SAP Support Portal

Durch Anklicken des gleichnamigen Buttons öffnet sich die Internetseite des *SAP Support Portals* (siehe Abbildung 8.9).

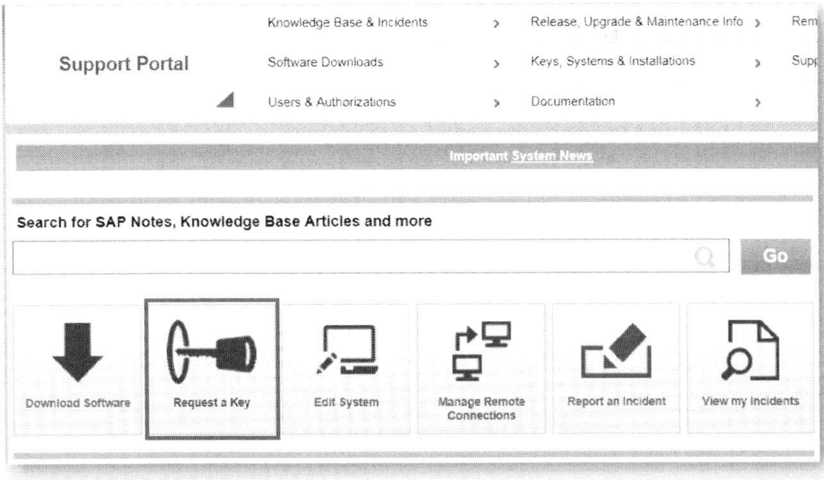

Abbildung 8.9: Einstieg zum SAP Support Portal

Um einen Entwickler- oder einen SSCR-Schlüssel zu generieren, verwenden Sie den gekennzeichneten Button mit der Bezeichnung REQUEST A KEY.

Auf der folgenden Seite (siehe Abbildung 8.10) ist das Menü für die Generierung eines SSCR-Schlüssels auszuwählen.

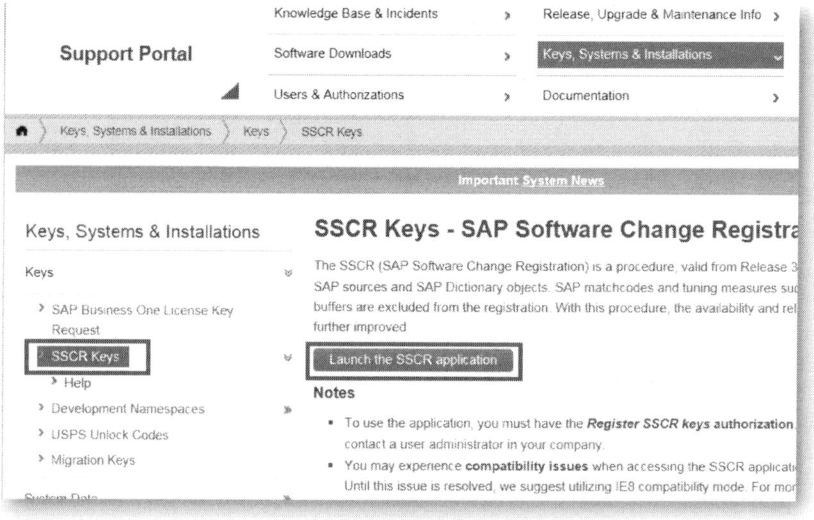

Abbildung 8.10: Entwicklerschlüssel und SSCR-Schlüssel über den Link zu SSCR-Keys

Anschließend ist der Button 

zu verwenden, woraufhin sich die Folgeseite öffnet (siehe Abbildung 8.11).

Für das weitere Vorgehen ist nun entscheidend, ob ein Entwickler- oder ein SSCR-Schlüssel für ein zu änderndes SAP-Standardobjekt registriert werden soll.

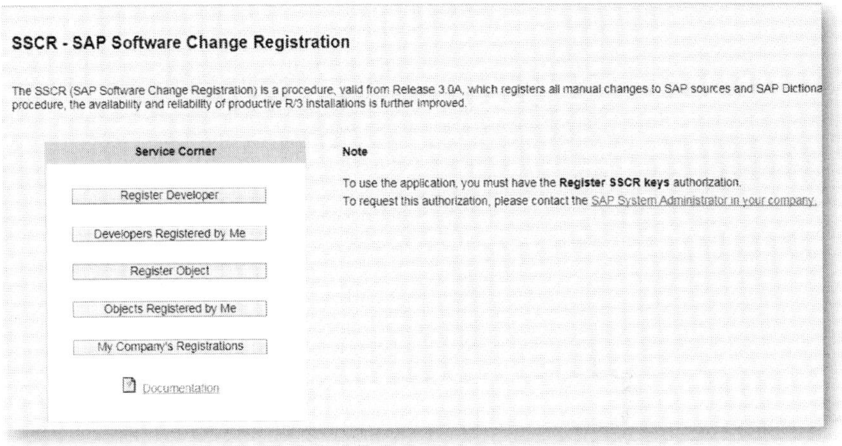

Abbildung 8.11: Einstiegsbild in die SSCR-Application

8.2.1 Entwicklerschlüssel registrieren

Über den Button Register Developer (siehe Abbildung 8.12) gelangt man zum Generator für Entwicklerschlüssel.

Abbildung 8.12: Register Developer

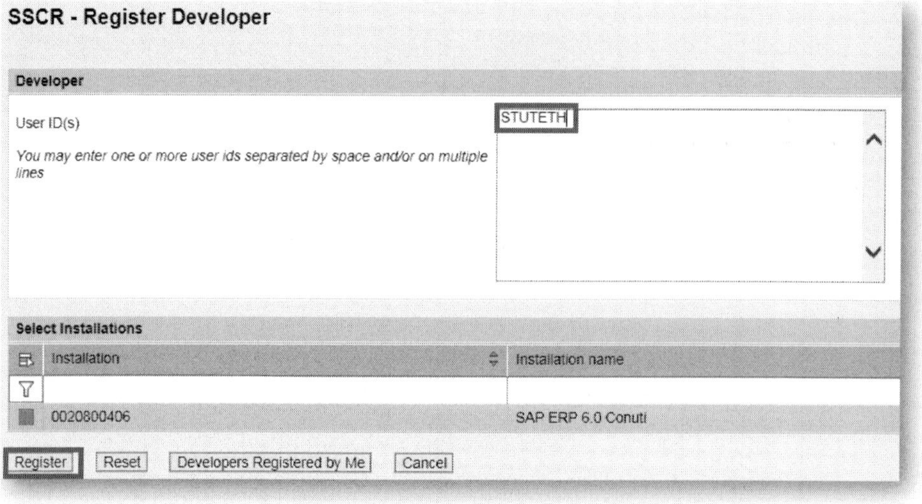

Abbildung 8.13: Entwicklerschlüssel registrieren

In Abbildung 8.13 wird der User-Name eingegeben und die Installationsnummer des SAP-Systems gewählt, auf dem der User Entwicklungen vornehmen soll. Durch einen Mausklick auf den Button [Register] wird für den User eine 20-stellige Registrierungsnummer erzeugt. Diese ist mittels Copy-and-paste auszuwählen und dem Entwickler in einer Datei zur Verfügung zu stellen. Der Entwickler muss diese Nummer, die gleichbedeutend mit dem Entwicklerschlüssel ist, nur einmalig im Entwicklungssystem eingeben. Sie wird in der Datenbanktabelle *DEVACCESS* des Entwicklungssystems gespeichert.

8.2.2 SSCR-Schlüssel registrieren

Um einen SSCR-Schlüssel zu registrieren, muss auf der in Abbildung 8.12 dargestellten Internetseite der mittlere Button [Register Object] gewählt werden.

Damit öffnet sich die in Abbildung 8.14 darstellte Sicht.

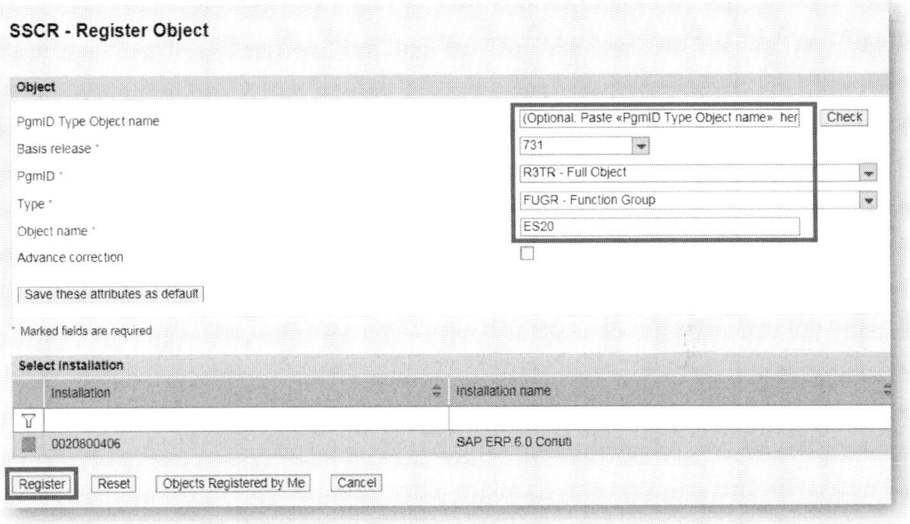

Abbildung 8.14: Eingabe von Informationen zur Registrierung eines SSCR-Schlüssels

Hier müssen die Informationen über das zu modifizierende SAP-Objekt eingegeben werden. Um den korrekten SSCR-Schlüssel zu generieren, ist die Version des aktuellen SAP BASIS-RELEASE auszuwählen. Wir führen das für unser Beispiel zu Modifikationen aus Abschnitt 3.1 durch, in dem das SAP-Standardobjekt mit der PGM-ID R3TR, dem Objekttypen FUGR und dem Objektnamen ES20 für die Installationsnummer 0020800406 geändert werden sollte (siehe Abbildung 8.15).

Abschließend ist für die Registrierung des Objektes auf der Webseite die korrekte INSTALLATION einzutragen und ein Mausklick auf den Button Register auszuführen (siehe Abbildung 8.14).

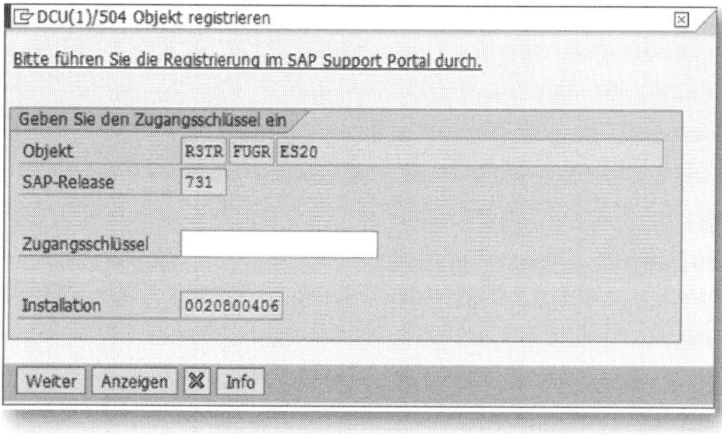

Abbildung 8.15: Aufforderung zur Registrierung eines SSCR-Schlüssels im SAP-System

Sodann wird der generierte 20-stellige SSCR-Schlüssel ausgegeben (siehe Abbildung 8.16).

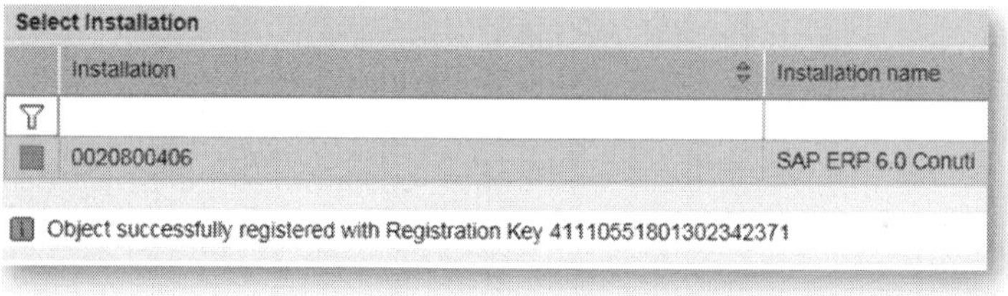

Abbildung 8.16: 20-stelliger registrierter SSCR-Schlüssel

Nachdem dieser SSCR-Schlüssel per Copy-and-paste in den geforderten ZUGANGSSCHLÜSSEL eingegeben ist, klicken Sie auf den Button Weiter (siehe Abbildung 8.17).

Es öffnet sich das SAP-Originalobjekt im Änderungsmodus, das nun bearbeitet werden kann.

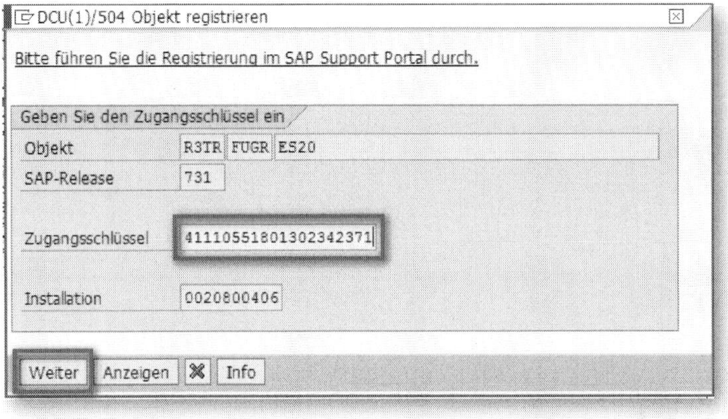

Abbildung 8.17: Eingabe des SSCR-Schlüssels zur Modifikation von SAP-Standard-Objekten

8.3 Recherchieren im SAP Service Marketplace

Im SAP Service Marketplace können Sie Möglichkeiten zur Fehlerbehebung in SAP-Produkten recherchieren. Durch einen Mausklick auf den Button direkt neben SAP SERVICE MARKETPLACE (siehe Abbildung 8.1) gelangen Sie wieder zum Menü, mit dem Sie auf dessen Teilbereiche verzweigen können (siehe Abbildung 8.18).

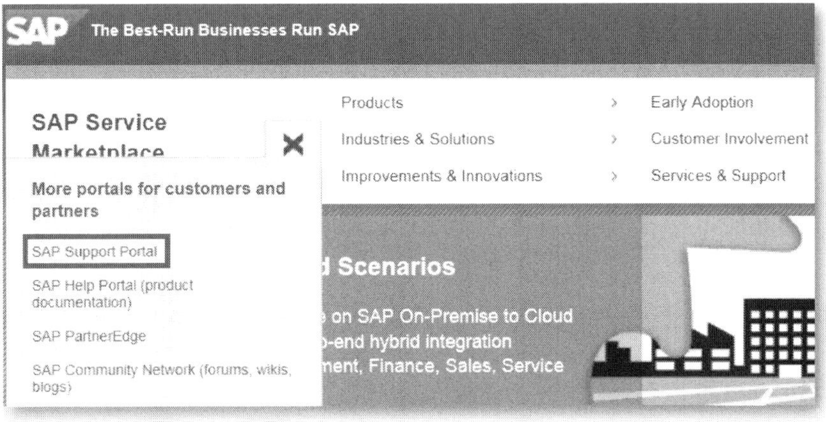

Abbildung 8.18: Vom SAP Marketplace ins SAP Support Portal

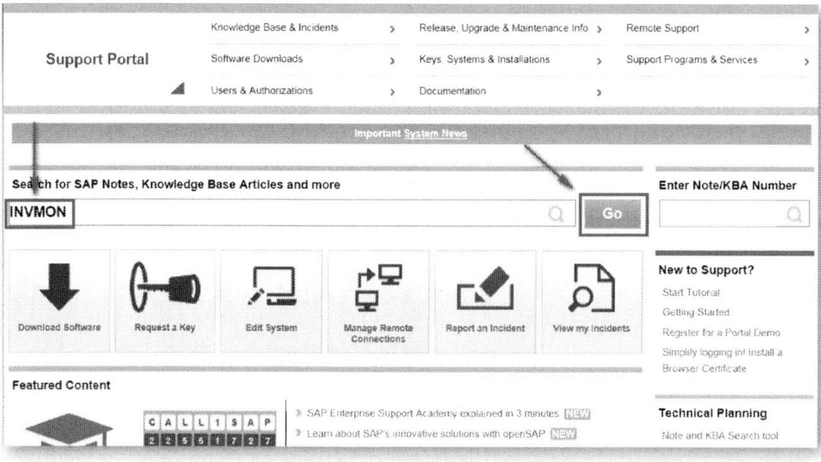

Abbildung 8.19: Das SAP Support Portal

Mit dem Re-Design des SAP Service Marketplaces im Jahr 2014 hat der Anwender die Möglichkeit, durch Eingabe von Suchbegriffen nicht nur die SAP Notes (sogenannte SAP-Hinweis-Datenbank), sondern auch weitere Recherche-Datenbanken wie die *SAP Knowledge Base* oder das *SAP Community Network* (kurz: SCN) nach Informationen zu durchsuchen.

In unserem Beispiel aus Abschnitt 7.2 vermuteten wir einen Fehler in der Transaktion INVMON. Wir geben also zunächst den Begriff INVMON (Überwachung Rechnungseingang) in das Suchfeld ein und starten die Suche mit dem Button Go. Abbildung 8.20 zeigt das Suchergebnis an.

Wir erhalten 477 SAP-Hinweise, zwei SAP-Dokumentationen, sieben Diskussionen im SCN, zwei Einträge im Wiki des SCN und einen Eintrag unter dem Begriff »Continuous Improvement« (also Informationen, die aus Sicht der SAP geprüft werden sollten).

An dieser Stelle können die Suchergebnisse zum einen auf die deutsche Sprache umgestellt werden. Zum anderen können durch einen Mausklick auf das Plus-Symbol Werte eingegeben werden, die die Anzahl der Suchergebnisse und ihre Sortierkriterien beeinflussen. Bei der Suche nach SAP-Hinweisen schränke ich persönlich die Suchkriterien, wie in Abbildung 8.21 angezeigt, ein und führe die Suche mit dem Button Start erneut durch.

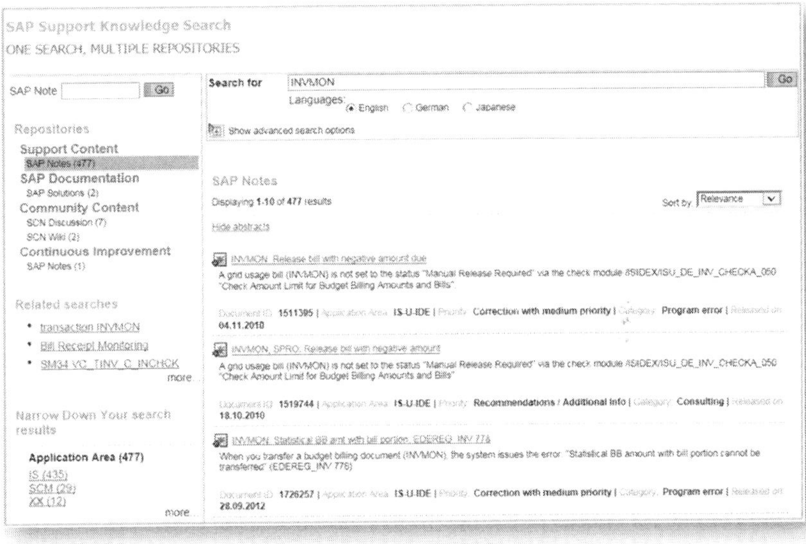

Abbildung 8.20: Suchergebnis zum Stichwort INVMON

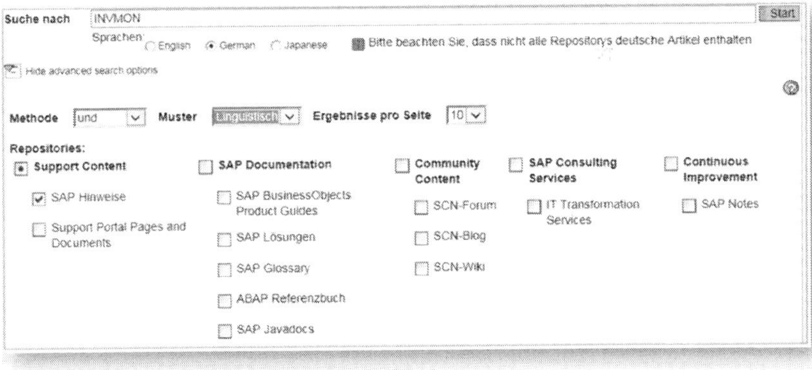

Abbildung 8.21: Einschränkung der Suchergebnisse durch die Verwendung erweiterter Suchoptionen

Diese Suchergebnisse (entsprechend Abbildung 8.20) sortiere ich absteigend nach dem sogenannten *Release-Date* (Freigabedatum). Damit werden mir die aktuellsten SAP-Hinweise in der Ergebnisliste zuerst angezeigt.

Jetzt wird in den SAP-Hinweisen nach ähnlich beschriebenen Problemen gesucht. Diese Suche ist eine »Kunst für sich«. Häufig sind SAP-Hinweise zur Problemlösung relevant, die nur eine etwas ähnliche Fehlerbeschreibung besitzen. Das erfährt der Entwickler erst dann, wenn er sich verzweifelt – aufgrund eines fehlenden SAP-Hinweises – über das Erstellen einer SAP-Meldung zur Problemlösung an einen Bearbeiter auf Seiten der SAP wendet und von diesem Meldungen genannt bekommt, die von ihrem Inhalt und der Beschreibung her nicht exakt zur Fehlerbeschreibung passen.

Suche nach SAP-Hinweisen

Ich rate Ihnen, nicht nur nach der exakten Fehlermeldung suchen, sondern auch nach Fehlerbeschreibungen, die aus inhaltlicher Sicht annähernd auf den vorhandenen Fehler passen könnten.

Um unseren Fehler möglicherweise beheben zu können, verwenden wir in unserem Beispiel die beiden SAP-Hinweise:

- 1865494 – INVMON: Prüfung Belieferungszeitraum
  Symptom: Beim Prozessieren einer Netznutzungsrechnung (INVMON) kommt es zum Fehler: »Rechnungszeitraum stimmt nicht mit Zeitraum der Zeilen überein« (EDEREG_INV 532)
- 2077050 – INVMON: ISU_DEREG_INV_DATA_070, IMPPROFOFF, EDATEX441
  Symptom: Beim Prozessieren von Netznutzungsrechnungen (INVMON) kommt es zum Fehler: »Kein Datenaustauschprozess entspricht den Selektionskriterien« (EDATEX 441) bzgl. der DA-Basisprozesse IMPPROFOFF und IMPPROFBLK. Der Fehler wird aus dem Prüfbaustein ISU_DEREG_INV _DATA_070 ausgegeben.

In Abschnitt 7.3.2 habe ich Ihnen bereits gezeigt, wie Sie diese SAP-Hinweise zur Fehlerbehebung in das SAP-System einbauen.

8.4 Aufgeben einer SAP-Meldung (Incident)

Vor dem Aufgeben einer SAP-Meldung sollten zuvor alle anderen Lösungswege ausgeschöpft worden sein.

Die Qualität von SAP-Hinweisen

Einige SAP-Dienstleister unterhalten ein sogenanntes »Competence Center of Expertise (CCoE)« (ehemals »Customer Competence Center (CCC)«). Diese SAP-Auszeichnung erhält der SAP-Dienstleister nur dann, wenn er in der Lage ist, möglichst viele SAP-Probleme seiner Kunden ohne die Inanspruchnahme des SAP-Supports zu lösen. Dazu werden u. a. Quantität und Qualität von SAP-Meldungen eines SAP-Dienstleisters alle zwei Jahre bewertet. Eine SAP-Meldung hat erst dann die von SAP geforderte Qualität, wenn durch sie ein bestehender SAP-Hinweis geändert oder ein neuer SAP-Hinweis erstellt werden musste. Entspricht ein SAP-Dienstleister nicht den geforderten Qualitäts- und Quantitätsansprüchen, so erhält er nicht diese »CCoE-Auszeichnung«. Das wiederum hat beträchtliche Auswirkungen auf die jährlichen Wartungsgebühren, die ein SAP-Dienstleister an die SAP SE zu entrichten hat.

Eine *SAP-Meldung* (oder auch *Incident* genannt) wird im SAP Support Portal erstellt. Dazu melden Sie sich, wie am Anfang dieses Kapitels beschrieben, am SAP Service Marketplace an und rufen anschließend das SAP Support Portal auf (vgl. Abbildung 8.9). Sie benötigen für das Aufgeben einer SAP-Meldung unbedingt einen Zugang des Unternehmens, das die SAP-Installation betreibt. Analog zum SSCR-Schlüssel bezieht sich eine SAP-Meldung immer auf eine konkrete SAP-Installation. Um einen Incident zu eröffnen, benötigen

Sie darüber hinaus die erforderlichen Berechtigungen im SAP Marketplace, die vom Betreiber des betroffenen SAP-Systems vergeben werden. Verwenden Sie im SAP Support Portal den Button REPORT AN INCIDENT (siehe Abbildung 8.22).

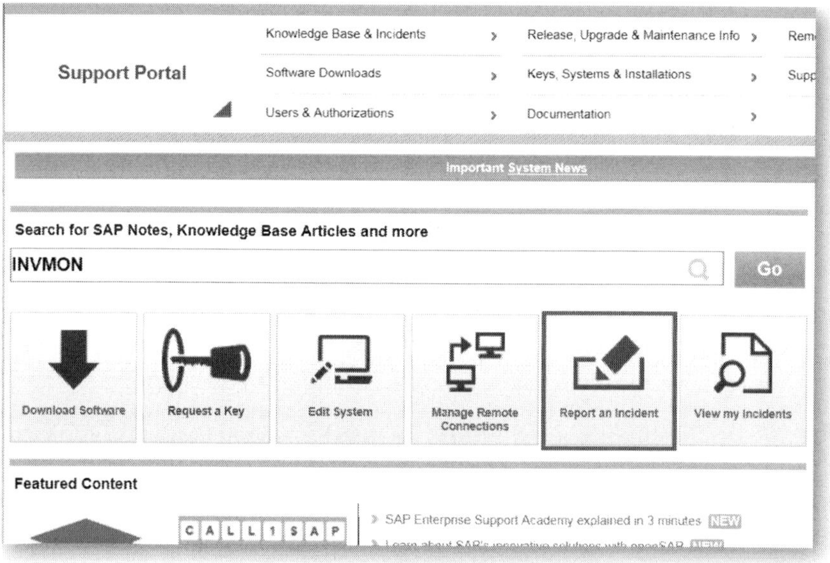

Abbildung 8.22: SAP-Meldung aufgeben

Damit werden Sie auf die Seite des SAP INCIDENT WIZARD weitergeleitet (siehe Abbildung 8.23).

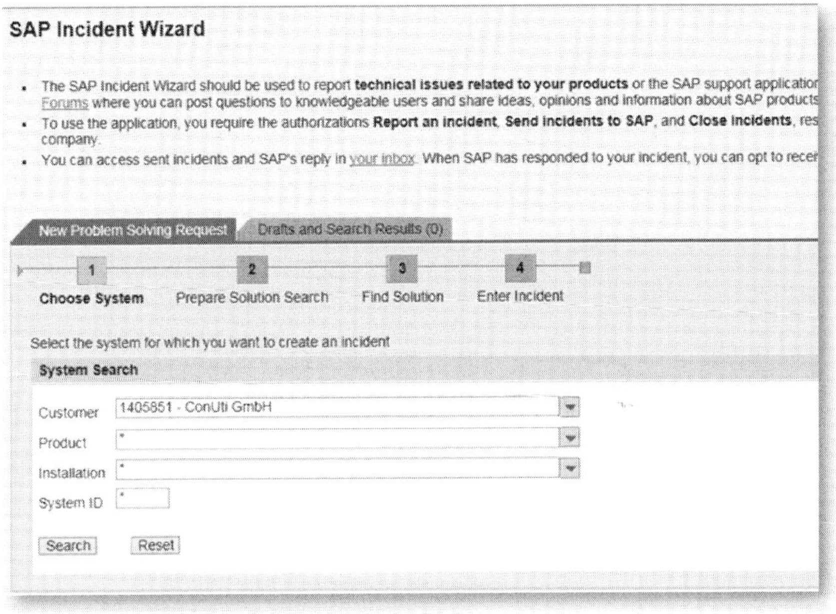

Abbildung 8.23: Der SAP Incident Wizard

Im ersten Schritt müssen Sie die SAP-Installation auswählen, in der der Fehler aufgetreten ist. Dazu wählen Sie den Button Search, lassen sich die Suchergebnisse anzeigen und markieren das entsprechende SAP-System. Anschließend werden Sie zum zweiten Schritt PREPARE SOLUTION SEARCH weitergeleitet (siehe Abbildung 8.24).

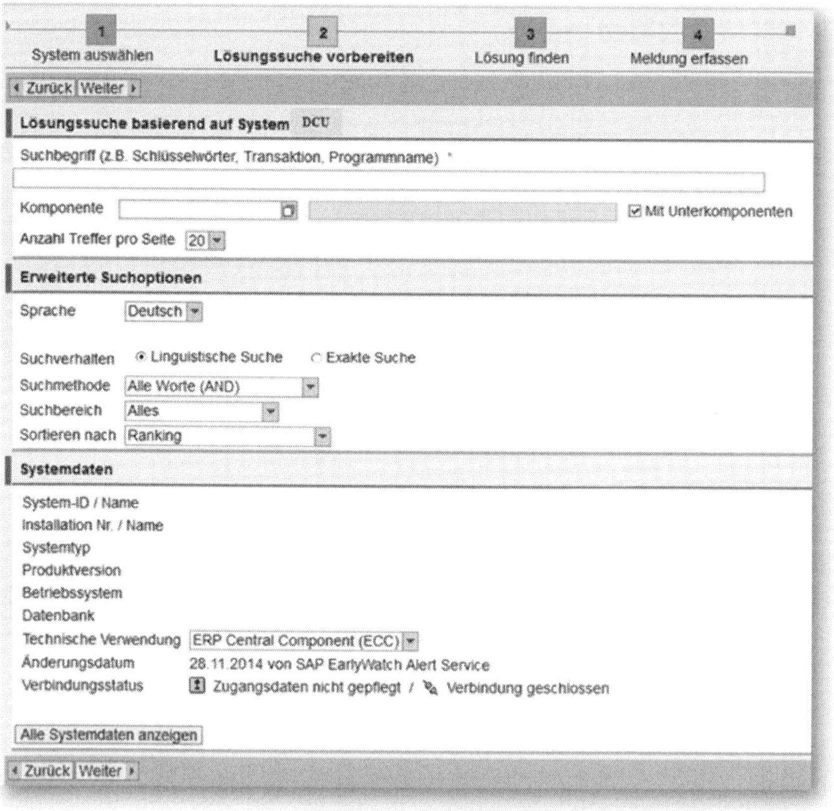

Abbildung 8.24: Lösungssuche (Systemdaten wurden ausgeblendet)

In diesem Schritt werden Sie aufgefordert, nach einer Lösung des Problems in den SAP-Hinweisen zu suchen. Zur Veranschaulichung verwenden wir den SAP-Fehler aus Abschnitt 7.2, in dem die Transaktion INVMON die Fehlermeldung mit der MESSAGE-ID »EDEREG« und der MESSAGE-NUMBER »426« ausgibt.

Als Suchbegriff verwenden wir bei der Lösungssuche den Namen der Transaktion »INVMON«, ergänzt durch Message-ID und -Number. Im Feld SUCHBEGRIFF geben wir demnach folgende Werte ein: INVMON EDEREG 426.

Bei der Auswahl der KOMPONENTE nutzen wir die Eingabe-Hilfe. Dadurch wird eine Liste der möglichen Komponenten angezeigt (siehe Abbildung 8.25). Wählen Sie eine Komponente, die der Fehlerbeschreibung am nächsten kommt. Im vorliegenden Beispiel wählen wir die Komponente FI-CA – VERTRAGSKONTOKORRENT.

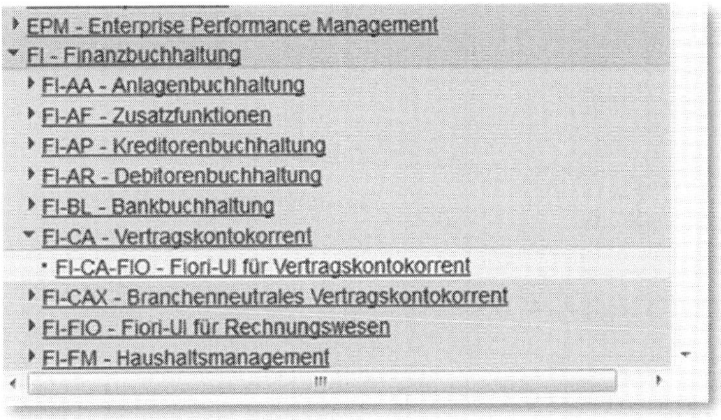

Abbildung 8.25: Komponentenauswahl bei der Lösungssuche

Die *erweiterte Suchoption* wird in diesem Fall nicht verändert, da uns ausschließlich SAP-Notes interessieren, die alle eingegebenen Ausdrücke im Suchbegriff enthalten. Abschließend wird der Button Weiter angeklickt.

Nun sucht das SAP Support Portal unter Verwendung der Systemdaten passende SAP-Notes. Im nächsten Bildschirm werden mögliche Lösungen zur Fehlerbehebungen angezeigt. Für unser Beispiel wurde kein konkreter SAP-Hinweis zur Fehlerlösung im SAP Support Portal gefunden (siehe Abbildung 8.26).

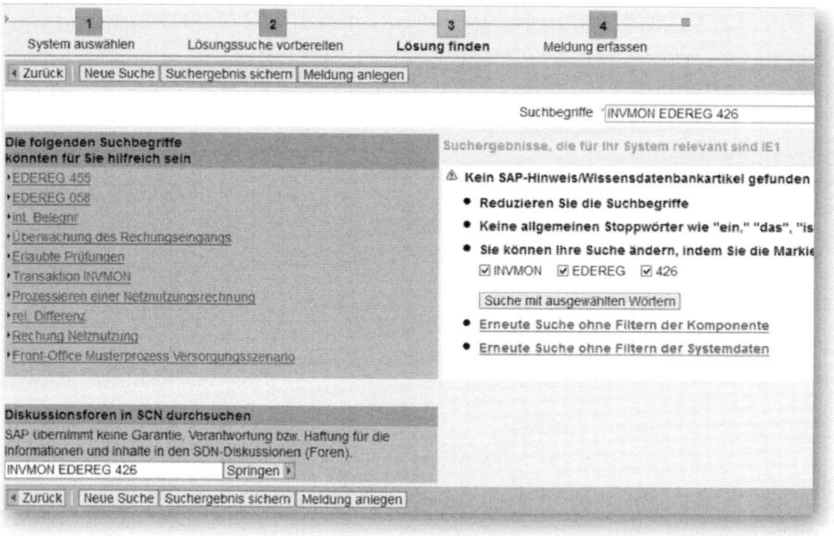

Abbildung 8.26: Ergebnisse zu den Suchbegriffen INVMON, EDEREG und 426

An dieser Stelle haben Sie weitere Optionen, mögliche Lösungen im SAP Support Portal oder im SAP Development Network (kurz: SDN) zu suchen. So können Sie z. B. andere Suchbegriffe oder nur den Suchbegriff »INVMON« nutzen. Diese Funktionalität sollten Sie in jedem Fall versuchen, um auch »benachbarte Lösungen« zu finden, die zur Fehlerbehebung dienen könnten. Um eine SAP-Meldung aufzugeben, verwenden Sie den Button Meldung anlegen. Dadurch gelangen Sie zum letzten Schritt der Meldungs-Erstellung. Da der Eingabebildschirm für SAP-Meldungen sehr groß ist, unterteile ich die Abbildungen wegen der Lesbarkeit in einen oberen (siehe Abbildung 8.27) einen mittleren (siehe Abbildung 8.29) und einen unteren Bildschirmbereich (siehe Abbildung 8.30).

Im oberen Bildschirmbereich der Meldungserfassung (siehe Abbildung 8.27) werden Sie zunächst aufgefordert, die ANWENDUNGSKOMPONENTE genauer zu spezifizieren. Je genauer Sie diese Komponente identifizieren können, umso schneller kann die Meldung dem für ihre Bearbeitung verantwortlichen SAP-Supportteam weitergeleitet werden. Nutzen Sie dazu die Eingabehilfe am Ende des Eingabefeldes.

Durch einen Mausklick erhalten Sie detailliertere Auswahlmöglichkeiten, in diesem Fall zur Komponente FI-CA (siehe Abbildung 8.28).

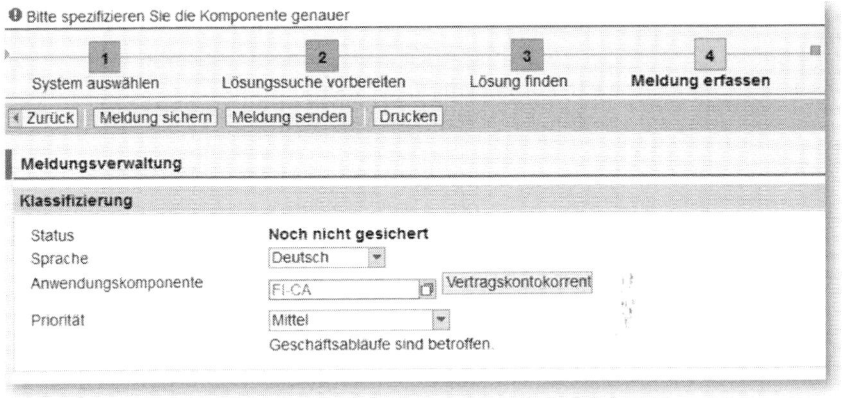

Abbildung 8.27: SAP-Meldung (bzw. Incident) erfassen

Abbildung 8.28: Detaillierte Komponentenauswahl

In unserem Beispiel haben wir einen Fehler im Rechnungseingang. Wir wählen die naheliegende Komponente FI-CAX-PO - BUCHUNGEN, BELEGE.

Als Nächstes ist in Abbildung 8.27 die PRIORITÄT der Meldung anzugeben. Hier haben Sie folgende Alternativen:

1. **Sehr hoch:** Das Problem ist geschäftskritisch, hat ernsthafte negative Auswirkungen auf Geschäftsabläufe und erfordert eine sofortige Lösung. Bitte erfassen Sie Ihre Meldung in Englisch, damit ein 24-Stunden-Support garantiert ist. Voraussetzung für eine Meldung mit Priorität »sehr hoch« ist entweder ein Problem in einem produktiven System oder die Gefährdung des bevorstehenden Go-Lives/Upgrades. Bei Letzterem muss ein Go-Live-/Upgrade-Datum im Abschnitt »Auswirkungen auf das Geschäft« eingegeben werden.
   Bitte füllen Sie unten den Abschnitt »Auswirkungen auf das Geschäft« aus und gestatten einen Remote-Systemzugriff für einen sofortigen und schnelleren Support durch SAP.

2. **Hoch**: Geschäftsabläufe sind ernsthaft gefährdet und dringende Aufgaben können nicht erledigt werden. Für eine Meldung mit hoher Priorität an SAP muss das betroffene System produktiv oder das bevorstehende Go-Live/Upgrade gefährdet sein. Bei Gefährdung eines Go-Lives/Upgrades muss ein Go-Live-/Upgrade-Datum im Abschnitt »Auswirkungen auf das Geschäft« eingegeben werden. Bitte füllen Sie unten den Abschnitt »Auswirkungen auf das Geschäft« aus und gestatten einen Remote-Systemzugriff für einen sofortigen und schnelleren Support durch SAP.

3. **Mittel (default):** Geschäftsabläufe sind betroffen.

4. **Niedrig**: Das Problem hat kaum Auswirkungen auf Geschäftsabläufe und stört nicht den täglichen Betrieb.

Die Priorität von SAP-Hinweisen

Die Priorität eines SAP-Hinweises entscheidet über die Reaktionsgeschwindigkeit des SAP-Supportteams. Denken Sie daran, die Prioritäten »sehr hoch« und »hoch« nur dann in der SAP-Meldung zu verwenden, wenn die zu den Prioritäten angegebenen Kriterien erfüllt sind. Verwenden Sie die Prioritäten keinesfalls, damit ihre SAP-Meldung schneller bearbeitet wird!

Im **mittleren Bildschirmteil** der Meldungserfassung werden Sie aufgefordert, das Problem detailliert zu beschreiben.

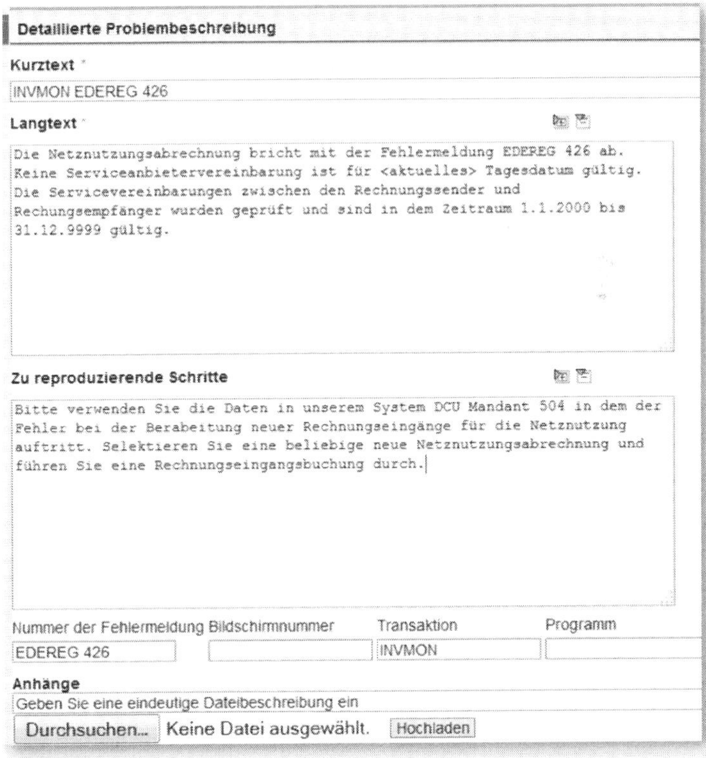
Detaillierte Problembeschreibung

Kurztext *

INVMON EDEREG 426

Langtext *

Die Netznutzungsabrechnung bricht mit der Fehlermeldung EDEREG 426 ab. Keine Serviceanbietervereinbarung ist für <aktuelles> Tagesdatum gültig. Die Servicevereinbarungen zwischen den Rechnungssender und Rechungsempfänger wurden geprüft und sind in dem Zeitraum 1.1.2000 bis 31.12.9999 gültig.

Zu reproduzierende Schritte

Bitte verwenden Sie die Daten in unserem System DCU Mandant 504 in dem der Fehler bei der Berabeitung neuer Rechnungseingänge für die Netznutzung auftritt. Selektieren Sie eine beliebige neue Netznutzungsabrechnung und führen Sie eine Rechnungseingangsbuchung durch.

Nummer der Fehlermeldung	Bildschirmnummer	Transaktion	Programm
EDEREG 426		INVMON	

Anhänge

Geben Sie eine eindeutige Dateibeschreibung ein

Durchsuchen... Keine Datei ausgewählt. Hochladen

Abbildung 8.29: Detailbeschreibung des Problems

In unserem Fehlerbeispiel kann diese Problembeschreibung wie in Abbildung 8.29 aussehen.

In dem in Abbildung 8.30 dargestellten **unteren Bildschirmteil** sind Informationen über Maßnahmen anzugeben, die Sie bereits zur Fehlerbehebung durchgeführt haben. Dies gilt insbesondere für SAP-Notes, die eingespielt wurden. Darüber hinaus können Ansprechpartner mit ihren Kontaktinformationen benannt werden (mindestens ein Kontakt ist für das Aufgeben der Meldung zwingend).

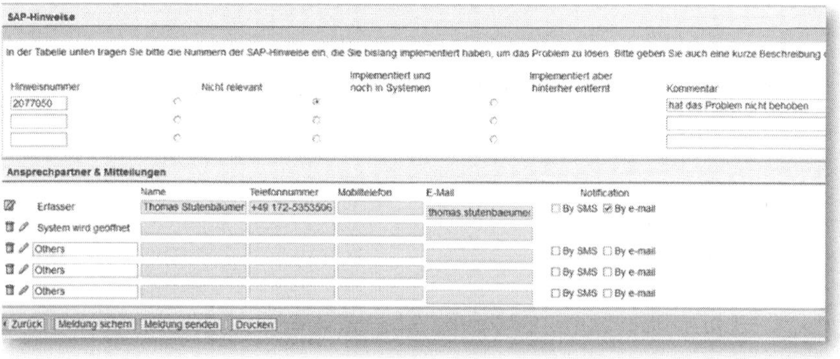

Abbildung 8.30: Durchgeführte Maßnahmen, Bearbeiter und Benachrichtigungsart

Wurden alle Angaben vollständig erfasst, wird die Meldung mit dem Button Meldung senden an SAP übermittelt.

Je nach ausgewählter Benachrichtigungsart (SMS oder E-Mail), werden Sie entsprechend über die weitere Bearbeitung der Meldung in Kenntnis gesetzt.

Informationen zum Bearbeitungsstand der Meldung können Sie jederzeit über den Button VIEW MY INCIDENTS im SAP Service Marketplace erfahren (siehe Abbildung 8.31).

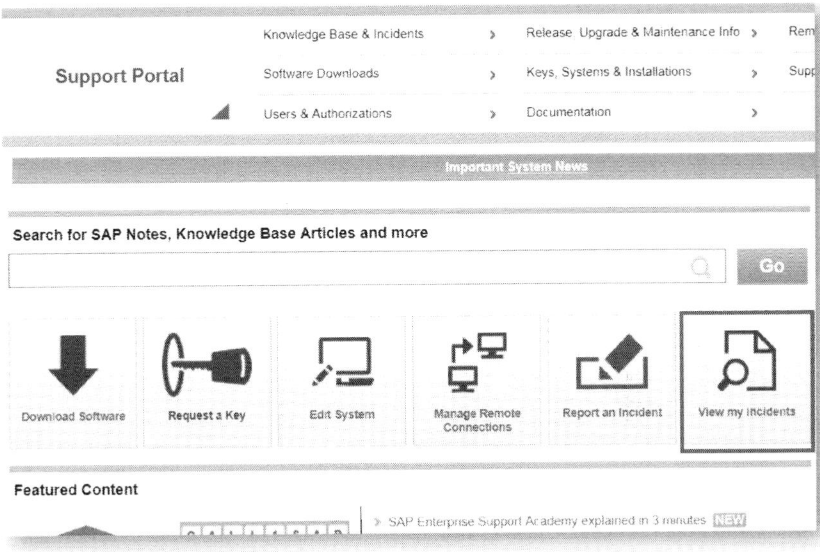

Abbildung 8.31: Zugriff auf die SAP-Meldung im SAP Support Portal

In einigen Fällen ist es für die Meldungsbearbeitung erforderlich, das betroffene SAP-System für den Zugriff durch das SAP-Supportteam zu öffnen. Informieren Sie bei einer derartigen Anforderung unter Angabe der Meldungsnummer das in Ihrem Unternehmen verantwortliche SAP-Basisteam. Dieses Team sorgt dann dafür, dass dem SAP-Support-Mitarbeiter ein gültiger Systemzugang mit den erforderlichen Berechtigungen eingerichtet wird und stimmt mit ihm die *Systemöffnung* terminlich ab.

Wurde das Problem in Zusammenarbeit mit dem SAP-Support gelöst, schließen Sie aktiv Ihre Meldung. Die Mitarbeiter des SAP-Supportteams begreifen dies als Zeichen der Anerkennung ihrer Arbeit. Ansonsten werden Meldungen nach einem gewissen Zeitraum automatisch geschlossen.

9 Nachwort

»Wenn ich mehr Zeit gehabt hätte, hätte ich mich kürzer gefasst.« ist der Leitgedanke des Verlags Espresso Tutorials.

Ich war redlich bemüht, diesen Grundsatz beim Schreiben des Praxishandbuches zu berücksichtigen, indem ich mich in langen Entscheidungsprozessen auf wesentliche Aspekte konzentriert habe. Zum Schluss war ich allerdings selbst vom Umfang des SAP Praxishandbuchs ABAP überrascht.

Doch wie ich einleitend bemerkte, werden heute von einem ABAP-Entwickler immer tiefer gehende Kenntnisse erwartet. Und diese Tatsache schlägt sich im Themenumfang dieses Handbuchs nieder.

Sicherlich hätte ich Themen, wie z. B. die Testtools des Solution Managers oder die Anwendung von SAP-Migrationstools ebenso aufführen können. Aber an irgendeiner Stelle musste ich Zugeständnisse machen.

Dennoch bin ich der Überzeugung, Ihnen als Leser mit diesem Praxishandbuch ein Hilfsmittel an die Hand zu geben, das Ihnen Ihre tägliche Arbeit deutlich erleichtern wird.

Sie haben das Buch gelesen und sind mit unserem Werk zufrieden? Bitte schreiben Sie uns eine Rezension für dieses Buch!

Unser Newsletter

Wir informieren Sie über Neuerscheinungen und exklusive Gratisdownloads in unserem Newsletter.

Melden Sie sich noch heute an unter *http://newsletter.espresso-tutorials.com*

A Der Autor

Thomas Stutenbäumer arbeitet bereits über 25 Jahre für die IT von Versorgungsunternehmen. Nach seinem Studium der Mathematik an der Westfälischen Wilhelms-Universität Münster war er maßgeblich für die Neugestaltung des IT-Einsatzes eines mittelgroßen Stadtwerke-Unternehmens verantwortlich. In dieser Zeit arbeitete er für verschiedene Berufsverbände, veröffentlichte Artikel über den Einsatz neuer Informationstechnologien und trat als Referent bei Veranstaltungen der Versorgungsindustrie auf. Mehr als zehn Jahre entwickelte der Autor ABAP-Programme und modifizierte SAP-Standard-Anwendungen. Seit 2013 ist er Senior Consultant bei dem Unternehmen ConUti GmbH.

B Beispiel-Programme

Programmname	Eigenschaften
INCLUDE_ZXES20U05_zum_EXIT _SAPLES20_005	Demo-Funktionsbaustein für den mandantenabhängigen Aufruf von User-Exits
ZCU_ABAP_PERFORMANCE	Demo-Programm für Performance-Analysen
ZCU_FIRST_CUSTOMER_INIT	Demo-Funktionsbaustein zur Selektion der Kontoklasse aus Vertragskonten zum Geschäftspartner
ZCU_DIENST_PRAEMIEN_BUCHEN	Demo-Funktionsbaustein zum Buchen einer Prämie über die Dienste zum Objekt
ZCU_PRAEMIE_BUCHEN	Demo-Funktionsbaustein zum Buchen einer Prämie über das Kontextmenü zum Vertragskonto im Customer Interaction Center

Die vollständigen Beispiel-Programme finden Sie auf der Internetseite des Verlags Espresso Tutorials unter *https://de.espresso-tutorials.com/_ABAP_P2.html.*

C Wichtige SAP-Transaktionen

Transaktion	Funktion
AL11	Anzeige der SAP-Verzeichnisse
BAPI	BAPI-Explorer
BUPT	Bereichsmenü für Geschäftspartner-Erweiterungen
BUS2	Geschäftspartnererweiterung – Feldgruppe
BUS3	Geschäftspartnererweiterung – Sicht
BUS4	Geschäftspartnererweiterung – Abschnitt
BUS5	Geschäftspartnererweiterung – Bilder
BUS6	Geschäftspartnererweiterung – Bildfolge
BUS7	Geschäftspartnererweiterung – Zeitpunkte
CIC0	Customer Interaction Center
CG3Y	Datei herunterladen aus SAP-Verzeichnis
CG3Z	Datei hochladen in ein SAP-Verzeichnis
CMOD	SAP-Erweiterungen
FQVENTS	Verwaltung von Event-Fubas für FI-CA
SAT	ABAP Laufzeitanalyse
SCC4 und SE06	Systemänderbarkeit
SCDO	Änderungsbelegobjekte
SE09	Transport Organizer
SE10	Transport Organizer
SE11	Data Dictionary

Transaktion	Funktion
SE16N	Allgemeine Tabellenanzeige
SE18	BAdI-Builder
SE20	Enhancements
SE24	Klassen anlegen, anzeigen, bearbeiten und löschen
SE30	Laufzeitanalyse von ABAP-Programmen, aktuelle Transaktion SAT
SE37	Funktionsbausteine anlegen, anzeigen, bearbeiten und löschen
SE38	Programme und Includes anlegen, anzeigen, bearbeiten und löschen
SE43	Bereichsmenüpflege
SE80	Object Navigator – ABAP-Entwicklungsumgebung
SE84	Repository Infosystem
SE91	Nachrichtenverwaltung
SE93	Transaktionsverwaltung
SE95	Modification Browser
SM04	am System angemeldete User
SM12	Sperrverwaltung
SM30	Aufruf View-Pflege
SM35	Batch-Input und Call Transaction – Aufzeichnungen
SM50	Prozessübersicht
SMOD	SAP-Erweiterungsverwaltung
SNOTE	Note Assistant
SOBJ	Pflegeobjekte attributieren

Transaktion	Funktion
SPAU	Modifikationsabgleich
SPAU_ENH	Enhancement-Abgleich
SPDD	Abgleich modifizierter Dictionary-Objekte
SPRO	Customizing
ST05	Performance-Trace
ST22	Dump-Analyse
STMS	Transport Management System
SU53	Auswertung der Berechtigungsprüfung
SWO1	Business Object Builder

D Wichtige SAP-Datenbanktabellen

Tabellenname	Tabelleninhalt
CDHDR	Änderungsbelege – Kopf
CDPOS	Änderungsbelege – Positionen
DEVACCESS	Entwicklerschlüssel
E070	Transportsystem: Aufträge/Aufgabe und deren Bezeichnungen
E071	Objekte in Aufträgen und Transporten
E07T	Bezeichnungen von Aufträgen und Transporten
NRIV	Nummernkreisintervalle
SE16N_CD_DATA	Protokollierung von Tabellenänderungen mit der Transaktion SE16N – Positionsdaten
S16N_CD_KEY	Protokollierung von Tabellenänderungen mit der Transaktion SE16N – Kopfdaten
T000	Mandanten
T001	System und Mandanten
T100	SAP-Nachrichten – Meldungsarten ändern (E ⇨ W)
TADIR	Katalog aller Repository-Objekte, z. B. das Quellsystem und das Reparaturkennzeichen
TFK*	FI-CA-Customizing-Tabellen
TFKFBC	kundenspezifische Ereignisfunktionsbausteine
TFKFBS	SAP-Ereignisfunktionsbausteine

Tabellenname	Tabelleninhalt
TFKFBM	Muster-Ereignisfunktionsbausteine
TSTC	SAP-Transaktionscodes
SE16N_CD_KEY	Protokollierung von Tabellenänderungen mit der Transaktion SE16N – Kopfdaten
SE16N_CD_DATA	Protokollierung von Tabellenänderungen mit der Transaktion SE16N – Positionsdaten
SGOSATTR	Attribute generischer Dienste (Dienste zum Objekt)
SGOSSTXT	Texte zu generischen Diensten
REPOSCR	Report Sourcen (Quellcode von ABAP-Entwicklungen)

E Index

L

M

N

O

P

R

S

F Disclaimer

Die in diesem Werk wiedergegebenen Gebrauchsnamen, Handelsnamen, Warenbezeichnungen usw. können auch ohne besondere Kennzeichnung Marken sein und als solche den gesetzlichen Bestimmungen unterliegen. Sämtliche in diesem Werk abgedruckten Bildschirmabzüge unterliegen dem Urheberrecht der SAP SE, Dietmar-Hopp-Allee 16, 69190 Walldorf.

In dieser Publikation wird auf Produkte der SAP SE Bezug genommen. SAP, R/3, SAP NetWeaver, Duet, PartnerEdge, ByDesign, SAP BusinessObjects Explorer, StreamWork und weitere im Text erwähnte SAP-Produkte und Dienstleistungen sowie die entsprechenden Logos sind Marken oder eingetragene Marken der SAP SE in Deutschland und anderen Ländern. Business Objects und das Business-Objects-Logo, BusinessObjects, Crystal Reports, Crystal Decisions, Web Intelligence, Xcelsius und andere im Text erwähnte Business-Objects-Produkte und Dienstleistungen sowie die entsprechenden Logos sind Marken oder eingetragene Marken der Business Objects Software Ltd. Business Objects ist ein Unternehmen der SAP SE. Sybase und Adaptive Server, iAnywhere, Sybase 365, SQL Anywhere und weitere im Text erwähnte Sybase-Produkte und -Dienstleistungen sowie die entsprechenden Logos sind Marken oder eingetragene Marken der Sybase Inc. Sybase ist ein Unternehmen der SAP SE. Alle anderen Namen von Produkten und Dienstleistungen sind Marken der jeweiligen Firmen. Die Angaben im Text sind unverbindlich und dienen lediglich zu Informationszwecken. Produkte können länderspezifische Unterschiede aufweisen.

Der SAP-Konzern übernimmt keinerlei Haftung oder Garantie für Fehler oder Unvollständigkeiten in dieser Publikation. Der SAP-Konzern steht lediglich für Produkte und Dienstleistungen nach der Maßgabe ein, die in der Vereinbarung über die jeweiligen Produkte und Dienstleistungen ausdrücklich geregelt ist. Aus den in dieser Publikation enthaltenen Informationen ergibt sich keine weiterführende Haftung.